ÉCONOMIE DU HAUT-KATANGA : PROFIL ET PERSPECTIVES

Collection « Comptes rendus »
Fondée et animée par Eddie Tambwe Kitenge
assisté par Placide M'banga Tshibaka et Perry Noël Molodi

Erick Lwamba Mayanga

ÉCONOMIE DU HAUT-KATANGA : PROFIL ET PERSPECTIVES

Préface de Mathias Buabua wa Kayembe

PRESSES UNIVERSITAIRES DE LUBUMBASHI

L'Harmattan

4e niveau du Building Administratif de l'université de Lubumbashi
Lubumbashi – RDC | www.unilu.ac.cd

5-7, rue de l'École-Polytechnique – 75005 Paris

www.editions-harmattan.fr

ISBN : 978-2-343-24065-7
EAN : 9782343240657

Dédicace

En l'honneur de mes chers parents :
Justin Mayanga Thaki wa Kisiki, Hendrick Kungwa et Justine Mamba
pour avoir investi en ma modeste personne.

Que l'Éternel se souvienne toujours de vous !

Remerciements

Ma gratitude s'adresse tout d'abord à l'Eternel Tout-Puissant qui continue à me donner le souffle de vie ainsi que l'intelligence nécessaire pour mener de la recherche et prendre le temps de partager avec de nombreux lecteurs le résultat de celle-ci.

Je voudrais ensuite exprimer ma gratitude à mon épouse Jeannette Kaunge Yohali et à mes enfants Rita Lwamba Nyota, Emmanuelle Lwamba Thaki, Andy Lwamba Mushama, Erick Lwamba Mayanga, Eben Ezer Kaunge. Ces personnes sont exceptionnelles pour moi et sont une bénédiction pour ma vie.

Je n'omettrai pas de mentionner les personnes qui ont accepté de lire mes manuscrits avec intérêt. Je pense particulièrement au Professeur Kaunda Mwanza Raphael, au Docteur Mama Lingas, au Professeur Buabua wa Kayembe, et à Monsieur Mazala.

Sentiment de reconnaissance aux différents anciens Gouverneurs et Vice-Gouverneurs de l'ex. Province du Katanga : Gabriel Antoine Kyungu wa Kumwanza, feu Augustin Katumba Mwanke, Aimé Ngoie Mukena, Moïse Katumbi Chapwe, Jacques Muyumba Ndubula, Donatien Mwitaba Katemwe, Françoise Malonga Kaj, Guibert Yav Tshibal, pour leurs encadrements et sages conseils.

J'exprime ma gratitude à l'honorable Jean Claude Kazembe Musonda, premier Gouverneur de la Province du Haut-Katanga et au Vice-Gouverneur Bijou Mushitu Kat pour leur marque de sympathie et l'opportunité qu'ils m'ont offerte de travailler à leurs côtés.

Mes remerciements s'adressent aussi à Monsieur Sama Lukonde, ancien Directeur Général de Gécamines, au professeur ordinaire Gilbert Kishiba, Recteur de l'UNILU, à Madame Pélagie Lunda et à Monsieur Bope, Directeur Provincial de l'Institut National de statistique, au professeur Maurice Amuri Mpala-Lutebele pour leurs encouragements dans ce chantier.

Je ne peux pas oublier les équipes de la Banque mondiale : Madame Marie Françoise Marie Nelly, Paoulo Desa, Tony Verheijen, Kai Kaiser, Denis Tshibombi, pour l'encadrement qu'ils m'ont fait bénéficier durant ma carrière dans les différents projets de la Banque mondiale,

À mon ami James Ngombe qui a accepté de mettre en forme ces textes et à ces nombreuses personnes qui ont accepté de s'entretenir avec moi pendant mes enquêtes de terrain. Leurs apports sont appréciables et déterminants.

Enfin, mes remerciements s'adressent à toute ma famille et à tous mes amis qui sont trop nombreux pour être cités nommément ici, je dis merci de tout cœur pour les différents soutiens.

Abréviations et Sigles

ACP	:	Atelier Central de Panda
AECP	:	Autorisation d'exploitation des carrières permanentes
ANAPI	:	Agence Nationale pour la Promotion des Investissements
ARCA	:	Autorité de régulation et de contrôle des assurances
AWEP	:	Agence wallonne à l'exportation
BCC	:	Banque Centrale du Congo
BCDC	:	Banque Commerciale du Congo
BOT	:	Build, Operate and Transfer
CAA	:	Compagnie d'aviation africaine
CAID	:	Cellule d'analyse des indicateurs de développement
CARP	:	Centre ARRUPE pour la recherche et la formation
CCIF	:	Chambre de commerce et de l'industrie franco-congolaise
CIRGL	:	Conférence internationale sur la région des grands lacs
CNMC	:	China Non ferrous Metal Mining
COPIREP	:	Comité de Pilotage de la Réforme des entreprises du Portefeuille de l'État
CU	:	Cuivre
CO	:	Cobalt
CRAA	:	Centre de recherche agro-alimentaire
CRM	:	Centre de recherche sur le maïs
CSK	:	Compagnie Spécial du Katanga
DGDA	:	Direction Générale des Douanes et Accises
DGRAD	:	Direction Générale des Recettes Administratives, Judiciaires et Domaniales
DGI	:	Direction Générale des Impôts
DRHKAT	:	Direction des Recettes du Haut-Katanga
DVDA	:	Division de voies de dessertes agricoles
FEC	:	Fédération des Entreprises du Congo
FC	:	Franc congolais

FED	:	Fonds européen de développement
FPI	:	Fonds de promotion de l'industrie
FONER	:	Fonds national d'entretien routier
GCK	:	Grande Cimenterie du Katanga
GDK	:	Grand Domaine du Katanga
Gécamines	:	La Générale des Carrières et des Mines
GCM	:	La Générale des Carrières et des Mines
Ge	:	Germanium
IFC	:	International Financial corporation
INERA	:	Institut national d'études et recherches agronomiques
INPP	:	Institut national de préparation professionnelle
INS	:	Institut National de Statistique
JV	:	Joint-venture
KBM	:	Katanga Business Mining
KCC	:	Kamoto Copper Corporation
KICO	:	Kipushi Corporation
LME	:	London Metal Exchange
L'SHI	:	Lubumbashi
Mn	:	Manganèse
MPME	:	Micro et Petite et Moyenne Entreprise
MW	:	Mégawatt
NBLIA	:	Nouveau Baron Levêque International en Afrique
OPJ	:	Officier de police judiciaire
Pb	:	Plomb
PE	:	Permis d'exploitation
PEPM	:	Perms d'exploitation de la petite mine
PIB	:	Produit Intérieur Brut
PME	:	Petite et Moyenne Entreprise
PNHF	:	Programme national d'hygiène aux frontières
PPP	:	Partenariat public-privé
PR	:	Permis de recherche
PTM	:	Projet de transport multimodal
RCCM	:	Régime de commerce et de crédit mobilier
RDC	:	République Démocratique du Congo
RECOS	:	Régime de commerce simplifié
SAEMAPE	:	Service d'assistance et d'encadrement de l'exploitation minière à petite échelle
SEGUICE	:	Service de guichet unique de commerce extérieur
SENAMA	:	Service national de mécanisation agricole
SNHR	:	Service national d'hydraulique rural

SFI	:	Société financière internationale
SNCC	:	Société Nationale des Chemins de Fer du Congo
SNEL	:	Société Nationale d'électricité
STL	:	Société de Terril de Lubumbashi
SX	:	Extraction par solvant
RVA	:	Régie des Voies Aériennes
SENAREC	:	Service national de renforcement des capacités
Sn	:	Étain
TFM	:	Tenke Fungurume Mining
Tm	:	Tonne métrique
TMB	:	Trust Merchant Bank
TN	:	Tonne
U	:	Uranium
UNILU	:	Université de Lubumbashi
UMHK	:	Union Minière du Haut-Katanga
USD	:	Dollars américains
VIP	:	Very important personnality
ZEA	:	Zone d'exploitation artisanale

Préface

La province du Haut-Katanga est le produit de l'histoire récente de la République Démocratique du Congo, pays situé au cœur du continent africain. Cette partie riche en ressources minières a fait qualifier la République Démocratique du Congo de « scandale géologique ». Malgré l'abondance des ressources minières, une grande partie de la population demeure encore dans la pauvreté.

Devant le contraste entre l'abondance des ressources des secteurs variés et les conditions de vie de la grande partie de la population, l'auteur nous présente cette province dans ses diverses facettes et propose quelques pistes à explorer pour optimiser la création des richesses et le déploiement de celles-ci au bénéfice de la grande partie de la population vivant dans cette partie du pays.

Comme nous dit Jean Yves Capul et Oliver Garnier[1], l'activité économique est le résultat d'innombrables opérations effectuées par une multitude d'unités élémentaires (entreprises, ménages, etc.) ; Il est impossible de décrire tous ces mouvements particuliers (qui relèvent plutôt de la micro-économie), on regroupe ces unités élémentaires en grandes catégories (les entreprises, les ménages, les institutions financières, l'État, etc.) afin de schématiser les opérations économiques réalisées. Le circuit économique résume donc une façon simplifiée de représenter l'activité économique.

Ainsi, pour appréhender la réalité économique de la province du Haut-Katanga, l'auteur a porté son choix sur les secteurs suivants : mines, agriculture, infrastructures, transports, énergie, tourisme, industrie, commerce, douanes, sous-traitance, petites et moyennes entreprises, banque, finances publiques. Pour tous ces secteurs, l'auteur a présenté succinctement l'état des lieux et cogité sur les perspectives avant de fournir quelques pistes de solutions.

---

[1] Jean-Yves Capul et Olivier Garnier, Dictionnaire d'économie et des sciences sociales, éd. Hatier, 2015, page 63.

Libéré de tout prisme strictement académique, l'auteur s'est montré plus pragmatique non seulement dans son diagnostic mais aussi dans la thérapie. Même s'il s'est trouvé confronté à l'absence de la documentation sur cette entité nouvellement créée, il a sans doute aussi, puisé son style dans son expérience de terrain en tant que praticien de développement.

S'agissant de l'économie de cette province telle que décrite dans cet ouvrage, on peut facilement se rendre compte que son profil est le reflet de celui de l'ex-Province du Katanga, entité qui l'a engendrée.

Les caractéristiques présentées dénotent notamment ce qui suit :

- un secteur minier qui repose essentiellement sur l'industrie extractive de cuivre et de cobalt, financée par les capitaux étrangers et générant moins d'emplois pour les nationaux ;
- l'artisanat minier désarticulé et limité à l'informel ;
- le secteur financier qui n'irrigue pas les autres secteurs de l'économie par ce qu'inadapté ;
- une agriculture limitée à la subsistance même s'il a aussi été observé quelques projets pilotes d'envergure moyenne qu'il convient de consolider et de pérenniser ;
- une industrie de transformation quasi inexistante ;
- un déficit énergétique dopant tout effort d'industrialisation ;
- voies ferrées qui peinent à se remettre malgré une dernière réforme techniquement mal emmanchée ;
- des routes et voies de communication intraprovinciales insuffisantes ;
- des entreprises publiques boiteuses ;
- des finances publiques tributaires dans leur grande partie du secteur minier et une capacité de mobilisation des recettes encore faible ;
- un secteur de tourisme désarticulé ;
- un secteur douanier dopé par la contrebande ;
- un taux de chômage élevé qui contraste avec l'existence de la main-d'œuvre abondante même si sa qualité est à améliorer ;
- un entrepreneuriat boiteux qui nécessite un accompagnement.

On ne doit pas perdre de vue qu'en tant que province ou région, le Haut-Katanga a des limites en ce qui concerne la conception et la mise en œuvre des politiques publiques.

De ce point de vue, des efforts de redressement de la situation doivent être conçus et mis en œuvre en collaboration étroite avec le Gouvernement Central basé à Kinshasa.

Dans les limites des compétences exclusives reconnues aux provinces par le constituant congolais, le maximum des efforts de la province peut être focalisé sur la diversification de l'économie notamment par l'accompagnement des initiatives des entrepreneurs et l'incitation à la transformation sur place des produits locaux à grande consommation pour non seulement augmenter la valeur mais aussi interrompre cette chaîne d'importation des produits que la majorité de la population consomme.

Quelques défis principaux de l'effort de développement de cette province demeurent le déficit énergétique, celui de financement et le rétablissement des infrastructures essentielles pour la croissance. Il sera également nécessaire d'établir des priorités en matière de nouvelles infrastructures en phase avec les opportunités d'intégration nationale et régionale et avec l'évolution de la population (croissance et urbanisation). Cependant, l'auteur suggère qu'il est tout aussi important pour la prospérité à long terme, de traiter adéquatement les questions de développement du capital humain et de la gouvernance.

En effet, si l'infrastructure peut, à court terme, ouvrir dans une certaine mesure, les portes de la croissance inclusive, la pérennisation des acquis requiert des institutions fortes et une gouvernance de qualité axée sur les secteurs porteurs de croissance et utilisateurs d'une main-d'œuvre abondante comme l'agriculture, l'industrialisation et le tourisme.

S'agissant des relations avec le Gouvernement Central qui a la mission d'impulser les réformes, il convient de dire que plutôt que de se limiter aux réformes sur papier, ce qui importe aux agents économiques, c'est la matérialisation desdites réformes pour l'intérêt de la partie importante de la population.

La caisse de péréquation par exemple, pourrait faciliter la réalisation d'un programme des investissements massifs pouvant soutenir l'effort de développement dans la province.

La loi fixant les règles applicables à la sous-traitance qui accorde l'exclusivité de la sous-traitance aux entreprises promues et dirigées par les nationaux, si elle était effectivement mise en œuvre, pourrait impulser l'entrepreneuriat des nationaux et favoriser la mise en œuvre du contenu local.

L'auteur a par ailleurs démontré dans son ouvrage qu'en ce qui concerne les finances publiques, la province du Haut-Katanga occupe toujours la tête de peloton dans la mobilisation des ressources financières étatiques du moins pendant la période analysée, soit de 2016 à 2018. Bien que ce classement doive être nuancé avec le fait que les autres provinces n'ont pas la même dotation factorielle, cela indique dans une certaine mesure les efforts déployés par les autorités locales pour la mobilisation des recettes même si le taux de rétrocession de la part des recettes à caractère national ne se situe pas encore dans les limites prévues dans la constitution.

Toutefois, le nouveau code minier autorisant le paiement des redevances minières directement aux provinces et entités les ayant générées, si celles-ci sont mieux encadrées, c'est-à-dire soutenues par une planification rigoureuse et un contrôle systématique, elles pourraient accélérer la réalisation de certains projets au bénéfice desdites entités et corriger tant soit peu le retard de développement.

Nous avons compris la difficulté que l'auteur a eue pour faire une distinction entre la province du Haut-Katanga et les 3 autres provinces issues du Katanga surtout le Lualaba, les stigmates de leur sevrage étant encore visibles et perceptibles. Quelqu'un nous a même soufflé que ces provinces ont un destin commun.

En tout état de cause, cet ouvrage est un outil essentiel de politique publique que nous recommandons aux acteurs politiques et économiques intéressés aux questions de développement non seulement de la province du Haut-Katanga mais de tout l'hinterland minier du Katanga, l'une des régions minières les plus importantes (en potentialités) de la planète terre.

Mathias Buabua wa Kayembe
Professeur Ordinaire
Université de Kinshasa

Introduction

Cette monographie a pour ambition de faire un état des lieux de l'économie de la nouvelle province du Haut-Katanga et de cogiter sur les perspectives économiques de cette entité issue de l'ex. Province du Katanga, bien connue autant pour son histoire mouvementée (sécession katangaise en 1960), pour sa prodigieuse richesse minière liée à sa situation géostratégique particulière dans le Copperbelt Africain longtemps dominé par la Générale des Carrières et des Mines « Gécamines en sigle », née des cendres de l'Union Minière du Haut-Katanga que pour son célèbre club de football, le Tout-Puissant Mazembe Englebert, quintuple champion d'Afrique de football. À la faveur d'une nouvelle réorganisation administrative et territoriale prévue dans la constitution de la République Démocratique du Congo du 18 février 2006, le Katanga fut divisé en 2015 en quatre nouvelles provinces à savoir : Le Haut-Lomami, le Tanganyika, le Lualaba et le Haut-Katanga. De cette division, le Haut-Katanga était apparu comme étant l'héritière la plus riche et la plus privilégiée de l'ancienne province du Katanga. Mais qu'en est-il exactement ? Quels sont les défis auxquels elle doit faire face pour son développement ? Quelles sont ses perspectives ? Notre ambition est donc de tenter d'apporter des réponses à ces préoccupations.

En effet, depuis l'époque de l'État Indépendant du Congo, les ressources du sol et du sous-sol du Katanga ont attiré les investisseurs des différents horizons mais son véritable potentiel va au-delà du sol et du sous-sol.

Le Haut-Katanga occupe la partie méridionale et peut être considérée comme la « province-mère » de l'ex. Katanga parce qu'hébergeant la ville de Lubumbashi (ex. Elisabethville), ancienne capitale de l'ex. Province du Katanga[2]. Quatre fois plus grande que la Belgique et près de 182 fois plus grande que le Singapour, la province

---

[2] Gouvernement provincial du Haut-Katanga, état des lieux de la Province du Haut-Katanga à la conférence des Gouverneurs,2016

du Haut-Katanga regorge plus de la moitié de la population de l'ex. Katanga (INS,2017), et c'est elle encore, qui abrite la mine d'Uranium de Shinkolobwe, l'une des plus importantes du continent africain et la plus « célèbre » du monde pour son uranium ayant servi à la fabrication de la bombe larguée sur Hiroshima et Nagasaki au Japon qui mit fin à la seconde guerre mondiale de triste mémoire.

Comparativement aux 3 autres provinces issues du démembrement de l'ex. Province du Katanga, la province du Haut-Katanga dispose des avantages comparatifs considérables, dont un capital humain important en qualité et en quantité, une administration publique en place, un aéroport international, un poste frontalier d'une grande envergure, une des trois grandes universités du pays et des infrastructures de base assez nombreuses. C'est cette dotation factorielle avantageuse qui nous permet d'avancer l'hypothèse que la province du Haut-Katanga est l'héritière la plus riche et la plus privilégiée. Toutefois, cette position n'est pas un droit définitivement acquis parce que bien que n'ayant pas hérité d'autant d'atouts, les autres provinces sont en position des challengers en course pour le leadership.

Procédant par une induction, notre technique relève essentiellement de l'analyse documentaire et de l'observation directe. Les statistiques par contre, nous ont servi dans le traitement de certaines données aux fins d'établir, notamment, les comparaisons ou, le cas échéant, des projections.

Quant au volet relatif aux finances publiques, la méthodologie spécifique utilisée s'est articulée sur les axes ci-après :

- la collecte des données budgétaires pour la période allant de 2016 à 2018 sur base des édits budgétaires votés par la province et les rapports de reddition des comptes ;
- les données budgétaires libellées en francs congolais ont été converties en dollars américains en utilisant les taux de change moyens budgétaires (CDF/USD);
- la comparaison des prévisions budgétaires et leurs exécutions effectives ;
- l'analyse de mode d'affectation au regard de leurs structurations ;
- l'analyse transversale sommaire des données budgétaires de 4 provinces issues de l'ex. province du Katanga ayant porté

uniquement sur des périodes pour lesquelles les données ont été accessibles.

Bien que la province du Haut-Katanga ait été créée en 2015, notre période d'observation se soit étalée de 2016 à 2018, nous avons, pour besoin des repères historiques, analysé certaines statistiques antérieures à 2015 dans le but d'observer les tendances de certains paramètres non affectés par l'opération de démembrement. Toutefois, il convient de signaler que nous nous sommes buté à l'absence des statistiques dans certains domaines couvrant la période considérée.

Sachant que l'économie politique s'intéresse non seulement à la production mais aussi à la circulation, distribution et à la consommation des biens et services, nous avons examiné ces différents compartiments pour les secteurs sélectionnés.

Hormis, l'introduction et la conclusion, notre étude est subdivisée en 4 chapitres.

Si le premier chapitre présente la carte structurelle de la province du Haut-Katanga. Le deuxième, qui complète le premier et qui est axé sur les atouts et défis de cette province, pose le diagnostic en relevant les points faibles et les points forts dans les différents secteurs de son économie. Le troisième chapitre se penche sur l'analyse des finances publiques de la province du Haut-Katanga. Le quatrième chapitre enfin propose une thérapie en mettant en exergue les stratégies sectorielles autour desquelles devraient s'appuyer les actions que la province du Haut-Katanga devrait mener pour des perspectives plus prometteuses afin de consolider sa position de leader.

Mots clés *: profil, économie, finances, perspectives, démembrement, croissance économique*

I.
Profil de la province du Haut-Katanga

Cadre géographique

La Province du Haut-Katanga est issue du démembrement de l'ex. Province du Katanga. D'une superficie de 131 443 km² [3], sa population est estimée en 2015 à [4]4 391 146 habitants dont 50.4% d'hommes et 49.6 % de femmes, ce qui représente à peu près 4.4 % de la population de l'ensemble du pays. Elle est située au Sud-Est de la République Démocratique du Congo et partage une large partie de ses frontières au Sud et à l'Est avec la Zambie. À l'Ouest, elle est limitée par la Province du Lualaba et au Nord par les provinces du Tanganyika et du Haut-Lomami.

Son climat est du type tempéré au Sud, et chaud au Nord, avec une température variant entre 10° et 40°C. Il est marqué par deux saisons : une saison sèche qui va d'avril à septembre, une autre pluvieuse qui va du mois d'octobre au mois d'avril.

Le relief du sol est caractérisé par les chaînes des montagnes de Mitumba, de Kundelungu et le plateau d'Upemba.

Le sol est sablonneux au Nord et argilo-sablonneux au sud. La végétation dominante est la « savane ». Son sous-sol est caractérisé par une forte concentration de produits miniers (cuivre, cobalt, germanium, plomb, cadmium, étain, coltan, diamant, or, fer, charbon, cassitérite…). L'hydrographie est constituée principalement de deux lacs principaux (le lac Moero et le lac Tshangalele), de plusieurs cours d'eau dont les principaux sont les rivières Luapula, Lufira et Luvua (qui relie le lac Moero au fleuve Congo), ainsi que le fleuve Congo qui prend source dans le groupement Kikuyo, le village Mumena en territoire de Kambove, à une trentaine de kilomètres de la mission catholique Kilela Balanda.[5]

Situation administrative de la province du Haut-Katanga

1. Organisation administrative de la province

La province du Haut-Katanga est subdivisée en trois villes, onze communes, six territoires, sept chefferies, treize Secteurs, quatre-

---

[3] Carte postale, Division provinciale de l'intérieur de la Province du Haut-Katanga,04 Juin 2016

[4] Institut national de statistique, 2016

[5] Communication personnelle du Gouverneur de province du Haut-Katanga à la conférence des Gouverneurs tenue à Lubumbashi, juin 2016

vingt-deux groupements, cent sept quartiers et mille quatre cent vingt-cinq villages.

2. Dénomination des villes, communes, territoires, chefferies et secteurs

1) Les villes

Les villes de la Province du Haut Katanga sont : Lubumbashi, Likasi, Kasumbalesa et Kipushi.

a) La ville de Lubumbashi

La ville de Lubumbashi est le chef-lieu de la Province du Haut-Katanga. Créée vers les années 1906 – 1910 après la découverte des gisements du cuivre, et au début de leur exploitation par l'Union Minière du Haut Katanga (U.M.H.K) ; elle fut implantée sur le site Lubumbashi, appellation de la rivière qui la baigne.

Le 25 juin 1941, par l'ordonnance N° 298/AIMO de Monsieur le vice-gouverneur général de l'époque, l'agglomération fut érigée en ville anciennement appelée Elisabethville en honneur de la Reine Elisabeth, épouse du Roi Albert 1er de la Belgique.

La ville de Lubumbashi est divisée en sept communes dont une rurale : commune Annexe (rurale), Kamalondo, Kampemba, Katuba, Kenya, Lubumbashi et Ruashi.

La ville de Lubumbashi est ceinturée par le territoire de Kipushi à tous les points cardinaux. [6]

C'est un grand centre commercial et une zone à vocation minière d'une superficie de 747 km², où cohabitent plusieurs tribus autochtones, et d'autres tribus de la République Démocratique du Congo. On y trouve également les ressortissants de plusieurs pays étrangers.

Par ailleurs, Lubumbashi fut la capitale de l'État indépendant du Katanga (1960-1963) dirigé par Moïse Tshombe. Cette ville abrite les sièges sociaux de plusieurs grandes sociétés installées dans le pays, notamment la Gécamines, la Société nationale des chemins de fer du Congo, le groupe Forrest. [7]

---

[6] Primature de la RDC, Cellule d'analyse des indicateurs de développement de la RDC, 2016

[7] Petit futé, Ed. Neocityn ,2010, p.311

b) La ville Likasi

- Brève présentation et historique

Likasi est la deuxième ville de la province du Haut-Katanga en importance (superficie et population).

Sa superficie est de 235 km², sa population était évaluée en 2012[8] à 635 463 habitants.

Likasi se trouve au cœur de la région minière du Katanga à mi-chemin entre Lubumbashi (114 km) et Kolwezi (190 km). Elle forme avec ces deux villes l'axe emblématique de l'exploitation cuprifère de la République Démocratique du Congo qui est souvent désigné comme l'hinterland minier du Katanga.

Au 16e siècle déjà, des fouilles révélaient l'existence du métal rouge qui était travaillé artisanalement selon le rituel de la confrérie des « mangeurs de cuivre ». Ceux-ci fabriquaient des croisettes de toutes tailles (petites croix de St André) qui servaient alors de monnaie d'échange et que l'on peut encore trouver aujourd'hui chez des antiquaires ou sur des marchés d'artisanat. On peut aussi les admirer, ainsi que d'autres vestiges et objets découverts dans les environs, au Musée Minéralogique de la ville de Likasi situé dans l'enceinte de la Gécamines (Groupe Centre).

La découverte de Likasi remonte à la première grande expédition belge dans la région (Bia-Francqui-Cornet) qui se déroula en 1893. Et c'est donc au géologue belge Jules Cornet qui établit une carte géologique qui fait d'ailleurs toujours autorité aujourd'hui, que l'on doit la fameuse expression « ***le Katanga est un scandale géologique*** ». Likasi constitua apparemment une étape décisive par la prise de conscience dans le chef de Cornet du formidable potentiel minier de la ville et par extension de la région tout entière.

Fondée en 1917 après l'ouverture de la mine du même nom, l'agglomération de Likasi connaîtra un développement important grâce au complexe industriel formé notamment de la fonderie de Panda et des usines de Shituru.

Empruntant le nom de l'ingénieur belge Jean Jadot, Likasi prendra le statut de ville et le nom de Jadotville en 1931. Jadotville bénéficiera d'importants aménagements urbanistiques et paysagers, dont ces

[8] Division provinciale de l'intérieur de la Province du Haut-Katanga cité par CAID, 2016

énormes avenues bordées d'arbres et de jardins fleuris de toute beauté, qui lui vaudront le surnom de Coquette ville et d'être comptée parmi les villes les plus belles et plaisantes de la colonie.

Son développement urbanistique était d'une grande cohérence, avec une architecture de qualité exprimée dans ces villas cossues modernistes logées au milieu de ces jardins, et dans certains bâtiments publics (gare, hôtel de ville, poste, banques…).

Tout cela témoigne de l'importance économique et stratégique de la ville.[9]

L'ordonnance du 23 mai 1917 octroya à Likasi-Panda le statut de circonscription urbaine. La cité fut renommée Jadotville par l'administration coloniale Belge en 1931, et le 21 décembre 1943 elle fut érigée au statut administratif de ville. Jadotville fut la troisième ville après Léopoldville (Kinshasa) et Elisabethville (Lubumbashi). Elle reprendra le nom de Likasi le 27 Octobre 1971.

La ville possède un musée minéralogique riche d'une collection de 600 échantillons de pierre. La prison de haute sécurité de Buluo située dans la ville était, à l'époque la plus importante du Congo et de l'Afrique Centrale.

Sa devise est Aere laboreque (latin) : par le cuivre et le travail.

La ville de Likasi est divisée en quatre communes, elles-mêmes divisées en quartiers :

- *Kikula avec dix quartiers : Kalipopo, Kanona, Kapemba, Kaponona, Kisunka, Kyubo, Mbadi, Musumba, Nkolomoni et Okito ;*
- *Likasi avec huit quartiers : Centre-ville, Panda-Makomeno, Mission, Industriel, Kampumpi, Kitabataba, SNCC et Simba ;*
- *Panda avec cinq quartiers : Kamilopa, Kakontwe, Kiwele, Mpandamayi et Muchanga ;*
- *Shituru avec quatre quartiers : Buluo, Kilima, Kipulande et Nguya.*[10]

➢ Particularités et richesses de la ville de Likasi

Le sous-sol de la ville de Likasi est très riche en substances minérales comprenant des minerais de cobalt (hétérogénistes,

[9] www.katanga-tourisme.org consulté le 25 novembre 2019 à 11h00'
[10] www.wikipedia.org/wiki/likasi consulté le 24 novembre 2019 à 11h35'

carrelette) et minerais de cuivre (malachite, cuprite, chrysocolle, chalcopyrite), de l'Or, des pierres semi-précieuses et autres. [11]. Likasi dispose aussi d'un potentiel agricole et touristique important.

➢ Quelques grandes entreprises locales

Plusieurs entreprises, essentiellement minières, sont installées dans cette ville. Certaines ont leurs sièges sociaux à Likasi tandis que d'autres n'ont qu'une partie de leurs activités dans cette ville. Parmi les sociétés présentes, nous pouvons citer : Gecamines, Rubamine, Kaipeng Mining, Cgm Lishi, Grande Cimenterie du Katanga (GCK en sigle), Hauchin, Gmt, Feza Mining, Semco, Cjcmc, Metal Mine, Xinda Mining, Somika, Groupe Bazano, Sncc, Snel, Regideso.

➢ Opportunités de développement de la Ville de Likasi

Plusieurs opportunités de développement sont offertes à cette ville, dont les plus importantes sont :

- son positionnement géographique. La ville de Likasi est, en effet traversée par la route nationale numéro 1 qui la rattache à deux grandes villes ; l'une dans la province du Lualaba (Kolwezi) située à près de 190 km et la seconde, située à près de 120 km (ville de Lubumbashi) ce qui est une opportunité de trafic et d'échange ;
- le nombre important d'agriculteurs dont certains se regroupent dans des associations pour optimiser les efforts donne à Likasi la possibilité d'être un véritable grenier agricole pouvant approvisionner les deux centres urbains (Lubumbashi et Kolwezi) ;
- la vocation touristique de la ville de Likasi ;
- la stabilité relative de la fourniture de l'énergie électrique ;
- l'abondance de la main-d'œuvre constituée essentiellement des jeunes. Celle-ci est une opportunité inestimable pour les différents investisseurs potentiels. [12]

---

[11] Primature, cellule d'analyse des indicateurs de développement de la RDC, 2016

[12] Primature, cellule d'analyse des indicateurs de développement de la RDC, 2016

Toutefois, la ville de Likasi étant enclavé dans le territoire de Kambove, connaît un ralentissement de son développement. Pour booster sa croissance, plusieurs initiatives nécessitent d'être développées, notamment :

- la subvention, l'encadrement et l'octroi des intrants agricoles aux agriculteurs ;
- l'aménagement des routes de desserte agricole ;
- l'implantation des usines de transformation serait d'un grand avantage pour ajouter de la valeur à sa production ;
- l'aménagement des infrastructures d'accès aux sites touristiques ;
- la réhabilitation des infrastructures routières et le soutien aux entreprises locales en faillite contribuerait significativement à son développement.

c) Ville de Kasumbalesa

Kasumbalesa est une entité située à la frontière entre la République Démocratique du Congo et la Zambie. Cette ancienne cité qui pendant longtemps dépendait de territoire de Sakania a été érigée en ville au cours de l'année 2018 et est plus connue pour ses activités douanières. Ses particularités sont détaillées au point 2.10 qui traite du secteur douanier.

d) Ville de Kipushi

La ville de Kipushi a été créée par le décret n° 13/020 du 13 Juin 2013 conférant le statut de ville et de commune à certaines agglomérations de la province du Katanga.

Située à la frontière avec la Zambie, la ville de Kipushi est composée de deux communes à savoir : la commune de Katapula et la commune de Kipushi.

La ville de Kipushi à 4 vocations : minière, douanière, agricole et touristique.

Le développement de la mine de zinc et de cuivre par la société Kipushi corporation, un partenariat entre Gécamines et Ivanhoe permettra à cette ville de revivre à nouveau.

2) Les communes

Si la ville de Lubumbashi compte 7 communes à savoir : Lubumbashi, Kamalondo, Katuba, Kenya, Ruashi, Annexe, Kampemba, celle de Likasi en compte quatre (4) : Panda, Shituru, Kikula et Likasi.

3) Les territoires

Les territoires de la Province du Haut Katanga sont : Kambove, Kasenga, Kipushi, Mitwaba, Pweto et Sakania.

4) Les chefferies

Les 7 Chefferies de la province du Haut Katanga sont reprises dans le tableau ci-après ; chacune en regard du territoire dont elle dépend :

Tableau n° 1 : Les chefferies de la province du Haut-Katanga

	Territoire	Chefferie
1	Kambove	Basanga
2	Kipushi	Kaponda
3		Kinama
4	Mitwaba	Kyona ngoie
5	Pweto	Kyona-Nzini
6		Mpweto
7		Mwenge

Source : Division de l'Intérieur de la Province du Haut-Katanga, 2016

5) Les secteurs

Les secteurs ci-après composent la Province du Haut-Katanga :

Tableau N° 2 : Les secteurs de la Province du Haut-Katanga

	TERRITOIRE	SECTEUR
1	Kambove	Lufira
		Sources du Congo
2	Kasenga	Bakunda
		Kafira
		Kisamamba
		Luapula
3	Kipushi	Bukanda
4	Mitwaba	Balomotwa
		Banweshi
5	Pweto	Moero
6	Sakania	Balala
		Balamba
		Baushi

Source : Division de l'Intérieur de la Province du Haut-Katanga, 2016

3. Population et superficie de la province du Haut-Katanga

Tableau n°3 : Population et superficie de la province du Haut-Katanga

Villes ou Territoires	2016	2017	2018	Superficie (Km²)
	Ensemble	Ensemble	Ensemble	
Lubumbashi	1 890 804,12	1 960 763,87	2 033 312,14	747,00
Likasi	715 916,83	742 405,76	769 874,77	245,00
Kipushi	296 231,82	307 192,40	318 558,52	12 059,00
Sakania	282 408,09	292 857,19	303 692,90	21 677,00
Kasenga	354 457,44	367 572,36	381 172,54	23 791,00
Mitwaba	264 625,78	274 416,94	284 570,36	25 894,00
Pweto	441 080,01	457 399,97	474 323,77	22 673,00
Kambove	308 094,72	319 494,23	331 315,52	21 178,00
TOTAL	**4 553 618,82**	**4 722 102,72**	**4 896 820,52**	**128 264,00**

Source : Direction Provinciale de l'institut national de statistique

La superficie de la ville de Lubumbashi représente près de 0.6% du total de la superficie de la province. Sa population est estimée à 2 033 312 habitants en 2018 soit près de 42% du total de la population de la province. Le taux d'accroissement démographique est en croissance continue à cause de l'exode rural alimenté principalement par l'illusion offerte par l'expansion de l'exploitation minière mais aussi à cause des migrations causées par l'insécurité dans les différents territoires et provinces voisines. Cette croissance démographique n'est pas directement proportionnelle à la création d'emplois dans la région parce que l'industrie minière n'est pas utilisatrice d'une main-d'œuvre abondante. Une partie de la population désœuvrée se livre à des activités spéculatives et constitue un acteur potentiel pour alimenter la criminalité.

Si des mécanismes ne sont pas mis en place pour créer des activités pouvant résorber cette abondante main-d'œuvre comme l'agriculture, la réhabilitation des infrastructures par des approches haute intensité de la main-d'œuvre, une politique cohérente d'incitation à l'entrepreneuriat des nationaux, une protection de la main-d'œuvre des nationaux en lieu et place par exemple de la main-d'œuvre étrangère particulièrement asiatique, on peut s'attendre à une implosion démographique en cas de chute brusque des cours des matières premières (cuivre et cobalt) aux effets durables.

4. La gouvernance de la province

La gouvernance de la Province est conduite par une Assemblée Provinciale, organe délibérant et un Gouvernement Provincial, organe exécutif.

L'Assemblée Provinciale, composée des députés provinciaux est dirigée par un bureau composé d'un Président, d'un vice-président, d'un rapporteur, d'un questeur et d'un rapporteur adjoint.

Le Gouvernement provincial, composé de douze membres à savoir : un Gouverneur, un vice-Gouverneur et dix Ministres provinciaux, est dirigé par le Gouverneur de Province.

Comme indiqué dans les pages précédentes, la province du Haut-Katanga est issue du démembrement de la Province du Katanga. Cette dernière, depuis sa création a été dirigée par 36 Gouverneurs de Province alors que la jeune province du Haut-Katanga n'a connu que trois jusque-là.

Tableau n° 4 : Liste des Gouverneurs ayant dirigé l'ex. Province du Katanga

N°	Identité	Nationalité	Durée de mandat	Durée
1	Emile A. Wangermée	Belge	1910-1917	7 ans
2	Charles Henrei Tombeur	Belge	1917-1920	3 ans
3	Martin Rutten	Belge	1921-1923	2 ans
4	Léon –Guilain Bureau	Belge	1923-1928	5 ans
5	Gaston R. Heene	Belge	1928-1933	5 ans
6	Louis J. Postiaux	Belge	1931-1931	1 an
7	Gaston R. Heen	Belge	1932-1933	1 an
8	Amour Emile Maron	Belge	1933-1946	3 ans
9	Henri-Léon Keyser	Belge	1946-1948	2 ans
10	Ziegler de ziegleck	Belge	1948-1951	3 ans
11	René Vital Wauthion	Belge	1951-1955	4 ans
12	Jean –Henri Paelinck	Belge	1955-1958	3 ans
13	André Cholier	Belge	1958-1960	2 ans
14	Moïse Kapenda Tshombe	Congolaise	1960-1963	3 ans
15	Paul Muhona	Congolaise	1963-1967	4 ans
16	Jean –Foster Manzikala	Congolaise	1967-1968	1 an
17	Denis Paluku	Congolaise	1968-1968	1 an
18	Léon Engulu	Congolaise	1968-1970	2 ans
19	Henri-Desiré Takizala	Congolaise	1970-1972	2 ans
20	Daniel Monguya Mbenge	Congolaise	1972-1972	1 an
21	Duga Kugbe Toro	Congolaise	1972-1975	3 ans
22	Assumani Busanya Lukili	Congolaise	1975-1977	2 ans
23	Efambe Ey Olanga	Congolaise	1977-1978	1 an
24	General Singa Boyenge Mosambay	Congolaise	1978-1980	2 ans
25	Tony Mandungu Bula Nyati	Congolaise	1980-1980	1 an
26	Duga Kugba Toro	Congolaise	1985-1986	1 an
27	Koyagialo Gbase Te Gerengbo	Congolaise	1986-1990	4 ans
28	Konde Vila Kikanda	Congolaise	1990-1991	1 an
29	Antoine Gabriel Kyungu wa Ku Mwanza	Congolaise	1991-1995	4 ans
30	Benjamin Thadée Ngoy Mulume	Congolaise	1995-1997	2 ans
31	Antoine Gabriel Kyungu wa Ku mwanza	Congolaise	1997-1997	1 mois
32	Gaetan Kakudji	Congolaise	1997-1998	1 an
33	Augustin Katumba Mwanke	Congolaise	1998-2002	4 ans
34	Aimé Ngoi Mukena Lusa Diese	Congolaise	2002-2005	3 ans
35	Dr Urbain Kisula Ngoy	Congolaise	2005-2007	2 ans
36	Moïse Katumbi Chapwe	Congolaise	2007-2015	8 ans

Source : Gouvernement Provincial du Haut-Katanga, 2017

Commentaire

La durée moyenne de règne au poste de Gouverneur de l'ex. Province du Katanga est de 1 à 2 ans.

Messieurs Emile A. Wangermée et Moïse Katumbi Chapwe ont été les Gouverneurs qui ont connu le règne le plus long soit respectivement de 7 et de 8 ans.

Le deuxième mandat de Monsieur Kyungu Wa Kumwanza aura été le plus court soit près d'un mois.

Aucune femme n'a été Gouverneur de l'ex. Province du Katanga.

De 1910 à 1960, la province du Katanga a été dirigée par 13 Gouverneurs, tous des étrangers alors que les vingt-trois (23) qui ont suivi sont de nationalité congolaise. Huit d'entre eux sont originaires de la province de l'ex. Katanga. Seules deux personnes ont exercé par deux fois les fonctions de gouverneur de province du Katanga. Il s'agit de Messieurs Duga Kugbe Toro et Kyungu wa Ku Mwanza. Monsieur Moïse Katumbi Chapwe est le dernier Gouverneur de la province du Katanga.

Tableau N°5 : Liste de gouverneurs ayant dirigé la Province du Haut-Katanga

N°	Identité	Nationalité	Durée de mandat	Durée
1	Jean Claude Kazembe Musonda	Congolaise	2016-2017	1
2	Célestin Pande Kapopo	Congolaise	2017-2019	2
3	Jacques Kyabula Katwe	Congolaise	Juin 2019 à ce jour	Mandat en cours

Source : Gouvernement Provincial du Haut-Katanga

Commentaire

Entre la période de l'ex. Province du Katanga et l'actuelle Province du Haut-Katanga, une courte transition a été notée au cours de laquelle, la Province du Haut-Katanga était dirigée par un commissaire spécial du gouvernement, en la personne de Félicien Katanga.

À la différence des 3 autres provinces cohéritières de l'ex. Katanga, la province du Haut-Katanga a conservé les habitudes de courte durée de règne à sa tête ;

Un règne de courte durée à la tête d'une province ne favorise pas une conduite continue de politique publique lorsque l'on sait qu'en RDC, chaque leadership imprime sa propre politique et que l'administration n'est pas mieux assise ;

Il sied aussi de signaler que c'est en 2016 que l'Assemblée Provinciale de l'ex. Katanga a connu son éclatement en 4 Assemblées provinciales conformément à la nouvelle configuration administrative de l'ancienne province du Katanga.

Analyse des points forts et points faibles de la province du Haut-Katanga

Analyse des facteurs ayant une influence sur le développement du Haut-Katanga

Comme c'est le cas pour toute entité administrative, plusieurs facteurs impactent le développement de la province du Haut-Katanga. Parmi ces facteurs, il y en a qui ont une incidence positive et d'autres ont une influence négative.

1) Facteurs positifs au développement du Haut-Katanga

Une meilleure combinaison de ces dotations factorielles par les différents acteurs exerçant un leadership à différentes échelles peut accélérer la transformation positive de cette entité.

Il s'agit des facteurs ci-après :

1. Les Facteurs Physiques

- la position par rapport aux pays du Sud et de l'Est de l'Afrique qui lui permet d'atteindre facilement par route l'Océan Atlantique ou indien ;
- la frontière de Kasumbalesa qui est la principale voie de sortie et d'entrée pour elle-même et pour plusieurs autres provinces voisines ;
- la disponibilité des terres arables ;
- la fertilité de son sol;

- l'existence de larges plateaux pouvant favoriser l'élevage et le traçage des routes internes ;
- le caractère visible du soleil sur toute l'année ;
- les climats plus ou moins tempérés ;
- le taux de pluviosité (6 mois sur 12) ;
- l'abondance d'eau de surface (rivières et lacs) pouvant faciliter l'arrosage et la navigation ;
- les chutes d'eau pouvant être utilisées pour la production énergétique ;
- la richesse de son sous-sol (innombrables ressources minérales identifiées et non encore identifiées).

2. Les facteurs démographiques
    - la main-d'œuvre expérimentée et abondante (anciens agents de Gécamines, de la SNCC, cadres de l'administration publique...) ;
    - taux de natalité élevé ;
    - la jeunesse de la population.

3. Les facteurs économiques
    - l'existence des exploitations agricoles et minières plus ou moins organisées jadis florissantes ;
    - l'existence des fermes abandonnées et la possibilité de les exploiter et de les étendre ;
    - l'existence des anciennes voies d'évacuation des biens produits que l'on peut réhabiliter ;
    - l'existence des grands centres de négoce.

4. Les facteurs institutionnels
    - Les atouts de la ville de Lubumbashi, la deuxième ville du pays de par son importance économique, politique, sociale et culturelle ;
    - La présence de 15 banques commerciales ;
    - l'existence d'une quinzaine de Coopératives de crédit et institutions de microfinance à Lubumbashi et à Likasi ;
    - l'hébergement des sièges sociaux des entreprises publiques et privées (Gécamines, Société nationale des chemins de fer, SODIMICO, EGMF, Tenke Fungurume Mining, Brasseries

simba, MMG, Frontier, Ruashi mining, ANVIL MINING, etc…) ;

- l'existence de grandes formations médicales du pays d'une capacité de plus de 500 lits (Sendwe, Gécamines, Sncc, Snel, Unilu, Cmdc, Afia, Delgado, hôpital de l'amitié chinoise, centre diamants, centre medi park, hôpital de cinquantenaire …) ;
- l'existence d'une université (Unilu) bien classée sur le ranking africain et de plusieurs établissements d'enseignement supérieur, secondaire et primaire ainsi que professionnel.

5. Les infrastructures et équipements
   - l'existence des infrastructures et équipements de haute technologie installés dans plusieurs unités de production manufacturière et minière telles que la Gécamines, la SNCC, EGMF, STL, etc.
   - l'existence des voies de communication d'intérêt tant national que provincial ;
   - l'implantation de plusieurs postes de péages permettant de collecter des fonds pour l'entretien des routes ;
   - existence des structures de télécommunications et des postes : plusieurs bureaux de poste, 4 fournisseurs d'Internet de grande capacité, 4 exploitants de téléphones cellulaires ;
   - existence des barrages hydroélectriques même si leurs capacités ne parviennent pas à couvrir le déficit en énergie que connaît la province.

6. Le facteur urbain
   - l'existence de 2 grandes villes qui comptent ensemble plus de 2 millions d'habitants ;
   - l'existence d'une importante main-d'œuvre qualifiée ;
   - un important brassage ethnique ;
   - l'existence d'un gros marché de consommation ;
   - l'existence d'un tissu industriel relativement mieux étoffé que celui des autres provinces de la République Démocratique du Congo ;
   - un marché de main-d'œuvre où l'industriel peut trouver aisément différentes expertises ;
   - la diversité des cultures ;

- la présence de plusieurs établissements scolaires de bonne qualité du niveau primaire, secondaire, supérieur et universitaire.

7. Les projets de développement
   - le renouvellement et la modernisation de l'outil de production des entreprises publiques et privées;
   - le projet villages agricoles ;
   - la construction du port sec à Kasumbalesa ;
   - le projet de construction d'une usine de production de ciment d'une capacité de plus d'1 million de tonnes de ciment par an (Grande Cimenterie du Katanga) ;
   - le projet agricole Grand Domaine du Katanga ;
   - le projet de construction d'un pont sur la rivière Luapula ;
   - le projet de construction des parkings urbains ;
   - le projet de construction d'autoroute Lubumbashi-Kasumbalesa pour améliorer la fluidité de la circulation des camions transportant des marchandises ;
   - l'électrification du reste de la province (projet Kipay…) ;
   - le projet de construction de barrage de Mambilima vers Kasenga;
   - le projet de modernisation de l'aéroport de la Luano ;
   - le projet d'adduction d'eaux en milieux urbains (PEMU) financé par la Banque mondiale ;
   - le projet d'installation des compteurs électriques prépayés ;
   - le projet Luano city visant l'extension de la ville vers la route Kasenga ;
   - le projet UNILU 2 qui vise la construction d'une nouvelle université sur une superficie de 8000 hectares ;
   - le projet de construction d'une mine de production de gypse à Kansenia ;
   - la réhabilitation des barrages de Mwandingusha etc.

2) Les facteurs négatifs au développement du Haut-Katanga

Les facteurs négatifs au développement de la Province du Haut-Katanga, sont ceux qui sont susceptibles de retarder le développement de cette province s'ils ne sont pas mieux gérés par les différents acteurs exerçant un leadership à différents niveaux.

Il s'agit des facteurs ci-après :

1. Les facteurs physiques

- la perméabilité de ses frontières ;
- la proximité du désert de KALAHARI qui accélère la désertification de la province ;
- la multiplicité des cours d'eau qui implique un besoin important en nombre de ponts ;
- l'existence des chaînes des montagnes et des monts qui ne facilite pas la construction des chemins de fer pour relier, par exemple, deux territoires comme ceux de Kasenga et Pweto ;

2. Les facteurs démographiques

- la faible densité de la population rurale, conséquence d'un exode rural;
- le taux élevé de mortalité suite à des mauvaises conditions de vie;
- l'expansion effrénée du VIH/SIDA due en partie par la proximité avec les pays du Sud de l'Afrique ayant un taux de prévalence élevé ;
- la résurgence des maladies anciennement éradiquées : choléra, fièvre typhoïde…
- le taux d'analphabétisme relativement élevé ;
- les velléités de tribalisme suite à une décentralisation (découpage territorial) mal comprises.

3. Les facteurs économiques

- le nombre important d'entreprises en faillite ;
- la faible utilisation des capacités installées des exploitations agricoles;
- l'insuffisance d'infrastructures de stockage ;
- le tissu industriel non étoffé qui entraîne le recours à la sous-traitance des sociétés étrangères et qui fait échapper une rente minière à la province et au pays;
- le déficit de l'énergie électrique.

4. Les facteurs institutionnels

- la gouvernance urbaine et locale handicapée par l'absence des organes délibérants ;

- le manque des cartes d'identité qui ne facilite pas un suivi de migrations des populations ;
- un effectif insuffisant des agents commis au maintien de la sécurité dans les villes et territoires ;
- un changement fréquent de dirigeants de l'administration publique et de gouvernement provincial ;
- une administration locale sous équipée.

5. Les infrastructures et équipements

- le surpeuplement des établissements d'enseignement par insuffisance d'infrastructures;
- le faible accès aux soins par insuffisance des hôpitaux répondant aux meilleurs standards ;
- le délabrement avancé de l'état des équipements et voies de communication.

6. Le facteur urbain

- l'exode rural accompagné de la dépravation des mœurs ;
- le taux élevé de chômage qui engendre une criminalité ;
- le prix élevé du loyer dans les villes ;
- la pollution de l'environnement suite à l'installation des usines de traitement minier ;
- le vol des câbles et la vandalisation des infrastructures du réseau électrique ;
- le vol des câbles électriques fabriqués sur base de cuivre pousse la société nationale d'électricité d'installer les câbles électriques fabriqués sur base d'aluminium avec tout ce que cela comporte comme conséquence sur la perte des devises du fait que l'aluminium est importé ;
- une vie chère sur tous les plans dans les centres urbains entraînant la sous-alimentation suite à la faiblesse de la production locale des biens et services de grande consommation ;
- le manque de confiance de la population qui hésite de recourir au circuit bancaire suite à la faillite et la liquidation de certaines banques ;
- l'inaccessibilité aux services des soins de santé primaire par la grande masse de la population suite à la pauvreté ;

- la non-scolarisation d'un bon nombre d'enfants suite au boom minier (phénomène enfants des mines) et à l'exploitation artisanale.

2.
Atouts et défis de la province du Haut-Katanga

Constat général

La province du Haut-Katanga dispose d'un potentiel très important. Outre sa démographie et ses nombreuses ressources de son sous-sol, c'est sur son sol que sont concentrées l'essentiel des infrastructures de production de l'ex. Katanga. Une main-d'œuvre qualifiée abondante s'y trouve également concentrée ainsi que les infrastructures aéroportuaires, sportives, éducatives et sanitaires. L'université de Lubumbashi qui y est aussi localisée a totalisé 60 ans en 2017 et comprend 12 Facultés et 4 grandes écoles. De nombreux cadres formés par cette université occupent des postes de commandement tant dans plusieurs structures et institutions de la République Démocratique du Congo qu'en dehors du pays. Sa réputation va au-delà des frontières nationales même si l'état actuel des infrastructures connaît une dégradation.

L'activité économique de la Province du Haut-Katanga gravite autour de plusieurs secteurs, dont les principaux sont :

- le secteur minier ;
- le secteur agricole ;
- le secteur de l'énergie ;
- le secteur des infrastructures ;
- le secteur douanier ;
- le secteur du tourisme ;
- le secteur de l'industrie ;
    - l'industrie brassicole ;
    - l'industrie hôtelière ;
    - l'industrie du bois ;
    - l'industrie du papier ;
- le secteur bancaire ;
- le secteur de transport ;
- le secteur du commerce ;
- le secteur de PME ;
- le secteur des finances publiques, etc.

État des lieux et perspectives de différents secteurs

1. Secteur minier

a) Historique de l'évolution de l'industrie minière en RDC[13]

Le Ministère des mines de la République Démocratique du Congo a élaboré un rapport sur l'état des lieux du secteur minier en 2018. De cet état des lieux, il ressort que l'évolution de l'industrie minière congolaise correspond parfaitement avec l'histoire et le destin du Congo. À sa création, le Roi Léopold II avait réussi l'exploit de contourner les convoitises de grandes puissances de l'époque (l'Angleterre, Hollande et France) pour créer au cœur de l'Afrique un empire colonial immense en ne disposant au départ de presque rien en termes de ressources financières propres.

Dans sa stratégie, le Roi Léopold II, par l'Acte Général de Berlin du 26 février 1885, avait ouvert le bassin du Congo au commerce international pour s'appuyer sur l'initiative privée pour des investissements colossaux dans la mise en valeur des ressources minières.

Les impôts payés par les investisseurs privés lui permettaient de prendre des participations dans les sociétés créées et d'obtenir ainsi le droit aux dividendes. Le portefeuille de la colonie, contrôlait subtilement les activités économiques du pays au travers de la Société Générale de Belgique, un trust qui avait ses tentacules dans les mines et les autres branches de l'économie du Congo.

La stratégie utilisée par la Société Générale de Belgique pour étendre sa domination sur l'économie du Congo fut donc la suivante :

- l'utilisation des holdings ;
- l'utilisation des compagnies à charte ;
- la participation directe dans le capital des sociétés installées.
- les participations indirectes par l'entremise des filiales.

La Société Générale de Belgique avait des participations directes et indirectes dans plusieurs sociétés congolaises.

---

[13] Ministère des mines de la RDC, état des lieux du secteur minier, mai 2018, page 6

La compagnie du Katanga « CK », créée en 1891 par la compagnie du Congo pour le commerce et l'industrie (CCCI), était devenue une société à portefeuille de la Société Générale de Belgique.

Par le biais de la CK, la Société Générale de Belgique acquit des intérêts dans le comité spécial du Katanga « CSK », compagnie à charte, créée en 1900 qui était le principal actionnaire de la compagnie géologique et minière des ingénieurs et industriels belges « Geomines » et de l'UMHK qui, après sa nationalisation, devint Gécamines.

Depuis l'accession du pays à l'indépendance en 1960, la production minière de la RDC était assurée par des sociétés publiques et d'économie mixte ci-après :

- La Gécamines
- La Sodimico
- L'entreprise minière de Kisenge manganèse
- La Sominki
- L'OKIMO
- La Miba

De ces 6 entreprises publiques, 3 ont leur siège social dans la Province du Haut-Katanga. Il s'agit de Gécamines, SODIMICO et l'Entreprise minière de Kisenge Manganèse. Contrairement à SODIMICO qui dispose de tous les sites d'exploitation dans la Province du Haut-Katanga, la Générale des carrières et des mines dispose des sites d'exploitation dans 3 provinces issues de l'ex. Province du Katanga à savoir : la Province du Lualaba, la province du Haut-Lomami et la province du Haut-Katanga. L'entreprise minière Kisenge Manganèse quant à elle a son siège d'exploitation basé à Kisenge dans la province du Lualaba.[14]

La Gécamines qui a dominé pendant près de 4 décennies le secteur d'extraction de cuivre et de cobalt en République Démocratique du Congo a vu sa production-comme celle d'autres entreprises publiques-sensiblement régresser mais comme nous le verrons plus loin, suite à la conjugaison de plusieurs facteurs, la production de la Gécamines a sensiblement régressé. Bien qu'elle demeure encore une société unipersonnelle avec un seul actionnaire, l'État congolais, la Gécamines résiste encore grâce aux contrats des partenariats qu'elle a

[14] Rapport du ministère des mines de la RDC, 2018

signés avec plusieurs sociétés privées nationales et multinationales. Cette situation est bien comparable à celle de 1885, période au cours de laquelle la Société Générale de Belgique survivait grâce à ses participations directes et indirectes dans plusieurs sociétés. Si en 1885, le Roi Léopold II qui ne disposait pas de ressources financières propres pour financer l'exploitation minière au Congo avait ouvert le bassin du Congo au commerce international, la Générale des carrières et des mines qui se trouve aussi dans une situation similaire de manque des ressources financières s'est ouverte à la finance internationale et aux multinationales privées pour financer l'exploitation minière « chasser le naturel, il revient au galop », dit-on.

b) Environnement général du secteur minier de la RDC

❑ *Contexte*

Le secteur minier est l'un des secteurs clés de l'économie congolaise en général et Katangaise en particulier. Il est source des devises et de recettes qui font la fierté de la République Démocratique du Congo et des provinces productrices des minerais que sont les provinces de Haut Katanga et de Lualaba établies sur le Copperbelt africain, situé le long des frontières entre la RDC et la Zambie et entre la RDC et l'Angola. Ces provinces contiennent plus d'un tiers des réserves mondiales de cobalt, ainsi que des quantités significatives de cuivre, de zinc, de nickel, d'uranium, d'argent, de plomb etc. Cet hinterland minier est la partie la plus industrialisée de République Démocratique du Congo. La Province du Haut-Katanga est bien célèbre pour sa mine de Shinkolobwe d'où était extrait l'uranium ayant servi à la fabrication des bombes atomiques larguées sur Nagasaki et Hiroshima en 1945 et qui mirent fin à la seconde guerre mondiale de triste mémoire. Elle est aussi connue pour ses importantes réserves en zinc de classe mondiale dans ses mines de Kipushi et pour ses nombreux gisements de cuivre disséminés dans ses différents territoires.

Pour mieux appréhender la problématique du secteur minier dans la province du Haut-Katanga, il est utile de donner quelques indications liées à l'environnement général du secteur minier qui a prévalu ces dernières décennies en République Démocratique du Congo.

En effet, le secteur minier en RDC a connu une évolution législative mouvementée, allant de la période du Congo-Belge (législation coloniale) à la période du Congo indépendant (législation post coloniale). La période post coloniale a été marquée par la situation de quasi-monopole exercé par les entreprises publiques dont la Générale des Carrières et des Mines était la tête d'affiche. Cette dernière avait, en 1986, atteint le sommet dans la production de cuivre avec un pic de 476 000 tonnes. Malheureusement, à cause de plusieurs facteurs endogènes et exogènes, cette entreprise publique a amorcé une descente aux enfers au point qu'en 2004, la production de Gécamines était seulement de 7 686 tonnes de cuivre, la rendant ainsi incapable d'honorer ses engagements. C'est au cours de la même période que deux autres entreprises publiques citées ci-dessus, ayant leur siège dans la province du Haut-Katanga avaient aussi connu la chute de leur production. Une réforme s'était donc imposée.

Ainsi, à la faveur d'un accompagnement des partenaires techniques et financiers dont la Banque mondiale, un nouveau code minier élaboré et adopté en 2002 avait ouvert le secteur minier aux capitaux privés. Ainsi, pendant près de 15 ans de mise en œuvre de ce code, il a été observé un afflux massif des investissements privés dans le secteur minier de la RDC. L'ex. Province du Katanga en avait été l'un des plus grands bénéficiaires.

❑ *Effets bénéfiques du code minier de 2002*

Dans le rapport sur l'état des lieux du secteur minier élaboré en 2018 par le ministère des mines[15], il a été relevé que le code minier de 2002 avait permis ce qui suit :

- l'ouverture du secteur minier du pays aux capitaux privés et l'accroissement de la transparence grâce à l'implication des procédures d'octroi des titres miniers et du principe du premier arrivé, premier servi ;
- l'instauration d'un régime fiscal attrayant et exhaustif ayant favorisé l'arrivée des investisseurs dans le secteur minier et une compétitivité des entreprises minières au niveau international ;

---

[15] Ministère des mines de la RDC, état des lieux du secteur minier, mai 2018, pages 4 et 5

- la pérennisation, par les investisseurs, d'un modèle économique spécifique et la stabilisation de leurs droits par sa clause de stabilité d'une durée de 10 ans ;
- l'introduction de la notion de responsabilité sociale et environnementale des opérateurs miniers les exhortant à veiller au bien-être des populations locales, à la protection et à la réhabilitation de la faune, de la flore, de l'eau et de l'air affectés par le projet minier ;
- l'appréciation par des entreprises minières régies par des conventions minières antérieurement à son entrée en vigueur du choix de demeurer liées par les dispositions desdites conventions.

En dépit de ces avancées réalisées par le code minier de 2002, certains points faibles analysés au point ci-après avaient été observés.

❑ *Quelques points faibles du code minier de 2002*

Le rapport issu de l'état des lieux du secteur minier de 2018 a relevé que:

- de nombreux avantages fiscaux avaient été accordés aux investisseurs dans beaucoup de contrats miniers signés dans un contexte où le pays sortait d'une période de conflits armés;
- la fiscalité minière était faible : la pression fiscale estimée à 10 % contre la moyenne africaine estimée à 19% ;
- à l'exception des redevances à percevoir généralement 5 ans après la cession des titres miniers, les taxes sur revenus ainsi que les dividendes n'avaient jamais été payés à l'État.
- de 2002 à mai 2018, 4300 permis de recherche avaient été octroyés aux investisseurs et seulement un nombre limité de ces permis avait pu être transformé en permis d'exploitation, la plupart d'investisseurs ayant préféré avoir directement accès aux permis d'exploitation détenus par les entreprises de l'État pour bénéficier des investissements déjà effectués par ces dernières en rapport avec la prospection et la mise en valeur ;
- en termes de production, les résultats avaient été largement à la hauteur des attentes, atteignant une production annuelle de plus d'1 million de tonnes de cuivre par exemple à partir de 2014,

mais qu'en termes de revenus pour l'Etat et ses entreprises les résultats étaient largement en dessous des attentes ;

- l'ancrage du secteur minier dans l'économie nationale était très faible : le secteur minier est plutôt « plugger » sur l'économie extérieure (asiatique et dans une faible mesure Sud-africaine) ;
- la participation au développement des communautés riveraines était bien aléatoire;
- la répartition des revenus captés, entre les acteurs en présence était mauvaise.

❑ *Problèmes spécifiques lies aux effets des investissements directs étrangers sur le secteur minier en RDC*

À la faveur des avantages contenus dans le code minier de 2002 et de l'embellie des cours des principales ressources minières de la RDC, un grand nombre d'investisseurs étrangers se sont intéressés au secteur d'exploitation des ressources minières de la RDC, soit directement par eux-mêmes, soit par le biais de leurs filiales. Outre que ces entreprises focalisaient leurs activités sur l'extraction et l'exportation des matières premières sans une transformation substantielle, elles exécutaient en plus des activités principales et des activités annexes ou connexes à l'exploitation minière comme le transport des minerais, l'importation des intrants par leurs filiales etc.

Par ailleurs, ces entreprises étrangères procèdent par financement sans apport du capital. Ce financement total sur emprunt consiste à financer toutes les dépenses de recherche, d'étude, d'investissement initial par emprunts remboursables par le projet lui-même et les investissements ultérieurs par autofinancement par le projet, sans apport significatif en capital du partenaire en dehors de « pas de porte ».

Ce mode de financement plus ou moins fictif et imaginatif, sans fonds propre, dans un secteur qui en demande beaucoup présente des sérieux inconvénients.

Sur le plan de principe, il y a déséquilibre entre d'un côté un apport de gisement et de l'autre un partenaire qui n'apporte pas de capital. Cela revient pour un partenaire à aliéner un gisement sans contrepartie équivalente. Ainsi, sur le terrain, il s'observe ce qui suit :

- la plupart des projets miniers sont fragilisés et traversent des grands risques de liquidité chaque fois qu'il y a baisse du cours des métaux ;
- le développement de plusieurs projets miniers est fragilisé, puisque ce mode de financement exige aux joint-ventures ainsi créées à compter sur des bénéfices futurs qui, eux–mêmes, sont affectés par la cascade des remboursements et des intérêts.

En dépit de l'obligation de rapatrier les recettes issues de l'exportation des matières premières, ces recettes rapatriées sont directement affectées au règlement des factures envers leurs fournisseurs et sous-traitants qui dans la plupart des cas ne sont autres que leurs filiales situées à l'extérieur du pays. Ainsi, les revenus générés par cette croissance n'irriguent que partiellement le système économique du pays. La croissance qui en résulte s'apparente à une croissance appauvrissante.

Ces différents points faibles semblent avoir motivé l'élaboration du nouveau code minier en 2018.

❑ *Les problèmes spécifiques du secteur minier dans le Haut-Katanga*

Les questions spécifiques du secteur minier dans la province du Haut-Katanga au cours de cette dernière décennie ont des liens directs avec les problèmes auxquels sont confrontés les deux métaux non ferreux à savoir le Cobalt et le Cuivre. La majorité des multinationales qui ont investi dans l'industrie extractive du Katanga focalisent principalement leurs activités sur l'exploitation de ces deux métaux.

C'est pourquoi dans les lignes qui suivent nous allons passer en revue les enjeux que soulèvent ces deux métaux.

➢ *L'enjeu du cobalt*

Pour mieux saisir l'enjeu du cobalt, il faut comprendre que l'humanité est confrontée actuellement à un réchauffement climatique aux effets très néfastes. Pour y faire face, certains Etats s'attaquent de plus en plus aux émissions polluantes des moteurs à carburant traditionnel (diesel ou essence) et comme conséquence la plupart des grands constructeurs automobiles se sont engagés dans une transformation de leur industrie automobile en se lançant dans la construction des véhicules électriques. Ce qui entraîne une augmentation de l'utilisation des batteries lithium-ion dont le cobalt est une composante essentielle. Par ailleurs, le développement de l'industrie du numérique qui est actuellement en vogue à travers le monde, nécessite une utilisation abondante du cobalt dans la fabrication des batteries.

Plus de la moitié des réserves connues de ce métal se trouvant dans l'hinterland minier du Katanga, une forte augmentation de la demande de ce métal est observée, demande qui est confrontée à une offre limitée.

Avec l'avènement des batteries Li-ion, accessoires indispensables dans les nouvelles technologies de l'information (smartphone, IPhone, laptop, macs) et dans les technologies vertes (production de l'énergie solaire, prévention de l'émission de CO2, remplacement des voitures utilisant les carburants traditionnels par les voitures électriques), le caractère stratégique et critique de cobalt est devenu une évidence.

Tableau n° 6 : Les réserves de cobalt dans le monde (2015)

Pays	Réserves (TN)
USA	3 700
Australie	1 100 000
Brésil	85 000
Canada	250 000
Chine	80 000
RDC	3 400 000
Cuba	500 000
Nouvelle Calédonie	100 000
Philippine	170 000
Russie	250 000
RSA	32 000
Zambie	270 000
Autres pays	750 000
TOTAL	7 024 000

Source : USGS-2015 cité par le ministère des mines de la RDC, réflexion sur l'exploitation du cobalt en RDC, mai 2018, page 6

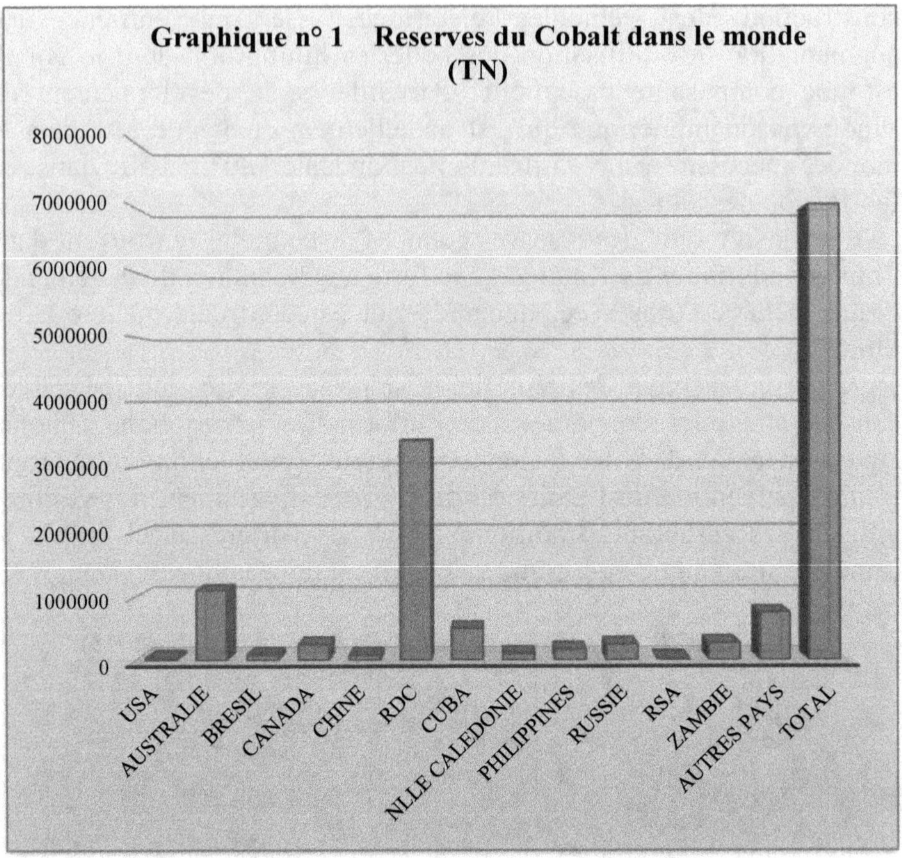

Commentaire :

Au regard des statistiques (USGS-2015) citées par le ministère des mines, la RDC regorge plus de 48 % de réserves mondiales de cobalt contre seulement près de 1% pour la Chine. L'Australie qui occupe la deuxième place après la RDC ne dispose que de 15 % de réserves tandis que la Zambie voisine pourtant située aussi dans le Copperbelt africain n'en compte que près de 4%.

Les réserves mondiales en cobalt connues sont estimées à 7 millions vingt-quatre mille tonnes.

En RDC, le minerai de cobalt est généralement associé au cuivre. Considérant les dernières découvertes des importants gisements de cuivre à Kamoa et Kakula dans l'hinterland minier du Katanga (Province du Lualaba), les réserves en gisements de cobalt connues actuellement pourront facilement être revues.

Tableau n° 7 : Évolution de la production de cobalt dans le monde en tonnes

Pays	2013	2014	2015	2016
RDC	54 000	63 000	63 000	65 000
Chine	7 200	7 200	7 700	7 700
Canada	6 920	6 570	6 900	7 300
Russie	6 300	6 300	6 200	6 200
Australie	6 400	5 980	6 000	5 100
Zambie	5 200	5 500	4 600	4 600
Cuba	4 200	3 700	4 300	4 200
Philippine	0	0	4 300	5 500
Nouvelle Calédonie	3 190	4 040	3 600	3 300
Madagascar	0	3 100	3700	3 300
RSA	3 000	3 000	3000	3 000
Total	**96 410**	**108 390**	**113 300**	**115 200**

Source : Statista cité par le ministère des mines de la RDC, réflexion sur l'exploitation du cobalt en RDC, mai 2018, page 7

Commentaire :

[16] La production mondiale du cobalt brut, c'est-à-dire non raffiné est allée de 96 410 tonnes en 2013 à 115 200 tonnes en 2016, soit une augmentation de près de 20 %.

Les statistiques de ces quatre années renseignent que la RDC produit en moyenne 56.5% de la production mondiale contre près de 7% pour la Chine.

En 2014, la demande mondiale en cobalt était de 85 000 tonnes[17] . Avec une production pouvant couvrir près de 74 % de cette demande, la RDC a occupé le rang de premier producteur mondial alors qu'au cours de cette même année, la production du cobalt brut par la Chine n'a représenté que près de 8.5% de la demande mondiale.

[16] Ministère des mines, statistiques du ministère des mines de la RDC, 2016

[17] Ministère des mines de la RDC,2018

Tableau n° 8 : Repartition de la production de Cobalt raffiné dans le monde (2015)

Pays	Production en tonne
Chine	48 719
Fiinlade	8 582
Canada	5 591
Australie	5 150
Belgique	4 500
Madagascar	3 464
Rdc	3 300
Norvège	3 100
Zambie	2 997
Japon	2 800
France (nouvelle Calédonie)	2 524
Russie	2 040
Maroc	1 722
Brésil	1 300
TOTAL	**95 789**

Source : USGS-2015 cité par le ministère des mines de la RDC, réflexion sur l'exploitation du cobalt en RDC, mai 2018, Page 8

Graphique 2 : Production du cobalt raffiné dans le monde

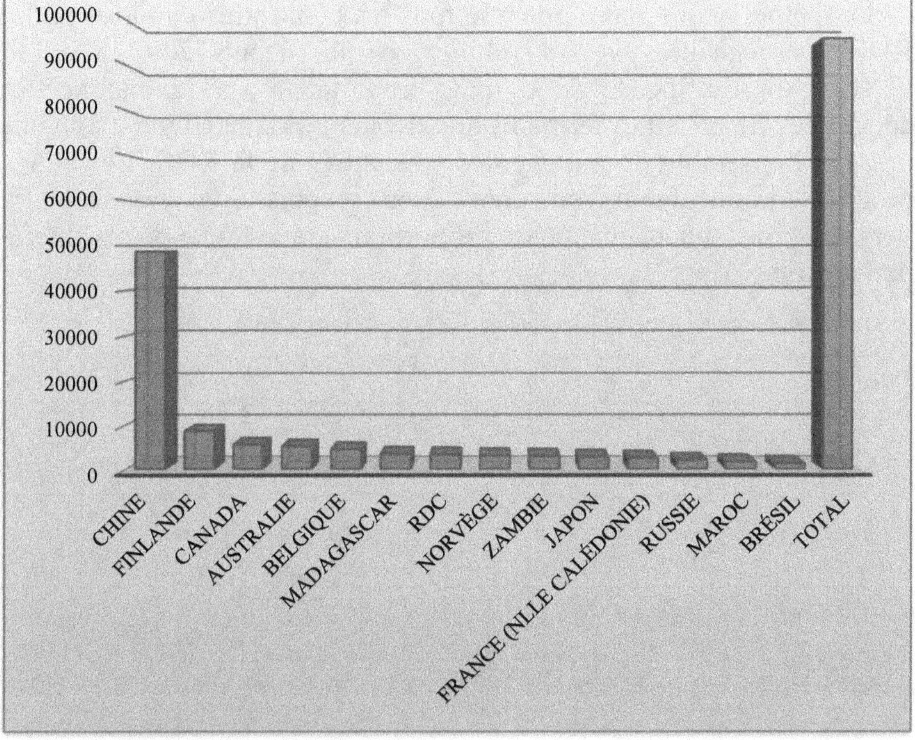

Source : Ministère des mines de la RDC, réflexion sur l'exploitation du cobalt en RDC, mai 2018, Page 8

Commentaire

Les statistiques indiquent que la RDC n'a produit, en 2015, que 3% de cobalt raffiné, alors que la Chine et la Finlande en ont produit respectivement 50 % et 8 % pour la période analysée.

Si la RDC se positionne en première position du point de vue des réserves et de la production mondiale du cobalt brut pour la période étudiée, il sied de noter que la production du cobalt de la RDC se fait généralement sous forme des produits à faible valeur ajoutée, c'est-à-dire de concentrés, les hydroxydes, de carbonate et d'alliage blanc.

Par ailleurs, les producteurs miniers de la RDC sont affectés par le déficit en énergie électrique dont les usines de raffinage de cobalt ont besoin, une situation qui devrait perdurer et impacter la possibilité de créer davantage de valeur ajoutée localement. Seule une faible partie de la production minière de la RDC est localement transformée en cobalt métal. En 2013, les 2600 tonnes de cobalt métal étaient produites par Katanga Mining, contrôlée par Glencore-Xstrata.[18].

La même source renseigne que tous les concentrés exportés par la RDC sont canalisés vers la chine, ce qui, depuis 2002, n'a fait qu'accroître l'influence de ce pays importateur sur le marché des concentrés de cobalt, à tel point que depuis 2011, la Chine a conquis presque l'ensemble du marché des concentrés de la RDC. Les autres produits intermédiaires sont quant à eux exportés, en grande partie vers la Chine, et dans une petite proportion vers la Finlande (raffinerie de Kokkola).

[18] Ministère des mines de la RDC, Mai 2018

Tableau n° 9 : Évolution de la production du Cobalt en Rdc par société (2012-2016)

Société	Production du cobalt (TN)					Produits de cobalt exportés
	2012	2013	2014	2015	2016	
Bolfast	763	462	527	622.44	141.42	Concentré de cobalt
Boss mining	11440	9908	9304.6	5651.65	4072.02	Concentré de Cuco et carbonate
Cdm	4258	3817	7362	7577.88	6068.57	Concentré de cobalt et hydroxyde
Chemaf	1850	1862	2826	3165.42	1883.49	
Eagle	0	464.5	54	0	0	Concentré de Co
Feza mining	662	478	682	1360.08	250.44	Alliage blanc
Gecamines	865	470	105	892.95	50	Carbonate et cobalt électrolytique
Gtl	3845	4014	4678	7398.9	4217.44	
Golden african	0	0	0	0	7.6	
Groupe la bonne fiancée	0	0	0	0	1157.84	
Kcc	9385	10125	2854	2989.5	31.64	Hydroxyde et cobalt électrolytique
Metal mines	927.5	1430	2737.5	2477.6	1946.84	Concentré de Co
Mjm	0	225	540	283.78	798.61	Concentré de Co
Mumi	16430	16685	16425	17210.47	16107.31	Concentré de Co et hydroxyde
Ruashi mining	10924	6817	5248	5628.8	3597.92	Hydroxyde
Somika	2180	95	1124	1389.13	0	Concentré de Co et hydroxyde
Tfm	19846	16675	20757	24756.56	22563.04	Hydroxyde
Huachin mining	0	0	242.5	879.7	0	Concentré de Co
Mkm	0	0	153	631.78	689.32	Hydroxyde
Cmsk	1184	3200	3125	491.13	0	Concentré de Cuco
TOTAL	**84559.5**	**73527.5**	**78745.6**	**83407.77**	**63583.5**	

Source : Cellule technique de coordination et de planification minière du Ministère des mines de la RDC, réflexion sur l'exploitation du Cobalt en RDC, mars 2018.

Commentaire

Les statistiques de la cellule technique de coordination et de planification minière du ministère des mines de la RDC indiquent ce qui suit :

- presque tout le cobalt produit est exporté de la RDC sous forme de concentré de cobalt et il est aussi parfois associé au cuivre ;
- l'entreprise Tenke Fungurume mining (TFM) localisée dans la province du Lualaba est la plus grande productrice du cobalt pendant la période indiquée. En 2016 par exemple, sa production a représenté plus de 35 % de la production totale de la RDC ;
- l'entreprise publique Gécamines n'a pas réussi a dépassé le cap de 1000 tonnes par an, se situant à moins de 1 % du total produit tout au long de la période analysée. Néanmoins, cette production devra être reconsidérée à la hausse quand on prend en compte sa part dans la production de ses partenariats ;
- la production de la société KCC a sensiblement diminué en 2016 suite à la suspension de sa production au cours de cette année.

- *L'usage du cobalt :*

Le cobalt sert à une multitude d'usage notamment à :

- fabriquer des pigments, des céramiques, des applications chimiques sous forme d'alliage;
- entrer dans la plupart des alliages ayant une utilité allant de l'aéronautique civile ou militaire, aux outils de coupe en passant par les peintures, les disques compacts, les bandes audio & vidéo, les batteries des voitures hybrides & électriques, les téléphones cellulaires, les ordinateurs portables et les simulateurs cardiaques ;
- la fabrication des aimants très puissants lorsqu'il est allié avec le nickel ;
- être utilisé dans les turbines à réaction et aussi comme agent séchant dans les peintures et les encres ;
- être utilisé comme catalyseur pour diverses réactions dans les industries chimiques et pétrochimiques ;

- être utilisé dans la galvanoplastie ;
- alimenter et recharger les appareils, allant du téléphone intelligent à la voiture électrique ;

Le cobalt est donc une composante essentielle dans le processus de fabrication des voitures électriques. En effet, l'utilisation de batteries Li-ion est fonction de plusieurs paramètres, dont la puissance massique, la résistance thermique, la durée de vie, la capacité massique d'énergie. Bien plus, les batteries lithium-ion au cobalt sont pour l'instant celles qui ont la plus grande capacité d'accumulation d'énergie par unité de masse. [19]

Le cobalt est donc un métal stratégique à usage essentiellement industriel aéronautique et énergétique. Il a la particularité de conserver ses propriétés mécaniques même à de hautes températures et d'avoir une faible conductivité thermique et électrique.

C'est un matériau ferromagnétique susceptible d'être magnétisé et qui peut garder son état jusqu'à 1121°C (point de curie). La particularité de former de nombreux alliages fait qu'avec les autres propriétés, le cobalt est un métal abondamment utilisé industriellement. [20]

Les projections de production des entreprises en développement montrent que la RDC va redevenir un producteur majeur de cobalt, ce qui pourrait entraîner une chute du cours de ce métal à terme si la demande ne dépasse pas l'offre mais cette hypothèse est peu probable, compte tenu des évolutions technologiques actuelles dans les appareils de communication et du virage vers des énergies vertes pour les véhicules suite à l'abandon programmé des moteurs à combustion et des moteurs diesels.

L'offre limitée du cobalt est confrontée à une demande en forte croissance au niveau mondial.

Le rythme de croissance de l'économie chinoise et les difficultés d'ordre économique et politique liées à son extraction en Afrique centrale ont fait que le cours de ce métal a connu une tendance spectaculairement haussière au point que sa croissance de décembre 2016 à décembre 2017 est évaluée à plus de 140%. Le cours est passé de 20 000 $/T en 2016 pour se situer à plus de 50 000 $/T en 2017.

---

[19] (Dona Kampata 2018 : 4)

[20] (R. Rumbu 2013 : 21)

Toutefois, la non maîtrise du secteur d'exploitation artisanale du cobalt dans l'hinterland minier du Katanga, le vol dans certaines sociétés minières et la non maîtrise des règles du jeu des marchés internationaux de métaux non ferreux ou du système de commercialisation dominé par les traders ont une incidence sur la volatilité des cours.

Tableau N°10 : Projection de la production de cobalt en rdc jusqu'en 2026

Projet	2017 (t)	2026 (t)		Artisanal
Mutanda mining	23900	23000		Non
Tenke Fungurume mining	16355	18000		Non
CDM (Huayou) Kasulo	12000	12000		Oui
Chemaf usoke	2200	3200		Non
Chemaf étoile	2900	4200		Non
GTL/STL Big Hill	3568	4500		Non
SOMIKA SAS (Kimpe,Kasenga,Lubumbashi)	2300	2500		Partie
ERG Boss mining	2929	-----		Non
Chemaf Mutoshi (2017 artisanal)	2138	14200		Oui, non
ERG COMIDE	------	2000		Non
Glencore (Kamoto,Kov, Katanga)	-----	34000		Non
ERG Roan tailings reclamation	-----	21000		Non
Sicomines	554	7000		Non
Autres	2404	6400		Oui
Total	**71248**	**152000**		

Source: Communication personnelle de Mr Uwer Naeher, Directeur du projet certification des produits miniers, bureau fédéral des géosciences et ressources naturelles (BGR) Allemagne, DRC mining week, 20 juin 2019

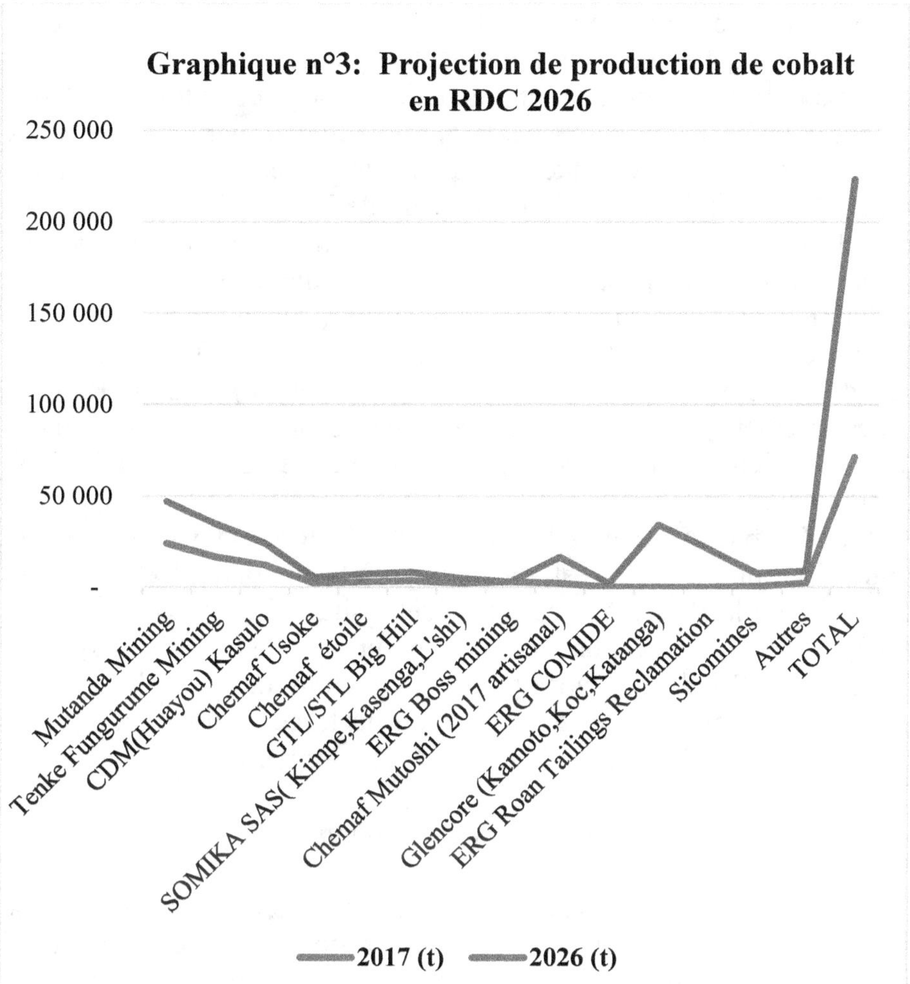

Source : Communication personnelle de Mr Uwer Naeher, Directeur du projet certification des produits miniers, bureau fédéral des géosciences et ressources naturelles (BGR) Allemagne, DRC mining week, 20 juin 2019

Commentaire

Au regard de ces projections, toutes autres choses restant égales, la production de cobalt brut par la RDC va dépasser le cap de 100 000 tonnes d'ici 2026. Glencore pourra continuer à occuper la tête de peloton des producteurs de cobalt congolais. Par ailleurs, une partie de cobalt continuera à provenir de l'exploitation artisanale.

Selon le ministère des mines de la RDC[21], en dehors de la RDC, la capacité mondiale annuelle de production est d'environ 45 000 tonnes de cobalt, pour une production annuelle qui se situe autour de 30 000 tonnes et une capacité totale des projets de 20 000 tonnes. Cette même source précise toutefois que le nombre de projets impliqués dans la production du cobalt sont, excepté ceux de la Zambie, des projets de nickel latérique avec cobalt en sous-produit dont l'avenir dépend davantage des perspectives du marché de nickel que de celui du cobalt. Les prix déprimés du nickel risquent de mettre, à moyen terme, ces projets en sommeil. Aussi, à l'horizon 2020 à 2025, le reste du monde ne pourra dépasser 50 000 tonnes de cobalt par an, la RDC, et accessoirement la Zambie, restant les seuls pays qui peuvent augmenter leurs productions tout en assurant une bonne rentabilité des opérations.

La Zambie ne peut dépasser 15 000 tonnes par an car sa minéralisation du cobalt est, dans ses projets en cours, dix fois moins que celle de la RDC. Au regard de cette situation, la RDC se trouve dans une position de quasi-monopole sur le cobalt car, disposant à l'horizon 2020 d'une capacité de production de plus de 100 000 tonnes de cobalt, elle reste en position de force pour satisfaire cette demande de cobalt à moyen et même à long terme.[22]

- *Les défis de l'exploitation du cobalt*

La ruée vers le cobalt observé actuellement dans l'hinterland minier du Katanga favorise un mouvement important des populations des provinces voisines et des pays étrangers vers les provinces du Haut-Katanga et du Lualaba. Toutefois, plusieurs défis restent à relever qui, s'ils ne sont bien gérés, peuvent entraîner des conséquences négatives sur une exploitation utile de ce minerai qualifié de stratégique par le Gouvernement congolais.

Il s'agit notamment, des défis ci-après :

- le déficit énergétique qui est un frein pour l'industrialisation du secteur ;
- la recrudescence des cas d'exploitations minières artisanales dans les concessions minières privées et même dans certains

[21] (Dona Kampata Ministère des mines 2018 : 14-15)

[22] Op. cit.

quartiers résidentiels ; ce qui trahit la faiblesse de l'État d'encadrer l'exploitation artisanale.

- l'implication des militaires, de la police, des services de sécurité et judiciaires et des membres des familles de certaines autorités dans le circuit d'exploitation et de commercialisation des minerais ;
- la présence des enfants et des femmes enceintes observées parfois dans certaines opérations qui rentrent dans la chaîne de production des minerais de cuivre et cobalt au risque de ternir l'image de la RDC sur le marché international ;
- la présence soupçonnée de l'uranium, bien qu'à faible teneur, dans certains gisements de cobalt ;
- le manque d'une banque d'investissement devant financer les nationaux qui sont intéressés à l'exploitation minière ;
- la sous-traitance malheureusement détenue par les étrangers malgré l'existence de la loi réservant l'exclusivité de ce secteur aux nationaux;
- l'absence d'une bourse des matières premières qui rend opaque le processus de commercialisation dominé par les traders (commissionnaires) ;
- la volatilité des cours des matières premières qui handicapent le processus de planification rationnelle ;
- la rareté des bureaux d'études minières et des laboratoires d'analyses promus par les nationaux ;
- la non certification des données géologiques ;
- le manque de financements pour l'exploration des nouveaux gisements ;
- la mauvaise qualité des infrastructures (routes, rails) qui favorise le manque de fluidité des trafics ;
- la faible organisation de formation continue des jeunes congolais etc.

➢ *L'enjeu du cuivre*

Le cuivre est un métal indispensable à l'industrialisation et à l'urbanisation des économies émergentes. Il est utilisé dans un large éventail d'applications allant des infrastructures de base comme les réseaux électriques, à des appareils à usage domestique comme les machines à laver, les cuisinières, les téléviseurs, les congélateurs, les ustensiles de cuisine etc. Son apport dans la construction (fabrication de la tuyauterie d'eau, la toiture, plateforme pétrolière) et dans l'électronique en général (fabrication de micro possesseur, circuits intégrés, etc.) est très appréciable.

Les propriétés du cuivre (haute conductibilité électrique et thermique, résistance à la corrosion, facilement recyclable) font de ce métal une ressource naturelle très utilisée, classé comme l'un des meilleurs conducteurs électriques sur l'ensemble des métaux non précieux.

Dans la région du Katanga, la minéralisation de cuivre et de cobalt connue est localisée au niveau du super groupe du Katanga qui forme en partie l'Arc Lufilien et est subdivisée (de bas en haut) en trois groupes :

- le groupe Roan (la série des mines riches en cuivre et cobalt) ;
- le groupe Nguba ;
- le Groupe Kundelungu.

L'Arc Lufilien est l'une des provinces métallo géniques les plus riches du monde en cobalt et en cuivre. Il comprend les parties les plus orientales de l'Angola, le nord –ouest de la Zambie et le sud de la RDC.

Les gisements stratiformes tels que Ruashi, Kinsenda et Lubembe de metorex et ses filiales, Kabolela tiger resources, Kinsevere de MMG, Lupoto de Kalumines, Etoile de Chemaf, Kambove de la Gécamines, Lufua de Frontier, Kakanda, Menda et kalukundi d'Erg, Tenke Fungurume de TFM, Mutanda, KOV et Kamoto de Mumi, KCC de Glencore, Mutoshi de Gécamines, Kamoa et Kakula d'Ivanhoe et Kalongwe de Regal ressources sont tous situés dans une géologie similaire.

Un type de gisements polymétalliques différents se trouve à Kipushi, Kangere et Lombe, qui sont des intrusions le long des zones tectoniques minéralisées de l'Arc Lufilien.

En République Démocratique du Congo, quelque 50% du territoire du Copperbelt ont été raisonnablement bien explorés et sont connus des techniciens mais il reste encore un énorme potentiel non découvert sur l'ensemble du Katanga qui mettra à jour de nouveaux produits et d'importants gisements de cuivre, de cobalt, d'or, d'étain, d'uranium et de matières premières comme le calcaire. [23].

Signalons que parmi les sociétés basées dans la province du Haut-Katanga, la société Frontier située dans le territoire de Sakania est présentée comme disposant l'un des plus riches gisements de l'arc cuprifère de la République Démocratique du Congo. Ses réserves sont en effet, estimées à 95.2 millions de tonnes de minerais ayant une teneur de 12% de cuivre. [24]

Tableau N° 11 : Estimation des réserves de quelques substances minérales de la RDC

N°	Substances minérales	Quantités (en tonnes)
1	Cuivre	75 000 000
2	Lithium	455 000
3	Zinc	7 000 000
4	Cobalt	6 000 000
5	Fer (plus de 60 %)	10 000 000
6	Cassitérite	8 00 000
7	Or	750
8	Diamant	(Carats) 700 000 000

Source : CTCPM cité dans le plan stratégique de développement du secteur minier (2016-2021) élaboré par Promines, Kinshasa 18 mars 2016

Commentaire :

Au regard de ces statistiques, les réserves de la RDC en cuivre sont estimées à 75 millions de tonnes mais ces statistiques du Gouvernement congolais ne traduisent plus la réalité actuelle lorsque l'on sait, par exemple, qu'en 2012, la société IVANPLASTS avait révélé l'existence d'un des plus grands gisements de cuivre à haute

[23] Ministère des mines de la RDC, mai 2018
[24] Erg,2016

teneur au monde à Kamoa, près de Kolwezi, contenant plus de 739 millions de tonnes de cuivre à 2.76 % pour une teneur limitée de 1% non encore exploité à ce jour.

Tableau n° 12 : Évolution de la production de Cuivre et Cobalt en République Démocratique du Congo (2003-2016)

Année	Cuivre (TN)	Cobalt (TN)
2003	9 370	1 358
2004	7 689	1 412
2005	16 038	934
2006	22 440	746
2007	185 147	25 286
2008	337 430	42 461
2009	309 610	56 103
2010	437 755	84 005
2011	499 198	99 475
2012	619 942	86 433
2013	919 588	76 517
2014	1 065 744	76 475
2015	1 069 039	84 342
2016	1 035 631	69 038

Source : Tableau élaboré par nous-même sur base des données de l'état des lieux du secteur minier fait par la cellule technique de coordination et de planification minière du ministère des mines de la RDC, Mai 2018, page 17

Graphique n°4 : Évolution de la production de cuivre et cobalt en RDC (2003-2016)

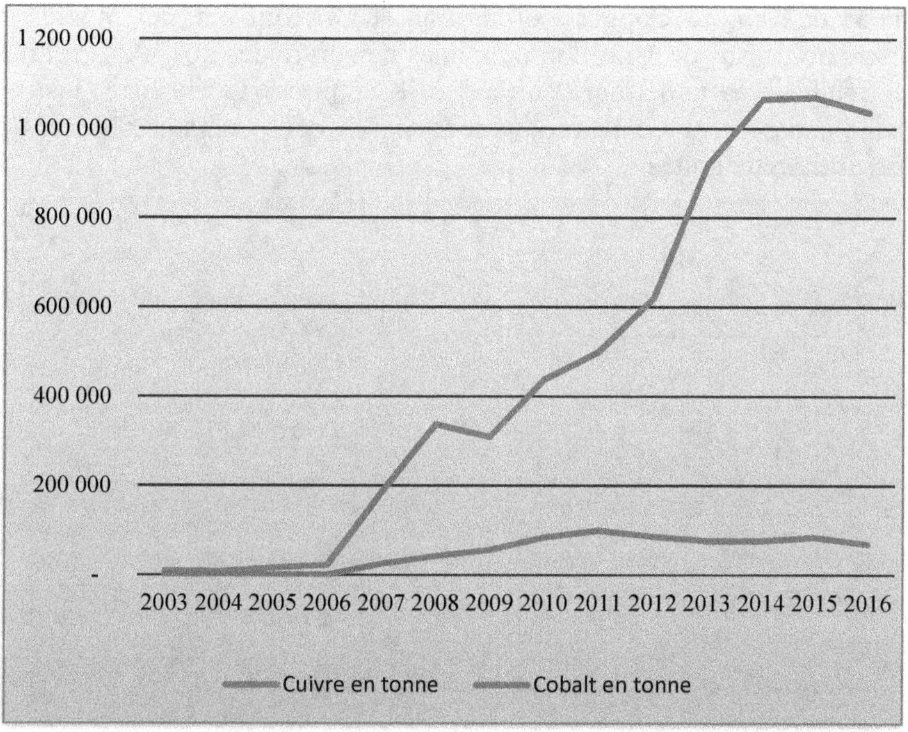

Source : Graphique élaboré par nous-même sur base des données de l'état des lieux du secteur minier de la RDC élaboré par la cellule technique de coordination et de planification minière du ministère des mines de la RDC, Mai 2018, page 17

Commentaires :

En 2014, la production du cuivre en RDC a dépassé le cap de 1000 000 de tonnes. Celle du cobalt a dépassé le cap de 50 000 Tonnes en 2009.

La tendance à la hausse était observée depuis 2007 soit 5 ans après l'adoption du code minier de 2002 en RDC.

Il sied de préciser que ces pics seraient largement dépassés si le déficit énergétique était résorbé.

Pour produire, les différentes entreprises minières se débrouillent soit en important de l'électricité, soit en utilisant des groupes électrogènes ce qui augmente sensiblement le coût d'exploitation des entreprises.

L'accroissement exponentiel de la production de cuivre et cobalt dans l'hinterland minier du Katanga a été boosté par les entreprises TFM et Kamoto Copper Corporation (KCC) qui ont fait monter la barre au-dessus de 1 million de tonnes de cuivre dès 2014. L'arrêt des activités de cette dernière entreprise (KCC) observé en 2016, justifie le ralentissement de la production de ces deux métaux observés à partir de cette année.

Tableau N° 13	Statistiques des exportations minières à partir de la frontière de Kasumbalesa en 2016																							
Société	Cuivre	Concentré d'étain	Concentré de cobalt	Cuivre blister	Cuivre électrolytique	Échantillon de roche	Cobalt électrolytique	Matte de cuivre	Matte de cobalt	Carbonate de cobalt	Concentré de cuivre-cobalt	Nodule de cuivre	Scraps de cuivre	Poussière de zinc	Hydroxyde de cobalt	Concentré de tantale	Objet d'art en malachite	Alliage blanc	Alliage rouge	Débris de cuivre	Plomb affiné	Échantillon de forage	Déchet d'anodes en plomb	
Amc kapulo	14 051																							
Bam		25																						
Bel air african metals			29																					
Bolfast company			1 824	267	1 036																			
Boss mining	102		12 183		27 533					1 68 7	65 039	34												
Cdm			2 983	8 908	13 236						342				28 899									
Ceprodev		25																						
Chemaf		32 5			18 323										8 146									
Cimco					11 851										30									
Cmk											780													
Comika											29 201													
Comilu	5 194				20 017																			
Congo jin jun					2 172																			
Crown mining		18 2														21								
Dragon inter				282 2																				
Erick kalonz																	121							
Feza mining			1 202															598						
Frontier	362 449																							
Gecamines	326				9 724		50							18 900				200	11 5					
Golden afr resource					3 523					32														
Gtl																		22 222						
Huachin mabende					2 345 1																			

Société	Cuivre	Concentré d'étain	Concentré de cobalt	Cuivre blister	Cuivre électrolytique	Échantillon de roche	Cobalt électrolytique	Matte de cuivre	Matte de cobalt	Carbonate de cobalt	Concentré de cuivre-cobalt	Nodule de cuivre	Scraps de cuivre	Poussière de zinc	Hydroxyde de cobalt	Concentré de tantale	Objet d'art en malachite	Alliage blanc	Alliage rouge	Débris de cuivre	Plomb affiné	Échantillon de forage	Déchet d'anodes en plomb
Huachin metal					12 135																		
Huachin mining					264																		
Kaipeng					13 430		32																
Katanga metal				750																			
Kcc					9		32					15								25	101	4	
Kimalarungu erebu																	28						
Kisaka kapya charl																	18						
Lamikal																						2	
Luisha mining				2 178																			
Metal mines			16 050		3 480										4005								
Mjm			15 004		2 545			360															
Mkm					19 268										2 855								
Mmg					79 337	19																	
Mmr		2 964			52											295							
Mutanda mining					191 283				415			20 995	31		93 721							19	
Mwepu kaumbu																	5						
Nord kat		442																					

Société	Cuivre	Concentré d'étain	Concentré de cobalt	Cuivre blister	Cuivre électrolytique	Échantillon de roche	Cobalt électrolytique	Matte de cuivre	Matte de cobalt	Carbonate de cobalt	Concentré de cuivre-cobalt	Nodule de cuivre	Scraps de cuivre	Poussière de zinc	Hydroxyde de cobalt	Concentré de tantale	Objet d'art en malachite	Alliage blanc	Alliage rouge	Débris de cuivre	Plomb affiné	Échantillon de forage	Déchet d'anodes en plomb
Ruashi mining					32 139							49			14 138								
Rubamin	55			14 950	308																		
Sek					351 562																		
Sicomines	116 246	39 0			56 345																		
Sino katanga		23																					
Skt		40 0													50								
Smco					33 526																		
Somika					15 766										164								
Tfm					2152 66	20	28 1								95 331								
Zimco metal																							1 128
TOTAL (tn)	**498 422**	**4 77 6**	**49 275**	**29 874**	**1 157 580**	**39**	**39 4**	**36 0**	**41 5**	**1 71 9**	**95 36 1**	**21 09 3**	**31**	**18 900**	**247 338**	**31 6**	**17 2**	**23 020**	**11 5**	**25**	**10 1**	**25**	**1 128**

Source : Rapport du ministère Provincial des Mines /Gouvernement Provincial du Haut-Katanga 2016

Commentaire :

- Les produits miniers qui ont été exportés via le poste frontalier de Kasumbalesa sont de nature diverse.
- En 2016, 2 150 480 tonnes des produits miniers de natures diverses ont été exportées à partir du poste frontalier de Kasumbalesa.
- Tous les produits considérés, les exportations de la société Frontier ont représenté 362 449 tonnes de cuivre soit près de 17 % du tonnage total exporté au cours de l'année 2016, devançant ainsi la société minière SEK qui occupe la 2e position avec 351 562 tonnes des produits exportés.
- Notons cependant que ces produits exportés n'ont pas les mêmes valeurs. Pour avoir l'importance en valeur, il faut tenir compte des natures de produits et de leurs cours respectifs.
- Enfin, il faut aussi noter que ces sociétés n'ont pas nécessairement leurs sièges d'exploitation dans la province du Haut-Katanga

Tableau N° 14 : Statistiques des exportations des Cathodes de Cuivre par Societes Minière (2017)													
Sociétés	Janv	Fev	Mars	Avr	Mai	Juin	Juillet	Aout	Sept	Oct	Nov	Dec	Total
Bolfast	90	90	0	0	0	0	0	0	0	0	0	0	180
Boss mining	3 483	2 448	1 929	2 206,5	2 532,5	2 794,5	2 769	3 274,5	4 368	3 561	4 500	3 399	37 265
Cdm	1 470,88	662,13	2 895,56	2 691,71	1 905,47	1 268	856,58	1 341,7	1 261,69	1 041,36	1 007,91	1 349,87	17 753
Chemaf	2 022,5	2 500	1 362	2 908	2 019	1 872	1 508	4 743	2 280	3 575	1 255	2 142	28 187
Cimco	305,5	904,17	299,51	240,61	637,87	0	0	0	0	0	0	0	2 388
Cnmc huachin mining mabende	2 388,29	2 730,17	1 878,61	2 727,57	1 772,06	2 533,14	3 881,18	2 050,12	2 381,86	2 656,41	3 054,85	1 710,8	29 765
Comilu	1 554,08	865,93	3 420,18	2 055,34	1 462,25	2 010,14	2 969,75	2 173,29	896,16	2 327,14	714,92	908,81	21 358
Congo jin ju cheng	336,74	237,19	197,49	236,85	237,71	237	118,64	0	405,18	271,99	390,57	291,86	2961
Dragon international	539,62	241,96	0	0	397,08	2 161,54	0	0	0	0	0	0	3 340
Gecamines	355	1 457,11	969,4	815,46	307	510	1 167,68	1 161,73	1 134,62	845	829,93	278,03	9 831
Golden african	0	350	448	372	0	0	272,9	396	344	504	436	357	3 480
Huachin metal leach	549,73	1 261,46	1 728,88	1 006,26	1 156,47	1 137,82	1 377,73	1 190,62	969,98	1 935,16	430,37	715,64	13 460
Kaipeng mining	2 297,53	1 191,01	732,93	575,74	1 402,91	1 878,46	1 491,91	2 119,42	1 535,26	1 147,78	1 402,18	1 133,76	16 909
Metals mines	390	600	379	560,74	456	330	522	294	425	585	324	453	5 319
Mjm	330	246	227,03	296	363	326,75	130	326	325	260	291	161	3 282
Mkm	3 157,25	3 677,86	2 141,86	994,34	1 678,4	2 118,28	4 553,26	2 533,93	709,04	2 063,96	581,81	1 513,5	25 723
Mmg kinsevere	5 906,1	2 699,62	9726,49	7 101,25	8 414,76	5 926,46	5751,1	9 221,47	6 988,87	4 692,79	6 581,28	6 094,16	79 104
Mutanda mining	13 820,31	12 309,97	16 221,16	12 076,98	11 506,13	14 622,31	13 839,38	12 453,8	102 76,31	15 908,45	15 048,45	15 626,08	163 709
Om metal	0	0	0	0	204	390	198	528	196	293	187	170	2 166
Ruashi mining	2 784,92	2 106,6	2 834,35	1 475,3	3 420,62	2 998,45	2 519,11	3 319,77	2 123,5	3 037,3	2 858,42	1 807,33	31286
Sek	2 068,31	1 247,72	1 276,92	1 267,04	1 363,07	1 616,43	1 432,53	1 360,15	1 624,63	1 244,14	1 880,04	1 357	17 738
Shituru mining	797,87	4 473,12	3 969,88	3 940,58	3 407,93	2 689,43	3 569,44	2 670,57	3 378,82	787,35	2 171,53	3 790,37	3 5647

Sicomines	2823,8	3 305,63	4 581,96	2 680,52	3 584,43	2 804,46	3 821,99	2 080,3	2 352,44	3 983,36	1 364,54	2 567,93	35 951
Somika	1 646	1 686	2 050	1 644	1 218	1 144	1 282	1 294	1 600	1 494	1 772	1 522	18 352
Tfm	18 191,9	16 311,01	19 898,05	18 252,05	19 171,25	17 605,92	13 499,79	19 260,31	18 906,44	17 325	19 651,45	17 290,66	215 364
Cnmc congo company miniere	0										600,53	1 128,24	1 729
Kcc												1 345,19	1345
Total	**67 309,3**	**63 602,66**	**79 168**	**66 124,84**	**68 617,9**	**68 975,1**	**67 531,97**	**73 792,7**	**64 482,8**	**69 539,19**	**67 333,78**	**67 113,23**	**823 592**

Source : Bulletin statistiques minières, exercice 2017, ministère des mines de la RDC, 2017

Commentaire :

En 2017, la RDC a exporté 823 592 tonnes de cathodes de cuivre dont la totalité de la production provenait de l'hinterland minier du Katanga, principalement des provinces du Lualaba et du Haut-Katanga. Les exportations de la société Tenke Fungurume mining étaient chiffrées à 215 364 Tonnes soit 26 % du tonnage total et elles étaient suivies de celles de Mutanda Mining qui avait totalisé 163 709 tonnes soit près de 20% et celles de MMG Kinsevere dont le total s'était élevé à 79 104 tonnes soit près de 10% du total des exportations pour l'année 2017.

Les exportations de l'entreprise minière Gécamines étaient de 9 831 tonnes soit près de 1% du total des exportations. Toutes ces exportations étaient sorties de la RDC par la frontière de Kasumbalesa située dans la Province du Haut-Katanga, bénéficiaire des effets induits notamment d'une quotité de la taxe voirie, de péage routier et d'autres frais de transit payés par les transporteurs. L'économie de la province du Lualaba est donc branchée à celle de la province du Haut-Katanga et toutes les deux ont été « débranchées » de l'économie occidentale (Belge) pour être « branchée » à l'économie asiatique (Chinoise).

Notons cependant que ces produits exportés n'ont pas les mêmes valeurs. Pour avoir l'importance en valeur, il faut tenir compte des natures de produits et de leurs cours respectifs.

Enfin, il faut aussi noter que ces sociétés n'ont pas nécessairement leurs sièges d'exploitation dans la province du Haut-Katanga.

Tableau n°15 : Statistiques des camions utilisés pour l'exportation des produits miniers à partir de la frontière de Kasumbalesa en 2016

	Société Exportatrice	Nombre des camions utilisés pour l'exportation
1	AMC KAPULO	437
2	BAM	1
3	BEL AIR AFRICAN METALS	1
4	BOLFAST COMPANY	112
5	BOSS MINING	2 847
6	CDM	1 778
7	CEPRODEV	1
8	CHEMAF	987
9	CIMCO	364
10	CMK	25
11	COMIKA	852
12	COMILU	760
13	CONGO JIN JUN	68
14	CROWN MINING	8
15	DRAGON INTER	70
16	ERICK KALONZ	5
17	FEZA MINING	56
18	FRONTIER	7 971
19	GECAMINES	918
20	GOLDEN AFR RESOURCE	110
21	GTL	777
22	HUACHIN MABENDE	714
23	HUACHIN METAL	374
24	HUACHIN MINING	7
25	KAIPENG	414
26	KATANGA METAL	25
27	KCC	13
28	KIMALARUNGU EREBU	1
29	KISAKA KAPYA CHARL	1
30	LAMIKAL	1

	Société Exportatrice	Nombre des camions utilisés pour l'exportation
31	LUISHA MINING	66
32	METAL MINES	810
33	MJM	610
34	MKM	684
35	MMG	2 368
36	MMR	134
37	MUTANDA MINING	9 269
38	MWEPU KAUMBU	1
39	NORDKAT	18
40	RUASHI MINING	1 382
41	RUBAMIN	522
42	SEK	726
43	SICOMINES	4 902
44	SINO KATANGA	1
45	SKT	21
46	SMCO	1 052
47	SOMIKA	556
48	TFM	9 121
49	ZIMCO METAL	36
50	TOTAL	**51 977**

Source : Rapport du ministère Provincial des Mines /Gouvernement Provincial du Haut-Katanga, 2016

Commentaire :

Au cours de l'année 2016, 51 977 camions ont été utilisés pour exporter les minerais vers l'extérieur même si en pratique cela se fait en termes des courses, l'effet d'entraînement est très significatif. Le tarif moyen[25] d'un routing Kasumbalesa –Dar-Es-Salam se situant au-dessus de 4000 USD, un minimum estimé à 207 908 000 USD généré par le secteur minier aurait irrigué le secteur de transport, montant auquel il faut ajouter les autres frais de transit payés par les

[25] Selon la Division provinciale des transports du Haut-Katanga, la plupart des sociétés de transport fixe en moyenne 220 USD par tonne de minerais transportée de Tenke Fungurume (Province de Lualaba) au port de Dar-es-salam soit une moyenne de 7700 USD par camion de 35 Tonnes sans compter les autres frais de transit et le péage.

transporteurs. Ce montant représente plus de 154.5% du budget annuel des recettes effectivement mobilisées par le Gouvernement de la Province du Haut-Katanga ; lequel budget était élevé au cours de l'année 2016 à 134 491 935 USD.

Même si elle a un faible ancrage dans le reste de l'économie du pays, l'exploitation minière dans l'hinterland minier du Katanga engendre néanmoins des effets induits en amont et en aval dans certains secteurs comme celui de transport, comme l'illustre bien le tableau ci-dessus.

Malheureusement sur le terrain, il s'observe un mouvement significatif des véhicules à immatriculation étrangère qui fait échapper à l'économie de la province et du pays une bonne partie de cette rente minière.

c) Problématique du nouveau code minier de 2018

L'évaluation de l'application du code minier de 2002 a révélé plusieurs points faibles. Pour inverser la tendance, le Parlement de la RDC a pris l'option de modifier le code minier de 2002 par un nouveau. La loi n°18/001 modifiant et complétant la loi n°007/2002 du 11 juillet 2002 portant code minier a été promulgué le 9 mars 2018 par le Président de la République Démocratique du Congo. En vue de son application, un nouveau règlement minier a été décrété en Juin de la même année.

❑ *Les piliers du nouveau code minier*

Le nouveau code minier repose sur 6 piliers à savoir :

- le rôle de l'État et des intervenants dans l'administration et l'application du code minier,
- la gestion des titres miniers ou des carrières,
- la gestion du domaine minier,
- la responsabilité sociale des entreprises,
- la transparence et la bonne gouvernance,
- le régime fiscal douanier et de change.

❑ *Les innovations du nouveau code minier*

Ce nouveau code minier comporte plusieurs innovations auxquelles on peut associer les objectifs suivants :

- améliorer le contenu local impulsé par l'industrie minière ;
- rationaliser la participation de l'entreprise minière auprès des communautés riveraines ;
- responsabiliser les entités territoriales décentralisées et les provinces au captage de revenus générés par le secteur minier ;
- ouvrir le capital social des entreprises minières à la participation des nationaux ;
- consacrer certains minerais dans la catégorie de minerais stratégiques avec une incidence sur la fiscalité;
- introduire la notion de superprofit pour les profits excédentaires réalisés par rapport aux paramètres retenus dans les études de faisabilité (initiales) des projets miniers ;
- exiger l'octroi des marchés de sous-traitance aux entreprises de droit congolais et promues par les congolais.

Ces innovations ont donné naissance à des divergences persistantes, notamment autour du régime fiscal avec certaines sociétés multinationales et aussi sur les modalités de partage de la redevance minière entre les entités infranationales en cas de superposition.

❑ *Divergences entre le Gouvernement central et quelques sociétés multinationales*

Certaines dispositions du code minier de la République Démocratique du Congo promulgué en 2018 ont été l'objet de contestation de la part de quelques sociétés multinationales opérant en RDC à savoir :

- Glencore
- Anglo Gold Ashanti
- Rand Gold
- Zijin, associé au canadien Ivanhoe et
- China Molybdenum

Ces sociétés qui représentent 85 % de la production de cuivre et cobalt de la RDC, ont annoncé le 15 mars 2018, la décision de quitter la Fédération des entreprises de la RDC (FEC en sigle) avec effet immédiat pour marquer leur désapprobation des faits ci-après :

- l'introduction d'une redevance au taux de 10 % sur les minerais qualifiés comme étant « minerais stratégiques » ;
- l'instauration d'une taxe de 50 % sur les profits excédentaires qualifiés de superprofit ;
- la suppression unilatérale, par le gouvernement de la RDC, de la garantie de stabilité du régime fiscal prévue à l'article 276 du code minier de 2002 ;
- la suppression du régime conventionnel dont jouissaient certaines entreprises minières (article 340 du nouveau code minier).

Ces sociétés minières multinationales avaient estimé que le code minier révisé met en péril le développement futur de l'industrie minière en RDC en ce qu'il augure un environnement hostile aux investissements.

Parmi ces multinationales, certains avaient envisagé de contester ces dispositions du code minier devant un tribunal international alors que les autres proposaient de renégocier des ajustements au cas par cas avec le Gouvernement congolais.

Pour manifester leur mécontentement, ces entreprises avaient même suspendu leur participation à la chambre de commerce de la République Démocratique du Congo (FEC) sous prétexte que cette chambre de commerce n'avait pas été à mesure de défendre leurs intérêts. Cette suspension n'a pas duré pendant longtemps parce que dans un communiqué de presse conjoint rendu public le 05 Novembre 2019, trois sociétés minières à savoir : MMG Kinsevere, Kipushi Corporation SA (Ivanhoe) et Kamoa Copper (Ivanhoe) ont annoncé leur décision de souscrire à nouveau comme membre de la chambre des mines de la Fédération des entreprises du Congo.

- *Divergences sur les modalités de partage de la redevance minière en cas de superposition des entités*

S'agissant de la redevance minière, le nouveau code minier de la République Démocratique du Congo promulgué en 2018 stipule ce qui suit :

- la redevance minière est calculée sur la base de la valeur commerciale brute ;
- cette redevance est calculée et due au moment de la sortie du produit marchand du site de l'extraction ou des installations de traitement pour expédition ;
- le taux applicable varie de 0 % pour les métaux de construction d'usage courant jusqu'à 10% pour les substances stratégiques ;
- la redevance minière est déductible de la base imposable à l'impôt sur les bénéfices et profits.

Le nouveau code minier préconise le versement direct de la quotité de la redevance minière par le titulaire du droit minier ou de carrière d'exploitation ou de traitement, à raison de :

- 50 % au Gouvernement central ;
- 25 % versés sur un compte désigné par l'administration de la province où se trouve le projet ;
- 15 % sur un compte désigné par l'entité territoriale décentralisée dans le ressort de laquelle s'opère l'exploitation et
- 10 % au Fonds minier pour les générations futures.

Le versement direct de la quotité de la redevance minière par le titulaire du droit minier dans les comptes désignés par les entités bénéficiaires est une innovation majeure visant à contourner la rétention par le pouvoir central ou provincial de la part revenant aux entités locales. Toutefois, une clarification est nécessaire pour prévenir les conflits potentiels de partage de ces redevances en cas, notamment, de superposition et/ou de chevauchement des entités territoriales.

En juillet 2019, une note analytique[26] de Natural Resource Institute sur les innovations de la nouvelle législation minière de la République Démocratique du Congo a détaillé l'ampleur des problèmes que posent l'insuffisance des règles et les modalités de partage en cas de superposition et/ou de chevauchement des entités. Cette note révèle, notamment, que la lecture croisée des dispositions de ce nouveau code fait observer de nombreuses lacunes :

---

[26] Natural Resource Governance Institute, Innovations de la Nouvelle législation minière de la RDC, Juillet 2019

Premièrement, aucune référence n'est faite au scénario de chevauchement d'une société minière opérant dans plus d'une entité locale (ETD), ce qui, au demeurant, est le cas de plusieurs compagnies.

Deuxièmement, la localisation géographique du gisement comme unique critère pour déterminer la province ou l'ETD bénéficiaire de la redevance, excluant de ce fait d'autres facteurs tels que l'emplacement des usines ou les impacts subis, est réfutable. Les critères utilisés pour départager les provinces, notamment le centre du carré minier ou la localisation de la plus grande superficie sont inéquitables, incomplets, susceptibles de semer des germes de conflits entre les entités, et aussi en inadéquation avec le contexte de la RDC.

En effet, l'étendue des superficies minières octroyées aux sociétés, voire le gisement de la ceinture cuprifère, ne suit pas nécessairement les subdivisions administratives. En outre, de nombreuses sociétés minières dont les usines de transformation ne se situent pas dans la même localité que ces gisements exploités et se retrouvent en situation de chevauchement.

Sur le fond, cette disposition est susceptible d'engendrer des conflits ou d'exacerber les tensions communautaires, dans la mesure où le règlement minier a semblé ignorer le critère d'impact. Certaines communautés peuvent subir l'impact d'un projet minier en étant privées de la redevance minière si la plus grande partie de la superficie du carré minier se trouve dans la juridiction administrative d'une autre entité. Or il arrive souvent que les activités d'une société minière peuvent se concentrer sur une superficie moins grande que le carré minier et, consécutivement, affecter les communautés riveraines des exploitations, et moins les communautés du reste de la superficie.

En outre, cette étude constate que la désignation du cadastre minier comme organe arbitral semble logique, mais ne résout pas l'équation, car la clarification des règles ne relève pas de ses attributions.

Par ailleurs, le législateur n'a rien prévu en cas de superposition des juridictions administratives ou ETD. Et pourtant, les activités extractives se déroulent dans des zones urbano-rurales. En conséquence, plusieurs juridictions administratives ayant le statut d'ETD bénéficiaire d'une portion de la redevance allouée à l'entité locale se superposent les unes sur les autres, chacune d'elles étant bénéficiaire en vertu du code minier.

d) Aperçu général du secteur minier dans la province du Haut-Katanga

La Province du Haut-Katanga est caractérisée par une forte concentration de produits miniers (cuivre, cobalt, zinc, germanium, plomb, cadmium, uranium, fer...). Les gisements connus attirent des nombreux exploitants mais les recherches minières doivent être poursuivies pour déterminer des nouveaux gisements valorisables.

Ces ressources minières ont, par le passé, permis la construction de la Gécamines et de la Société des chemins de fer du Congo, bien avant l'arrivée de nombreux investisseurs miniers intéressés par les avantages prévus par les dispositions du code minier de 2002.

La minéralisation du sous-sol de ses 6 territoires a des particularités ci-après :

POTENTIALITES SUR LE PLAN MINIER

Tous les territoires du Haut-Katanga renferment des ressources minérales exploitables

- Kambove, Kipushi et Sakania: Cu-Co-U-Pb-Cd and Ge; Au, Mn et quartz aussi à Sakania
- Mitwaba: Sn et composés alliés (W, Na-Ta, Béryl, monazite);
- Pweto: Minéralisation du Cu peu étudiée, les minéraux de 3T
- Kasenga: Pierres et métaux précieux tels que le Ruby, le saphir et l'or

Source : Ministère Provincial des Mines /Haut-Katanga, 2016

❑ *Les principaux gisements miniers de la province du Haut-Katanga*

La province du Haut-Katanga dispose de plusieurs gisements dont les plus importants sont repris dans le tableau ci-après :

Tableau N° 16 : Les principaux gisements connus

	Territoire/Ville	GISEMENT/Mine
1	Sakania	Maputo
2		Kinsenda
3		Musoshi
4		Mabaya
5		Kishiba
6	Ville de Lubumbashi	Ruashi
7	Pweto	Dikulushi
8	Kipushi	Kinsevere
9		Luiswishi
10		Mabende
11		Lupoto
12		Kasombo
13	Ville de Likasi	Shituru
14	Kambove	Kanfundwa
15		Kamwale
16		Kabolela
17		Luisha
18		Kipoï
19		Kamoya
20		Kamatanda
21		Midingi
22		Mbola
23		Shinkolobwe*

Source : Ministère Provincial des Mines /Haut-Katanga, 2016

*La mine de Shinkolobwe est plus connue pour ses réserves d'uranium dont une partie avait servi à la fabrication de la bombe atomique larguée à Hiroshima et Nagasaki au Japon pendant la deuxième guerre mondiale en 1945. L'exploitation de cette mine d'Uranium située non loin de la ville de Likasi, a été suspendue par le Gouvernement de la République Démocratique du Congo, pour des raisons de sécurité. Siège d'importantes activités d'investigation et d'exploitation minières, la province du Haut-Katanga présente un paysage industriel qui comprend des sociétés d'exploration détenant des permis de recherche, des sociétés d'exploitation des minerais soumis à l'enrichissement dans des concentrateurs ainsi que des installations fournissant des produits tels que le Cuivre cathodique ou les sels de cobalt.

Le siège social de la plus grande société minière appartenant entièrement à l'État congolais, dénommée la Générale des carrières et des mines ou Gécamines en sigle, est localisée dans la province du Haut-Katanga. Étant donné que les différents sites d'exploitation de la Gécamines sont disséminés dans 3 provinces issues de l'ex. Province du Katanga qui sont le Lualaba, le Haut-Lomami et le Haut-Katanga, et eu égard à l'intégration économique de cet hinterland minier situé dans la ceinture de cuivre, il n'est pas facile d'analyser l'économie de la province du Haut-Katanga sans tenir compte de celle de sa province « jumelle » du Lualaba.

Tableau 17 : Geolocalisation des sites cupro-cobaltiferes de l'arc cuprifere, dans le Haut-Katanga

Gisement minier	Coordonnées géographiques		Gisement minier	Coordonnées géographiques	
	Latitude (Sud)	Longitu-de (EST)		Latitude (SUD)	Longitu-de (EST)
Dikulushi	8°53'	28°16'	Niamumenda	11°36'	27°18'
Midingi	11°05'		Kasombo	11°40'	27°19'
Mirungwe	11°05'	26°12'	Karavia	11°39'	27°25'
Swambo	11°05'	26°38'	Ruashi	11°37'	27°32'
Tantara	11°04'	26°29'	Etoile (Kalukuluku)	11°38'	27°35'
Shinkolobwe Principal	11°02'	26°34'	Kishiba	13°10'	28°57'
Shinkolobo Hill	11°04'	26°34'	Kabolela	10°51'	26°29'
Shinkolobwe II	11°04'	26°37'	Kipapila	12°02'	27°54'
Shinkolobwe Milestone XIII	11°03'	26°35'	Kimpe	12°01'	27°54'
Mitonte	11°05'	26°13'	Mabaya	12°03'	27°47'
Kalabi	10°47'	26°43'	Kapapa	11°59'	27°45'
Shangalowe	10°48'	26°34'	Musoshi	12°15'	27°39'
Kambove	10°53'	26°36'	Lubembe	12°20'	28°07'
			Luansobe	12°21'	28°09'
Kamoya II	10°53'	26°34'	Luansobe II	12°22'	28°09'
Kamatanda	10°57'	26°47'	Luansobe III	12°23'	28°10'
Shituru	11°01'	26°46'	Mokambo	12°24'	28°22'
Likasi	11°00'	26°45'	Frontier	12°45'	28°29'
Kasongwe	11°09'	26°59'	Mufulira	12°28'	28°17'
Luishia	11°10'	27°00'	Kibutu	11°25'	27°05'
Shandwe	11°10'	27°06'	Libembe	12°21'	28°07'
Sokoroshe I (Kibanda wepala)	11°19'	27°16'	Mutanda	11°47'	25°49'
Kinsevere	11°22'	27°35'	Kishiba	12°44'	28°28'
Kalumines	11°36'	27°16'	Kamfundwa	10°49'	26°35'

Lukuni	11°30'	27°25'	Kinsenda	12°12'	27°48'
Luiswishi	11°31'	27°26'	Kipoï	11°09'	27°11'
Luishwishi EST	11°31'	27°27'	Msesa	10°51'	26°36'
Kamwali	11°08'	27°11'	Mokambo	12°25'	28°25'
Kipushi	11°46'	27°15'	Lonshi	13°11'	28°57'
Kasonta	11°36'	27°17'	Kimbwe	11°10'	27°27'
Lupoto	11°36'	27°16'			

Source : Malaisse, Schaijes & D'Outreligne (2016 : 38-40) cité par G. Leonard, J. Krawczyk, M.laghmouch, Haut-Katanga, lorsque les richesses économiques et pouvoirs politiques forcent une identité régionale, tome 2, Ed. Musée royale de l'Afrique centrale, 2018, page 153

Cette étude recense 60 sites miniers contre seulement 23 inventoriés par le gouvernement provincial du Haut-Katanga (voir tableau n°16). Au regard des coordonnées géographiques indiquées, les données de cette étude sont plus détaillées même si des prospections doivent toujours être poursuivies pour déterminer des nouveaux gisements miniers valorisables.

La plupart de ces gisements appartiennent à la Gécamines, qui est la principale entreprise publique engagée dans la production de cuivre et à la société SODIMICO dans une moindre mesure. Mais sur le terrain, ces deux sociétés travaillent avec des partenaires qui pour la plupart sont des sociétés privées à capitaux étrangers.

- *Situation de la Gécamines*

  - *Brève historique de la gecamines*

La Générale des carrières et des mines, Gécamines en sigle, est la plus ancienne société minière du pays dont l'État congolais est l'actionnaire unique mais à l'origine de l'exploitation minière en RDC, plusieurs entreprises contrôlaient ce secteur. La Société Générale de Belgique (S.G.B), un trust, qui avait ses tentacules dans les mines et les autres branches de l'économie du Congo[27], la Compagnie du Katanga et l'Union Minière du Haut – Katanga (U.M.H.K). La société créée par Léopold II, le Comité Spécial du Katanga (C.S.K) et la Société Anglaise, la Tanganyika Concessions

[27] Ministère des mines, état des lieux du secteur minier, Mai 2018, page 6

Limited (T.C.L.) furent les premiers acteurs dans le secteur minier au Katanga.

L'U.M.H. K fut déjà à l'époque, une très importante société minière, car elle exploitait une concession d'une superficie aussi grande que le Royaume de Belgique et le Grand-Duché de Luxembourg. En 1967, l'Union Minière du Haut-Katanga fut nationalisée et est devenue « La Générale des Carrières et des Mines »[28] qui dans un premier temps fut gérée par la filiale de la Société Générale de Belgique, la Société Générale des Minerais avant d'être gérée entièrement par l'État congolais.

Le siège social de Gécamines est situé à Lubumbashi dans la Province du Haut-Katanga alors que ses différents sièges d'exploitation sont installés dans 3 provinces de l'ex. Province du Katanga à savoir : Le Lualaba, le Haut-Lomami et le Haut-Katanga. Considérée pendant plusieurs années comme un véritable poumon économique non seulement de l'ex. Katanga mais aussi de toute la République Démocratique du Congo, ses contreperformances ont eu un impact socio-économique néfaste dans l'hinterland minier de l'ex. Province du Katanga en particulier et dans la République Démocratique du Congo en général.

La conjugaison de plusieurs facteurs a précipité sa descente aux enfers en laissant plusieurs séquelles.

➢ *Présentation de la Gécamines*

La Générale des carrières et des mines, en abrégé « Gécamines », est une entreprise commerciale (Société Anonyme) dont l'objet social [29]inclut :

- la prospection, la recherche et l'exploitation des gisements miniers ;
- le traitement des substances minérales provenant de ces gisements ainsi que la transformation des produits provenant de ces traitements ;
- la commercialisation et la vente des substances minérales, tant à l'état brut qu'après traitement, et des produits de transformation.

---

[28] Ibidem

[29] Note technique au Gouvernement élaborée par COPIREP, février 2011

La Société s'intéresse aussi par voie d'apports, souscription, fusion, participation financière, ou toute autre forme, dans les sociétés ou entreprises ayant un objet similaire ou connexe au sien et aux activités de développement notamment dans les secteurs de l'élevage et de l'agriculture dans l'intérêt de la société et de ses environs et toutes autres activités connexes.

En 2014, la Gécamines disposait de 84 permis d'exploitation (PE), 4 permis de recherche (PR), 3 permis d'exploitation des rejets (PER) et 3 autorisations d'exploitation des carrières permanentes (AECP).[30]

À sa création, Gécamines était une entreprise publique. Dans le cadre de programme de réforme des entreprises publiques, le Président de la République Démocratique du Congo a promulgué la loi n° 08/007 du 07 Juillet 2008 relative à la transformation des entreprises publiques en sociétés commerciales pour insuffler une dynamique nouvelle aux entreprises de l'État en vue d'améliorer leur potentiel de production et de rentabilité et contribuer au renforcement de leur compétitivité et de l'ensemble de l'économie nationale. Selon cette loi, les entreprises publiques du secteur, soumis à la concurrence et dont l'objectif est le profit, sont transformées en sociétés commerciales (SA). Actuellement, l'État en est l'unique actionnaire avec possibilité de se désengager du capital de ces sociétés.

En date du 12 septembre 2014, les nouveaux statuts de la société adoptés depuis le 24 décembre 2010 ont été mis en conformité avec la règlementation de l'OHADA avec comme identifiant au registre de commerce et de crédit mobilier (RCCM) CD/LSH/RCCM/14-B-1678.[31]

➢ *Les causes de la chute de la Gécamines*

Analysant les contreperformances de cette entreprise, une commission constituée de hauts cadres de la Gécamines ayant reçu mandat de la Direction Générale de Gécamines[32] pour réorganiser ladite société, a stigmatisé de nombreux facteurs comme ayant concouru à la « faillite » de cette société dont les plus importantes sont:

---

[30] Rapport annuel de la société Gécamines, 2014

[31] Ibidem

[32] Cfr lettre de la Direction Générale de Gécamines n° 0550/ADG/03/03 du 14/08/2003

- les fréquentes et excessives ponctions de l'État / propriétaire sur les ressources de la société,
- l'embargo de facto dont Gécamines fut l'objet sur le marché financier international depuis 1990, pour des raisons diverses,
- la disparition de toute profitabilité de son exploitation à cause d'une baisse durable des cours de ses produits, d'une gestion discutable et aussi des investissements de productivité faible et mal orientés ;
- un assèchement des ressources financières, aggravé par une dette énorme d'USD 1,7 milliard de dollars américains ;
- les interférences intempestives du ministère de tutelle ;
- le développement, improductif, d'une stratégie alternative de refinancement par la « partenarisation » de certains biens ou activités de la Gécamines ;
- la promulgation, par la République Démocratique du Congo, d'un nouveau Code Minier en 2002 qui impose à la Gécamines des charges supplémentaires auxquelles elles n'étaient pas préparées à faire face;
- la remise en cause de la qualité du management Gécamines ;
- la culture Gécamines de gestion centralisée ;
- la culture et une vision conservatrice de Gécamines ;
- les pesanteurs des services centraux ;

  À cela, nous pouvons ajouter :
- les effets de l'effondrement de la mine souterraine de Kamoto en 1990 suite à une exploitation d'une technicité approximative visant la maximisation des recettes sans tenir compte des exigences techniques à observer pour une bonne mécanique du sol;
- la vétusté et l'obsolescence de l'outil de production entraînant des baisses significatives de rendement et l'accroissement des coûts opératoires;
- les effets de l'opération dite « vente des mitrailles » de 1990 qui s'est transformé en une cannibalisation des usines de Gécamines ;
- les troubles socio-politiques ayant conduit au départ massif de près du tiers du personnel de la Gécamines ;
- la démotivation du personnel de Gécamines suite aux mauvaises conditions salariales ;
- le retard dans les travaux de prospection et de découverture ;
- le lourd endettement envers le personnel, les fournisseurs, les banques, les autres entreprises du portefeuille de l'État, le fisc ;

- le maintien d'un personnel pléthorique et vieillissant n'ayant pas bénéficié d'une formation continue avec une incidence négative sur la productivité ;
- les charges sociales (hôpitaux, écoles, autres services sociaux) très élevées par rapport au taux d'activité résiduelle ;
- la volatilité récurrente des cours des métaux, etc.

Toutefois, de 2004 à 2008, le prix du cuivre a connu une progression fulgurante. En septembre 2008, la tonne de cuivre était négociée autour de 9000 USD, un record jamais atteint auparavant.

Ce niveau record de prix ajouté aux mesures incitatives du code minier promulgué par la République Démocratique du Congo en 2002 ont fait que plusieurs sociétés minières multinationales se sont déployées dans l'ex. Katanga pour travailler en partenariat avec la Gécamines. En outre, quelques particuliers ont créé des dépôts de stockage, des fonderies et des sociétés de négoce exportatrices de minerais. Dopée par une hausse vertigineuse des prix des cours des métaux, entre 2004 et 2008, l'exploitation minière a généré des revenus substantiels tant pour les grands groupes miniers, les pouvoirs publics que pour les exploitants miniers artisanaux qui ont vu leur situation économique s'améliorer.

Suite à la crise financière internationale de 2008, l'ex. Katanga a enregistré un grand coup. Les cours du cuivre, le minerai le plus exploité dans la région de l'époque ont, en l'espace d'une année, chuté de novembre 2007 à novembre 2008, de 9000 USD la tonne à près de 4000 USD, pour la même quantité. Même si l'on a été loin de l'arrêt total des activités, les effets de la crise étaient bien là, perceptibles par la fermeture de nombreuses unités de traitement des minerais et l'arrêt de certains investissements, notamment ceux qui étaient en phase d'exploration[33]. Après deux années de crise, les cours ont repris leur remontée en 2010 jusqu'à atteindre, en 2016, un pic lorsque les cours des principales ressources minières produites dans la province du Haut-Katanga (cuivre et cobalt) ont connu à nouveau une embellie. Pour la première fois, le prix moyen d'une tonne de cobalt était, en 2018, de 90 574,3 USD.

[33] Gouvernement provincial du Katanga,2008

Toutefois, les retombées positives de cette embellie sur l'économie de la région se font attendre à cause de l'environnement général morose propre à ce secteur et caractérisé notamment par :

- la contreperformance de l'opérateur minier national qu'est la Gécamines ;
- le faible ancrage du secteur minier sur les autres secteurs de l'économie de la région et du pays ;
- la mauvaise organisation du secteur minier artisanal ;
- le déficit de l'énergie électrique qui hypothèque toute initiative d'industrialisation,
- bien plus, l'exportation des produits à l'état brut, ne permet pas au pays de développer des chaînes de valeur.

Tableau N° 18 : Évolution des cours des métaux : Cuivre, Cobalt, Zinc (2003-2010)

Année	Cours cuivre	Cours Cobalt	Cours oxyde de zinc
	Marché Cu (USD/tm)	Marché Co (USD/lb)	Marché Zinc (USD/tm)
2003	1.779	9,05	827,65
2004	2.864	22,40	1.047,56
2005	3.678	14,13	1.381,49
2006	6.721	14,84	3.382,15
2007	7.118	27,69	3.241,81
2008	6.955	35,16	1.874,71
2009	5.150	15,17	1.655,11
2010	7.537	17,93	2.161,94

Source : COPIREP, 2011

Tableau N° 19 : Évolution de la production de gecamines (1986-2013)

Année	Produits					
	Cuivre (t)	Cobalt (t)	Zinc (t)	Cadm (t)	Argent (t)	Or (kg)
1986	476.033	14.518	63.914	364	34.3	24
1989	422.492	9.311	54.043	224	25.0	11
1990	338.708	9.981	38.206	127	22.1	0
1999	29.632	2.551	0	0	0	0
2000	27.087	3.547	214	0	0	0
2001	21.188	3.547	1.014	0	0	0
2002	19.261	1.712	2987	0	0	0
2003	9.370	1.358	4.885	0	0	0
2004	7.689	1.412	5.068	0	0	0
2005	16.038	945	5.745	0	0	0
2006	24.201	749	12.836	0	0	0
2007	21.958	650	11.925	0	0	0
2008	23.475	314	13.523	0	0	0
2009	13.367	495	12.849	0	0	0
2010	20.015	877	9.223	0	0	0
2012	36.376*	852.85*				
2013	34.991.72*	331.62*				

Source : COPIREP, 2011 sauf * : Rapports annuels de Gécamines (vente des produits fabriqués 2012 et 2013)

➢ *Problèmes spécifiques de Gécamines*

En réaction aux multiples violations des droits de l'homme dont les massacres des étudiants de l'université de Lubumbashi en 1990, certains acteurs politiques de la RDC avaient demandé un embargo contre le régime du feu Président Mobutu. Les fonds destinés aux réserves stratégiques ayant été détournés par ce même régime, la Gécamines ne disposait plus de financement pour renouveler son outil de production et relancer son exploitation après l'éboulement de la mine de Kamoto qui, à elle seule, représentait près de 40 % de sa capacité de production. Ce manque de financement avait amené la Gécamines à prendre l'option de mettre en place une politique de partenariat pour financer ses nouveaux projets. Opérateur minier national, la Gécamines entrait, à partir de 1990 dans les partenariats qu'elle concluait avec des investisseurs étrangers en conservant, dans le capital une participation variant entre 20 et 45 %. La participation de Gécamines au capital des partenariats n'étant pas matérialisée par une injection de fonds de sa part. Elle était constituée par des titres et des droits miniers, la charge de la recherche du financement du projet revenant au partenaire. Le projet était basé sur les études de faisabilité minières, qui déterminent le cadre de réalisation du projet ainsi que la rentabilité future. De ces joint-ventures, Gécamines attendait percevoir les pas de porte, les dividendes et les royalties. De quoi s'agit-il ?

Les dividendes

Les dividendes sont la quote-part qui revient aux associés lors du partage des résultats positifs.

À cause des avantages fiscaux exorbitants consentis par le code minier de 2002 aux investisseurs (partenaires) dont la plupart sont des étrangers, et excepté les redevances à percevoir généralement 5 ans après la cession des titres miniers, les taxes sur les revenus ainsi que les dividendes n'avaient jamais été payés à l'État.

Structurellement, les bilans des joint-ventures (JV) présentent des déséquilibres invraisemblables (capitaux propres minimums, voire négatifs ; financement maximum rémunéré à des taux qui incluent des primes de risque très élevées).

La pratique d'amortissement dégressif préconisé dans le code minier de 2002 que les joint-ventures étaient appelés à appliquer au début de la vie des projets affectait les charges d'exploitation et amputait les résultats. Le nouveau code minier de 2018 n'a donc pas retenu ce mode d'amortissement.

Les frais de gestion engagés par le partenaire majoritaire dans la joint-venture sont difficilement contrôlables par la Gécamines et finissent par absorber les résultats des coentreprises.

Eu égard à la position minoritaire de la Gécamines dans les joint-ventures, la plupart de ses mandataires n'occupent pas des positions de décision dans la gouvernance de ces sociétés. Par ailleurs les gestionnaires de ces joint-ventures n'ont pas des contrats de performance liés aux objectifs et par conséquent ne se sentent pas responsables de la maîtrise des coûts.

Le pas de porte

Le pas de porte est une rémunération que le partenaire dans la joint-venture doit payer avant d'accéder à la concession et qui lui donne l'autorisation de commencer l'exploitation des gisements.

La Gécamines calcule ce pas de porte en fonction de la réserve identifiée de minerai de la concession. Sur base de ces réserves estimées, entre 2002 et 2018, la Gécamines exigeait aux partenaires de payer 35 USD/tonne.

En pratique, la base de calcul de ce droit pose problème parce que certaines réserves ne sont pas certifiées. L'actualisation et la certification des réserves nécessitant un coût financier que la Gécamines n'était pas prête à engager.

Le contrat signé avec la société OMG et Forrest pour la mise en œuvre de projet STL qui consistait à retraiter les scories contenues dans le terril pour y extraire de l'alliage de cobalt est une illustration d'une estimation erronée des ressources. En effet, il s'était avéré, plus tard, que les scories constituant ce terril contenaient une quantité significative du germanium.

Quoi qu'il en soit le taux de 35 USD/tonne fixé en guise de pas de porte exigé aux partenaires n'est pas significatif par rapport à la valeur des réserves. Il nous semble que cela ait motivé la haute Direction de Gécamines d'amorcer en 2018 des discussions pour revoir ce taux à la hausse même si l'investissement pour l'exploration et la certification des réserves s'avère être la solution qui permet à l'entreprise propriétaire de gisement d'avoir plus de précision sur les contenus de ses gisements.

Les royalties

Les royalties représentent un pourcentage négocié généralement à 2.5 % du chiffre d'affaires de la joint-venture. Ces royalties sont payables mensuellement. Le chiffre d'affaires est déterminé par les ventes à l'export qui via, les transitaires en douane, déclarent la valeur de la marchandise en valeur FOB. Cette information est ensuite recoupée avec la Direction Générale des Douane et Accise (DGDA) de la République Démocratique du Congo.

Dans la pratique, la vente de ces minerais se fait à travers les traders qui sont des intermédiaires. Mieux connus par les partenaires de Gécamines, ces traders peuvent avoir d'autres relations d'affaires et d'entreprise d'où l'existence d'un risque de manipulation des prix de transfert.

Par ailleurs, les métaux contenus dans les concentrés destinés à l'exportation ne sont pas mieux maîtrisés par la Gécamines d'où le risque d'une sous-évaluation du chiffre d'affaires.

Tableau N° 20 : Statistiques de royalties payées à la Gecamines (2007-2014)

Année	Montants dus (USD)	Montants encaissés (USD)
2007	913.088	913.088
2008	7.913.609	7.913.609
2009	7.917.075	7.917.075
2010	22.052.139	22.052.139
2013		54.481.251*
2014		58.040.149*
Total	38.795.911	38.795.911

Source : COPIREP, 2011, sauf (*) : Rapports annuels Gécamines (2013, 2014)

Commentaires :

Les partenaires s'acquittent des montants dus à titre de royalties dont le taux, attaché aux chiffres d'affaires, est aussi fonction de l'évolution des cours. Le début de production de plusieurs projets miniers développés conjointement avec les partenaires à une incidence sur l'accroissement de revenus collectés par Gécamines à titre de royalties.

➢ *La responsabilité de la Gécamines*

Bien que les sociétés partenaires nationales et les multinationales soient responsables de la situation actuelle, la responsabilité de Gécamines est aussi clairement établie et porte, notamment, sur :

- le manque de certification des réserves de Gécamines qui a un impact négatif dans la négociation des contrats de partenariat et de détermination des pas de porte;
- la vétusté de ses usines,
- la baisse de formation continue du personnel,
- la moyenne d'âge du personnel qui est avancée et qui crée des habitudes d'immobilisme,
- l'affectation non optimale des effectifs,
- la lourdeur des procédures de gestion,
- un circuit de prise de décisions très long basé plus sur une administration lourde que sur des contraintes techniques de terrain,
- un système de reporting irrégulier,
- la faiblesse de concurrence aussi bien dans l'octroi des marchés que dans le processus de recrutement,
- le manque de financement des filières de production porteuses,
- l'envahissement de certains sites par les creuseurs artisanaux,
- la faiblesse de ses capacités à négocier des contrats de partenariats. À propos, le task force mineral resources in Central Africa[34] avait dit « les partenariats conclus par la Gécamines ont été négociés par une société décapitalisée et en position de grande faiblesse. Les contrats, parfois conclus en guise de remboursement des dettes publiques, se caractérisent par une mauvaise évaluation des apports des partenaires, notamment celui de la Gécamines elle-même. Ceci est dû essentiellement à une mauvaise évaluation du patrimoine géologique et technique de la société »

Par ailleurs, il convient de noter que malgré la chute radicale de sa production, la Gécamines a continué à maintenir le même niveau d'engagement vis-à-vis de son personnel en matière de fournitures de services sociaux de base.

Dans sa communication à la conférence minière (DRC Mining week du14 juin 2014), la Gécamines a précisé qu'elle compte encore 111 écoles, 3500 écoliers chaque année et près de 1200 professeurs, 6 hôpitaux, 6 cliniques, 26 dispensaires, 26000 admissions médicales,

[34] Bonne gouvernance et transparence dans le secteur minier, task force mineral resources in Central Africa, 2011, page 4

170000 consultations médicales, 8500 salariés, tous effectifs confondus.

Même si son impact social dans la région demeure encore significatif, la restructuration de la société Gécamines est donc nécessaire et à encourager par toutes les parties prenantes.

➢ *Les axes de la réforme en cours à la Gecamines*

Selon la haute Direction de Gécamines, le redressement de la situation de Gécamines nécessite la mise en œuvre d'une réforme courageuse.

Cette réforme s'article sur 4 axes majeurs ci-après :

- premièrement, adapter la structure et les effectifs à l'environnement minier : concrètement, Gécamines devra sortir du fonctionnement bureaucratique et centralisé et confier la décision aux opérateurs de terrain ; réduire drastiquement les effectifs et ne conserver dans les opérations que ceux qui sont nécessaires. Reconstruire une organisation adaptée à la concurrence internationale ;
- Deuxièmement, relancer la prospection pour valoriser le patrimoine minier. En 2018, en effet, Gécamines ne disposait que de moins de 500 000 tonnes de cuivre certifiées, le reste ayant été cédé aux partenariats. Tous les efforts devraient être concentrés sur la certification des réserves, qui sont le principal actif.
- Troisièmement, développer des projets en propre répondant aux meilleurs standards pour redevenir un opérateur minier à part entière ;
- Et enfin, réexaminer et rééquilibrer tous les partenariats, comme fait avec Kamoto Copper Corporation (KCC) pour qu'enfin, la société touche les dividendes de l'exploitation des réserves du pays par des multinationales ; nouer des partenariats innovants, comme le partage de production qui assurera un retour garanti sur l'exploitation des gisements ; contrairement à l'attente de perception des dividendes.

Il convient de souligner qu'un des grands mérites de dirigeants actuels de Gécamines est d'avoir sauvé cette entreprise du dépôt de bilan malgré toutes les difficultés financières, sociales et opérationnelles.

Monsieur Albert Yuma, qui a eu l'avantage de présider, le Conseil d'Administration de Gécamines depuis 2010, s'est particulièrement positionné en fervent défenseur des intérêts de Gécamines dans le différend qui a opposé cette dernière à la société Katanga mining en 2018 au sujet de surendettement et la non-reconstitution des fonds propres de leurs joint-ventures (KCC).

Pour la petite histoire, Katanga Mining, filiale de Glencore avait été reproché par Gécamines d'avoir, par une série d'accords financiers et commerciaux intragroupes, mis en œuvre une politique qui a abouti à ponctionner, à son seul profit, la trésorerie et la richesse de Kamoto Copper Corporation (KCC). Et ce, durant plus de dix ans. « En se basant uniquement sur les quatre derniers exercices, la dette financière est ainsi passée de 3 233 736 880 USD à 4 572 497 908 USD et la dette commerciale de 1 967 255 847 USD à 4 473 525 056 USD, en sorte que la société se trouve endettée, fin 2017, à l'égard du Groupe Glencore à hauteur de 9 milliards USD, assortis des taux d'intérêts annuels pouvant atteindre 14 %, très loin des conditions auxquelles la maison-mère emprunte, pour ensuite prêter à la société commune. Ce sont ainsi plusieurs centaines de millions de dollars d'intérêts qui sont chaque année dus par Kamoto Copper Corporation (KCC) au groupe d'actionnaires majoritaires avait révélé la Gécamines dans sa plainte du 20 Avril 2018. À cette date-là, en effet, Gécamines avait assigné en justice la société anglo-suisse de courtage des matières premières Glencore, avec laquelle elle détient une coentreprise dénommée KCC. Gécamines avait saisi le tribunal de commerce de Kolwezi en sollicitant la dissolution de cette joint-venture.

Par un processus d'arrangement à l'amiable sollicité par Glencore, un compromis avait été trouvé, Glencore ayant consenti d'annuler sa dette que Gécamines considérait comme fictive en date du 12 juin 2018[35], date à laquelle, pour clôturer ce conflit, GÉCAMINES a conclu, avec sa filiale Société Immobilière du Congo (« SIMCO »), Katanga Mining Limited et certaines de ses sociétés affiliées (le « Groupe Katanga ») ainsi que leur société commune Kamoto Copper Company (« KCC »), un accord transactionnel.

---

[35] Mining news magazine n°147 de Juin 2019, page 15

Aux termes de l'accord, les objectifs et résultats suivants avaient été visés, entre autres :

- Les capitaux propres de KCC seront reconstitués conformément à la législation en vigueur ;
- L'endettement de KCC envers le groupe GLENCORE sera réduit de 9 milliards USD à 3,45 milliards USD au 1er janvier 2018 ;
- Les taux d'intérêt applicables sur les prêts intra-groupes sont encadrés et ne peuvent plus dépasser 6% l'an ;
- Sur la base du business plan en cours de KCC, dès l'exercice 2019, GÉCAMINES commencerait à percevoir, pour la première fois, des dividendes, dont le cumul est estimé à plus de 2 milliards USD sur les dix prochaines années ;
- Les résultats bénéficiaires permettront le paiement d'impôts sur les sociétés contribuant à renflouer significativement les caisses de l'État congolais ;
- Une meilleure valorisation à l'avenir de l'apport des gisements de cuivre et de cobalt de GÉCAMINES au partenariat par un relèvement conséquent du montant par tonne du pas de porte passant de 35 USD à 110 USD et pouvant atteindre 170 USD dans certains scénarios ;
- Une augmentation significative de la valorisation de la participation de GÉCAMINES dans KCC qui était nulle jusqu'alors en raison du niveau d'endettement élevé de la société ;
- La renonciation par KCC au bénéfice des réserves certifiées s'élevant à 3.992.185 tCu et 205.629 tCo (les « Réserves »), libérant ainsi GÉCAMINES de son obligation de fourniture des Réserves ou, à défaut, du paiement d'une contrevaleur maximum de 285 millions USD ;
- Le paiement par le GROUPE KATANGA d'une indemnité transactionnelle (150 millions USD) en faveur de GÉCAMINES ; et
- Le désistement de GÉCAMINES et SIMCO, à la réalisation, de la procédure judiciaire de dissolution engagée le 20 avril 2018 devant le Tribunal de Commerce de Kolwezi.

Il sied de noter que le relèvement de montant de pas de porte à payer de 35 USD à 110 USD par tonne est un record et une première depuis que Gécamines a commencé à exiger à ces partenaires le paiement de pas de porte. Toutes autres choses restant égales, l'exécution sans faille de cet accord ouvrait à Gécamines, une nouvelle voie de relance vers une perspective plus prospère.

- Les actions prises pour développer un outil industriel en propre

Pour développer sa propre capacité de production, la Gécamines a dû prendre des décisions courageuses, dont :

- la fermeture de certaines installations comme les concentrateurs de Kambove et de Kolwezi ainsi que les usines métallurgiques de Kolwezi devenus obsolètes ;
- l'engagement des investissements pour la modernisation de la salle d'électrolyse des usines métallurgiques de Shituru ;
- la focalisation des investissements dans les unités opérationnelles de la filière allant des mines de Kanfundwa et Kamatanda jusqu'aux usines de Shituru qui est la seule restée opérationnelle actuellement et qui a comme objectif de produire 40 000 tonnes de cuivre par an.[36]

- Le rééquilibrage des partenariats

Quant au rééquilibrage des partenariats, la Gécamines s'est décidée de développer des partenariats industriels innovants dont les principaux sont :

- le projet sous le mode de partenariat « build operate and transfer » avec la firme CNMC sur le gisement de Deziwa à Kolwezi ;
- la signature en décembre 2018 du premier projet de partage de production minier en République Démocratique du Congo basé sur les gisements de Kingamyambo à Kolwezi avec la société HKEM.[37]

---

[36] Direction générale de Gécamines, 2019

[37] Idem

➢ *Projets en développement à la Gécamines*

Dans le cadre des reformes en cours au sein de la société Gécamines [38], plusieurs projets sont envisagés dont les plus significatifs sont :

- Le projet Kamatanda

La mine de Kamatanda est située dans la périphérie de la Ville de Likasi à 120 km de la ville de Lubumbashi. Sa réserve est estimée à 210 000 tonnes de cuivre et 30 000 tonnes de cobalt.

Un projet de concassage et lavage (laverie de Kamatanda) a été mis en en service en janvier 2019. Ainsi, les minerais issus de la mine de Kamatanda sont concassés, lavés et classifiés en différentes granulométries pour alimenter les usines de Shituru, via la lixiviation en tank agité, pour les fins. Pour un meilleur rendement, la Gécamines a mis en place un nouveau projet de lixiviation en tas des minerais extraits de la mine de Kamatanda sur le site de Panda, à Likasi. Il est constitué de 6 tas d'une superficie totale de 7.2 hectares et 10 bassins à eau et à solution d'une capacité de rétention globale de 310 000 m3.

- Le projet Shituru

Visant l'amélioration qualitative et quantitative de sa production, la Gécamines pilote deux grands projets dans les usines de Shituru. Il s'agit de l'unité d'extraction par solvant (SX) et de la salle d'électrolyse. Démarré en janvier 2019, le SX consiste à augmenter la concentration et purifier la solution cuivreuse qui alimente la salle d'électrolyse en deux étages d'extraction de cuivre. Cette purification a comme objectif d'améliorer la qualité du cuivre produit à LME Grade A, avec une suppression des décotes de commercialisation. Depuis sa mise en service, ce module a permis d'améliorer la qualité de cuivre produit d'une moyenne de 99.90% Cu à plus de 99.98% Cu. Le second projet de rénovation de la salle d'électrolyse de Shituru s'est réalisé et a permis d'augmenter la capacité de production et de moderniser les circuits d'alimentation et de débordement d'électrolyse. Sa capacité est passée de 2500 à 4750 t Cu/mois, soit de 30 000 à 56 765 t Cu/an.

---

[38] www.gecamines.cd

- La mine de Kamfundwa à Kambove

Le concentrateur (HMS) de la mine de Kamfundwa à Kambove, alimente l'usine de Shituru en concentré de cuivre et de Cobalt. Une unité de lixiviation en tas a été adjointe afin d'améliorer la récupération globale des minerais.

- Le projet Kingamyambo

La Gécamines a réalisé une étude de faisabilité économique en vue de la construction d'une nouvelle usine de traitement des rejets (potentiel certifié : 140 000 tonnes de cuivre et 32 000 tonnes de cobalt) à Kingamyambo.

- La société de traitement du terril de Lubumbashi (STL)

Depuis le rachat par la Gécamines de la société de traitement du terril de Lubumbashi (STL), les travaux de modernisation de l'usine ont été lancés. Le four principal devant servir dans le circuit de production a été totalement rénové. Après les investigations techniques, la société de traitement du terril de Lubumbashi (STL) a déjà repris la production.

- La société minière de Deziwa

La société minière de Deziwa (SOMIDEZ en sigle) est un fruit du partenariat entre la Gécamines et la firme chinoise China Nonferrous Metal Mining (CNMC). Elle a commencé officiellement la construction de son usine le 28/05/2018 et elle a achevé la construction de son usine à fin 2019 pour la mise en production avec une capacité de 80 000 tonnes de cuivre cathodique et 8 000 tonnes de cobalt par an sur la base du traitement annuel de quatre millions cinq cent mille tonnes de minerais. L'usine a été inaugurée officiellement le 15 Janvier 2020.

Situé près du fleuve Congo (dans la Province du Lualaba), le projet Deziwa dispose des réserves de 4 600 000 tonnes de cuivre et de 420 000 tonnes de cobalt. Son investissement total s'élève à 880 millions de dollars américains. Deziwa produit du cuivre cathodique et les sels de cobalt en adoptant la technologie hydrométallurgie à partir de la carrière à ciel ouvert. Le projet Deziwa est un projet à durée déterminée soit 9 ans avec une possibilité de prolonger de deux ans supplémentaires si les conditions du marché n'arrivent pas à permettre à CNMC de récupérer son apport. À la cession de l'usine à la Gécamines, les études indiquent que l'usine aura la capacité de production de 200 000 tonnes de cuivre par an et elle aura encore une durée de vie minimale entre 7 et 9 ans de production en propre.

Dans cet accord de partenariat mode Build operate and transfer, la Gécamines dispose de 49 % des parts et la société chinoise CNMC de 51 % des parts. Gécamines a apporté le gisement et CNMC qui a financé le projet sera acheteur de la production avant et après le retour de l'usine à Gécamines.[39]

La société China Nonferrous Metal Mining (CNMC) est installée en République Démocratique du Congo depuis 2004. En 2012, elle avait construit un projet hydro métallurgique de cuivre à Likasi (dans la province du Haut-Katanga) d'une capacité de 10 000 tonnes de cuivre/an. Elle est aussi propriétaire du projet hydro métallurgique de cuivre dénommé Mabende qui, lui aussi, est basé dans le haut-Katanga non loin de la ville de Lubumbashi. Dans le Lualaba, par contre, CNMC est l'initiateur du projet Lwalaba Copper Smelter SAS d'une capacité de :

- 120 mille tonnes de cuivre brut /an ;
- 240 millions de tonnes d'acide sulfurique ;
- 30 mille tonnes de soufre liquide ;
- 11 mille tonnes d'alliage cuivre-cobalt par an avec une technologie métallurgique avancée du monde de fusion avec enrichissement en oxygène-soufflage consécutif.

Ce projet est entré en production et a été inauguré le même jour que le projet Deziwa.

Eu égard à sa production et à sa vocation destinée à être rendue à la Gécamines après une période maximale de 11 ans, le projet Deziwa aura beaucoup d'effets d'entraînement en amont et en aval dans l'hinterland minier du Katanga en général et dans la province du Haut-Katanga en particulier. Il pourra, en effet, résorber la main-d'œuvre excessive de la Gécamines et permettre à celle-ci de redevenir à nouveau un opérateur minier ayant ses propres usines de production up to date.

- Les unités de transformation

Tout compte fait, Gécamines dispose encore des unités de transformation et est dotée d'un personnel ayant une expertise avérée,

[39] www.somidez.com consulté le 18 janvier 2020

possédant une culture industrielle et disposant d'un équipement encore opérationnel. Parmi ces unités de traitement, nous pouvons citer les unités ci-après :

- L'atelier central de panda (acp)

L'atelier central de Panda est situé à Likasi et fabrique des pièces diverses en fonderie et par usage, chaudronnerie, soudage, forgeage et extrusion de caoutchouc et matières plastiques.

- Les ateliers de l'ouest

Situé à Kolwezi dans la province du Lualaba, les Ateliers de l'Ouest ont, pour mandat, la réhabilitation et la rénovation des ensembles et sous-ensembles des engins miniers. Ils disposent pour cela des ateliers bien équipés pour prendre en charge différents domaines de rénovation (électrique, mécanique, hydraulique et électronique).

- Les laminoirs et câbleries

Situés dans la ville de Lubumbashi, les laminoirs et câbleries fabriquent des produits en métaux non ferreux, principalement le cuivre et leurs alliages, qui sont les tôles, les barres, les profilés, les fils et câbles électriques ainsi que les accessoires pour câbles électriques.[40]

❑ *Exploitation minière artisanale*

➢ Considérations générales du concept

Le code minier de 2002 définit l'exploitation minière artisanale comme étant toute activité par laquelle une personne physique de nationalité congolaise se livre, dans une zone d'exploitation artisanale délimitée en surface et en profondeur jusqu'à trente mètres au maximum, à extraire et à concentrer des substances minérales en utilisant des outils, des méthodes et procédés non industriels.

Selon le code minier de 2002, la création de zones d'exploitation artisanale (ZEA) devrait se justifier lorsque les facteurs techniques, économiques qui caractérisent certains gites d'or, des diamants ou

[40] Gécamines, Juin 2019

toute autre substance minérale ne permettent pas d'en assurer une exploitation industrielle ou semi-industrielle.

Il sied de noter que l'exploitation artisanale n'est pas une nouveauté en République Démocratique du Congo. Elle existait déjà au pays notamment dans l'ex. Province du Kasaï où le diamant était exploité artisanalement et dans certaines provinces disposant de l'or.

Dans le but de promouvoir la classe moyenne des nationaux, le code minier de 2002 a étendu cette notion à l'exploitation de tous les autres minerais.

Pour accompagner cette réforme, l'État congolais avait créé par décret n°047-C2003 du 23 mars 2003, le service d'assistance du Small Scall Mining (SAESSCAM en sigle), structure qui a changé de dénomination pour devenir le service d'assistance et d'encadrement de l'exploitation minière à petite échelle (SAEMAPE en sigle) à la faveur du décret n°17/009 du 04 Avril 2017.

➢ La mission de Saemape

Le décret portant création du service d'assistance et d'encadrement de l'exploitation minière à petite échelle (SAEMAPE en sigle), assigne à ce service les missions suivantes :

- promouvoir la classe moyenne de la mine en apportant l'assistance technique et financière aux coopératives minières et aux exploitants du secteur de la petite mine, en vue de renforcer les capacités managériales ;
- assurer l'intégration de la femme dans la chaîne de production minière à petite échelle ;
- inciter l'exploitant minier artisanal ou de la petite mine à investir dans les autres secteurs de l'économie nationale en vue, notamment, de préparer l'après-mines ;
- susciter et participer à la création d'un fonds de crédit minier et à sa gestion pour la promotion de la petite et moyenne entreprise minière, etc.

Sur le terrain, le SAEMAPE éprouve de la peine à réaliser l'intégralité de sa mission suite à la carence en effectif et en capacité technique.

➢ Les principaux intervenants dans l'exploitation minière artisanale

Cinq principaux intervenants sont reconnus dans l'exploitation minière artisanale. Il s'agit de :

- l'exploitant minier artisanal,
- le négociant,
- le comptoir,
- les coopératives minières,
- l'entité de traitement et / ou de transformation.

La Province du Haut-Katanga compte un nombre important de creuseurs.

Tableau N° 21 : Résumé des titulaires de permis et du nombre de sites miniers artisanaux par type de permis

Type de licence	Titulaire de licence	Nombre de mines
PE	Boss Mining	3
	Congo Dong fang Mining	1
	Congo Cobalt corporation	1
	Gécamines	22
	Kambove mining	1
	Kasonga Mining	1
	Société minière de Kasonta	1
PEPM	Towards sustainable mining enterprise	1
PR	Companie minière de Sakania	1
	Société d'exploitation minière du Haut-Katanga	1

Source : Tableau élaboré par nous-même sur base des données de BGR sur la cartographie de l'exploitation minière artisanale du cuivre et cobalt dans les provinces du Haut-Katanga et Lualaba en RDC, Octobre 2019, page 16

➢ Les difficultés liées à l'exploitation minière artisanale

L'exploitation artisanale qui visait à son origine, la création d'une classe moyenne, se bute à plusieurs obstacles, notamment :

- [41]une mobilité importante de creuseurs artisanaux toujours à la recherche des filons et de gisements à forte teneur ;
- un manque de structure d'accueil de creuseurs sur les sites ;
- une faiblesse en capacités techniques et en ressources humaines de services étatiques (SAEMAPE, Division des mines…) pour encadrer les creuseurs ;
- un envahissement des concessions appartenant aux sociétés minières ou aux privés par les creuseurs visiblement mal encadrés;
- l'utilisation des enfants et des femmes enceintes dans certaines zones d'exploitation minière (ZEA) ;
- le manque de laboratoires indépendants pour analyser leurs minerais ;
- la non évaluation des réserves minières dans les ZEA ;
- le manque d'études préalables avant la création des ZEA ;
- impact négatif de ce secteur sur les cours des métaux ;
- la création des ZEA sur des sites inappropriés très pauvres en minerais ou encore dans des sites où les minerais se trouvent à une profondeur dépassant largement les 30 m prévus dans le code minier de 2002 entraînant ainsi pour les coopératives installées dans des telles ZEA un coût financier très élevé lié à la découverture ;
- les coopératives minières ne disposent pas des ressources suffisantes pour louer les engins pouvant les aider à procéder à la découverture ;
- les difficultés d'accès au financement par les coopératives minières par manque de garantie à cause, notamment, du manque de certification des réserves ;
- la tracasserie liée à la présence de plusieurs services étatiques sur le site minier dont certains ne sont pas habilités par la loi ;
- l'écrémage des gisements ;
- manque de sécurité sociale et d'assurance maladie ;

[41] Centre ARRUPE pour la recherche et la formation, 2018

- exposition des creuseurs aux nombreuses maladies des mains sales et au VIH/SIDA suite à la promiscuité ;
- impact négatif sur la fréquentation scolaire suite à l'abandon des écoles par les enfants poursuivant les gains rapides miroités par l'artisanat minier ;
- exposition des creuseurs à la pollution et à l'irradiation ;
- le manque de transparence des flux financiers générés par ce secteur ;
- le manque de transparence des flux physiques de ces minerais ;
- les mauvaises conditions de travail sur les sites : travail des enfants, nombreux cas d'accidents suite aux éboulements, risque de contamination suite à la radioactivité émise par l'uranium dans certains sites, prévalence des maladies sexuellement transmissibles, présence des autres maladies liées à l'insalubrité et aux conditions de travail ;
- le faible pouvoir et capacité de négociation des prix par les creuseurs etc.

Une étude récente menée par le centre pour recherche et la formation Arrupe[42] sur le faible pouvoir et capacité de négociation des prix par les creuseurs précise que « L'exploitation minière artisanale se fait dans les sites privés, avec comme obligation de vendre les minerais uniquement au propriétaire du site, à son représentant ou partenaire. En d'autres termes, les creuseurs n'ont pas droit d'aller vendre leurs minerais ailleurs, même si les prix d'achat du propriétaire sont faibles. Ceci constitue le premier élément qui influence le prix. Le deuxième réside dans le fait que c'est encore l'acheteur qui est propriétaire du laboratoire qui sert à mesurer la quantité et tester la qualité des minerais, et qui, en définitive, en fixe le prix. »

Il s'ensuit que le rapport des forces n'est pas équilibré. Les exploitants miniers artisanaux qui travaillent dans des conditions difficiles et qui sont en position de faiblesse semblent être quasiment appelés à demeurer dans la pauvreté.

[42] Ibidem

2. Secteur de la sous-traitance

a) Constat général

L'abondance et la variété des ressources naturelles font de la RDC en général et de la province du Haut-Katanga en particulier, un scandale géologique, mais la pauvreté dans laquelle sa population est plongée contraste avec cette abondance en ressources. Un grand nombre d'investisseurs étrangers se sont intéressés au secteur d'exploitation des ressources naturelles (mines, forêt...) de l'hinterland minier du Katanga, directement par des entreprises multinationales ou leurs filiales ne laissant aucune opportunité aux entreprises congolaises à capitaux congolais d'émerger à cause notamment aux difficultés qu'elles ont pour accéder aux financements.

Pour inverser la tendance, le Président de la République a promulgué la loi numéro 17/001 du 08 Février 2017 fixant les règles applicables à la sous-traitance dans le secteur privé en République Démocratique du Congo.

Cette loi vise à rendre obligatoire la sous-traitance des activités annexes et connexes de l'activité principale et à la réserver, quelle que soit sa nature, aux entreprises congolaises à capitaux congolais en vue d'en assurer la promotion et favoriser ainsi l'émergence d'une classe moyenne congolaise.

Elle poursuit, en outre, la protection de la main-d'œuvre travaillant dans les entreprises de la sous-traitance, la création de l'emploi pour les nationaux et l'élargissement de l'assiette fiscale au profit du Trésor public.

b) Les innovations majeures de la loi sur la sous-traitance en rdc

Cette loi stipule que la sous-traitance s'applique à tous les secteurs d'activités. Et elle porte sur des activités connexes, annexes ou sur une partie de l'activité principale.

Au sens de cette loi, l'activité principale est l'activité signalée à titre principal dans le registre du commerce et du crédit mobilier de l'entreprise ou celle faisant l'objet du marché. L'activité annexe, quant à elle, est toute activité qui concourt de manière indirecte à la réalisation de l'activité principale en fournissant les biens et services notamment le transport des produits ou du personnel, la restauration du personnel, la buanderie, la garde industrielle, la police anti-incendie, la prise en charge des soins de santé du personnel. L'activité connexe, différente de l'activité annexe, est tout service, toute production dont l'entreprise a besoin et qui sont liés à la réalisation de l'activité principale.

c) Les différentes sortes de sous-traitance

Cette loi distingue trois sortes de sous-traitance à savoir : la sous-traitance de capacité, sous-traitance de spécialité et celle dite de marché.

- *La Sous-Traitance De Capacité*

Au sens de la loi sur la sous-traitance en République Démocratique du Congo, la sous-traitance de capacité est toute opération par laquelle l'entreprise principale fait temporairement appel à une autre société pour la réalisation d'une tâche ou la fabrication d'un produit qu'elle peut exécuter elle-même, afin de faire face à des commandes supplémentaires.

- *La Sous-traitance de spécialité*

La sous-traitance de spécialité est toute opération par laquelle l'entreprise principale recourt aux services d'une société spécialisée pour l'exécution d'une tâche requérant des équipements ou des compétences spécifiques dont elle ne dispose pas, aux fins de la réalisation de l'activité principale.

- *La Sous-traitance de marche*

Le législateur congolais définit la sous-traitance de marché comme toute opération par laquelle une entreprise principale titulaire d'un marché recourt à une autre entreprise pour l'exécution de certaines obligations du contrat ou du marché.

La loi reconnaît la liberté à toute entreprise de sous-traiter dans le secteur de ses activités en même temps qu'elle réserve la sous-traitance uniquement aux entreprises à capitaux congolais promues par les Congolais, quelle que soit leur forme juridique, dont le siège social est situé sur le territoire national et dont la majorité des actionnaires et de dirigeants sociaux sont de nationalité congolaise.

Toutefois, lorsqu'il y a indisponibilité ou inaccessibilité d'expertise, et à condition d'en fournir la preuve à l'autorité compétente, l'entrepreneur principal peut recourir à toute autre entreprise de droit congolais ou à une entreprise étrangère pour autant que l'activité ne dépasse pas six mois.

❑ *Les autres exigences de la loi sur la sous-traitance*

La loi sur la sous-traitance en République Démocratique du Congo comporte d'autres exigences au nombre desquelles, nous pouvons citer :

- l'exigence de procéder aux appels d'offre lorsque le coût du marché est supérieur ou égal à cent millions de francs congolais.
- l'obligation des entreprises opérant en RDC de mettre en place une politique de formation devant permettre aux Congolais d'acquérir la technicité et la qualification nécessaire à l'accomplissement de certaines activités.
- l'obligation aux entreprises principales de verser aux sous-traitants, avant le début des travaux, un acompte couvrant au moins les 30 % du contrat de sous-traitance.
- l'interdiction de tout débauchage du personnel du sous-traitant par l'entrepreneur principal ou par le maître d'ouvrage.

d) La réalité de la sous-traitance dans la province du Haut-Katanga

La province du Haut-Katanga est une province minière par excellence où la vie socio-économique a été dominée pendant plusieurs décennies par l'Union Minière du Haut-Katanga devenue, plus tard, la Générale des Carrières et des Mines (Gécamines en sigle). Pour mieux appréhender l'histoire de la sous-traitance dans la province du Haut-Katanga, nous pouvons cerner deux grands moments à savoir : la période de règne de Gécamines et celle d'après règne de Gécamines.

❑ *La sous-traitance pendant le règne de Gecamines*

L'Union Minière du Haut-Katanga (UMHK) devenue plus tard Gécamines n'a pas attendu la promulgation de la loi sur la sous-traitance pour promouvoir l'entrepreneuriat au niveau du pays et au niveau de l'hinterland minier du Katanga. À l'époque, la sous-traitance était comprise comme un processus par lequel une entreprise principale confie à un autre entrepreneur, à travers un contrat, l'exécution d'une partie de ses opérations dans le but d'optimiser une souplesse organisationnelle, de gagner du temps et de l'argent dans la réalisation des objectifs de l'entreprise principale ou donneur d'ordre.

Ainsi, du fait de son intense activité et son développement, l'UMHK qui est l'ancêtre de la Gécamines avait impulsé, dès l'année 1918, la sous-traitance dans son rayon d'action qui s'étend sur une concession située sur l'axe Lubumbashi-Likasi et Kolwezi d'une longueur de 300 km et d'une largeur de 60 km. Cela s'observe à travers le rôle que l'UMHK a joué dans l'éclosion de multiples entreprises comme :

- les cimenteries du Katanga (CIMENKAT) en 1922 ;
- les brasseries du Katanga en 1923, devenues Brasimba plus tard ;
- la société d'entreprise des travaux en béton au Katanga (TRABEKA) en 1924 ;
- les charbonnages de Luena en 1922 ;
- la compagnie foncière du Katanga (COFOKA) en 1922 ;
- la société générale des forces hydro-électriques du Katanga (SOGEFOR) en 1925 ;
- la société générale africaine d'électricité (SOGELEC) en 1930 ;
- la société générale industrielle et chimique du Katanga (SOGECHIM) en 1929 ;
- les minoteries du Katanga en 1930 ;
- la société métallurgique du Katanga (METALKAT) en 1948 ; devenue par la suite UZK ;
- la société africaine d'explosifs (AFRIDEX) en 1948 ;
- la société des ciments métallurgiques de Jadotville (CMJ) ; en 1953 ;
- la compagnie des chemins de fer du Bas -Congo au Katanga (BCK) ;
- la société de chemins de fer du Katanga-Dilolo-Léopoldville (KDL) ;
- la société des laminoirs, tréfileries et câbleries (LATRECA) en 1953, etc.

Cette liste n'est pas exhaustive par ce que la Gécamines dans son rôle d'industrie industrialisante a aussi joué un rôle non le moindre dans l'acquisition des biens et services auprès des entreprises locales mais aussi par la signature et l'exécution des contrats relatifs aux opérations de production minière avec certaines entreprises exerçant les activités au pays. Au nombre de ces entrepreneurs locaux, nous pouvons citer :

- les sociétés BIA, Congo équipement, Mecelco, Wabco, Unitrig, etc. ; pour la fourniture et la maintenance des engins et autres équipements ;
- la société Afrima, devenue plus tard CFAO Motors, pour la fourniture des véhicules automobiles ;
- les sociétés Swanepoel, Demourra, Forrest, Rulco etc., pour l'exploitation minière ;
- les sociétés FINA Congo, Shell, Mobil oïl, Texaco, United petroleum, etc., pour la fourniture des produits pétroliers, lubrifiants et divers ;
- l'hôtel Karavia, motel Impala, Park hôtel etc., pour les logements de son staff ;
- les sociétés Merzario, Sotraz, BCK, KDL, SNCC etc., pour le transport des minerais et des personnes ;
- les imprimeries Yav-A-Muyet, Impaza, Impact, etc. pour l'impression des formulaires, journaux d'entreprises, imprimés, calendriers et autres documents ;
- les sociétés Vap, Katebe Katoto etc., pour la fourniture des vivres pour les centres de ravitaillement et cantines du personnel ainsi que des écoles et hôpitaux ;
- la société FONDAF, pour la fourniture des pièces de fonderie et prestations diverses.

À fin 1954, plus de 2600 firmes étaient recensées comme sous-traitants de la Gécamines.[43]

❑ *La Sous-traitance après le règne de Gécamines*

Le déclin de Gécamines a été suivi par une nouvelle ère d'expansion des activités minières cette fois impulsées par les

[43] Communication de la Gécamines à la table-ronde sur la sous-traitance (à l'hôtel Pullman Grand Karavia) sous l'égide de la FEC, Lubumbashi-novembre 2017

investissements directs étrangers attirés par les avantages fiscaux contenus dans le code minier de la RDC promulgué en 2002. En effet, ce code minier a accordé des avantages fiscaux exorbitants aux investisseurs qui font que l'hinterland minier du Katanga a été dominé ces deux dernières décennies par l'actionnariat asiatique (chinois et indien principalement) et des sociétés multinationales immatriculées dans les paradis fiscaux (îles vierges britanniques, Seychelles…).

L'implication des marchés boursiers ainsi que les montages juridiques complexent qui s'en suivent ont rendu opaques les chaînes de contrôle réel de ces projets au point que par moment il est difficile de bien identifier les véritables donneurs d'ordre. Les entreprises ainsi créées ont un faible encrage au reste de l'économie de la région et même du pays au point que les marchés de la sous-traitance sont dans la plupart de cas octroyés à leurs filiales basées à l'extérieur.

Il s'observe aussi une tendance à développer des centrales d'achat où les marchés s'octroient entre les membres d'une même « communauté » ou consortium. Ainsi, les entreprises asiatiques, pour ne parler que d'elles, n'achètent ou n'acceptent des prestations que d'une autre entreprise asiatique, faussant ainsi toutes les règles de concurrence loyale et de transparence que peuvent procurer les procédures de passation des marchés classiques. Certaines entreprises occidentales recourent aussi à cette pratique. Par ailleurs, les autorités de décision en RDC ne disposent pas des moyens pour vérifier les modalités des prix transferts appliqués par les investisseurs étrangers. Tous ces facteurs mis ensemble ne permettent pas aux nationaux de capter la rente minière.

Les ressources minières étant épuisables et non renouvelables, cette situation nécessite d'être inversée à temps avec l'implication des autorités ayant promulgué la nouvelle loi sur la sous-traitance dans le secteur privé en RDC. Bien appliquée, cette loi sera un outil qui peut favoriser la promotion du « contenu local » en RDC.

3. Secteur agricole

a) Agriculture

Le diagnostic de la cellule d'analyse des indicateurs de développement de la RDC (CAID, 2016) avait montré que la province du Haut-Katanga dispose de 15 millions d'hectares des terres arables, de 5 millions d'hectares de pâturage et d'importants plans d'eau.

Avec son climat essentiellement tropical sec soit du type tempéré au Sud, et chaud au Nord, et un climat de montagne aux alentours de la chaîne de montagnes, la province du Haut-Katanga connaît des précipitations annuelles qui varient entre 1.000 et 1.500 mm. La température moyenne varie entre 10 et 40°C et est marquée par deux saisons : La saison de pluie qui part de mi-octobre à mi-mai et la saison sèche qui va de mi-mai à mi-octobre. Les pluies sont plus abondantes entre les mois de novembre et mars.

À cause de l'altitude, l'extrême Est connaît un climat de montagne c'est-à-dire tempéré avec une température qui s'abaisse, au fur et à mesure qu'on s'élève. Il y pleut un peu plus abondamment.

L'hydrographie de la Province est constituée principalement de deux lacs, le lac Moero et le lac Tshangalele ainsi que des cours d'eau dont les principaux sont : la Luapula, la Lufira et la Luvua, ce dernier cours d'eau reliant le lac Moero au fleuve Congo. Ce dernier prend source dans cette Province.

Trois espaces se détachent en particulier :

- Le bassin Luapula-Moero, qui couvre plus de 100 000 ha des terres cultivables ;
- Le bassin de la Lufira, qui s'étend sur environ 1 000 000 ha, et une partie du plateau de Marungu qui se prêtent aux cultures caractéristiques des régions tempérées.

Son climat et son hydrographie sont donc favorables à l'agriculture, la pêche et l'élevage à l'instar du territoire zambien voisin.

L'inspection provinciale de l'agriculture de la province du Haut-Katanga[44] renseigne que cette province vivait dans l'autosuffisance alimentaire grâce à sa propre production ; mais plusieurs facteurs ont par la suite été à la base de l'insécurité alimentaire qu'on observe aujourd'hui, dont les plus importants sont :

1. la prééminence du code minier sur le code agricole, ayant pour conséquence la réduction des espaces arables utilisables pour l'agriculture ;
2. les terres agricoles qui deviennent de moins en moins disponibles menacées par le développement des villes, le secteur minier et

[44] Rapport de l'inspection provinciale de l'agriculture de la province du Haut-Katanga sur l'état des lieux du secteur de l'agriculture,2016

leur accaparement par des étrangers et certaines personnes influentes à des fins spéculatives ;

3. une fiscalité qui ne protège pas la production locale. Le marché local est envahi par les produits des pays limitrophes (Zambie, Tanzanie et République Sud-Africaine) qui, non seulement bénéficient d'une subvention de leur gouvernement mais aussi entrent souvent en contrebande (phénomène bilanga) ;
4. la faiblesse d'accès au financement adéquat pour soutenir les investissements dans ce secteur ;
5. l'inexistence d'une structure fiable de mécanisation de secteur agricole ;
6. l'absence des unités de stockage des produits agricoles ;
7. le manque des unités de transformation des produits agricoles ;
8. le manque des unités de production de la provenderie ;
9. le faible taux d'électrification des milieux ruraux ;
10. la progression de la sècheresse ;
11. les perturbations climatiques ;
12. le manque de dispositif pouvant permettre de faire face aux épidémies et aux insectes qui envahissent les cultures ;
13. l'explosion démographique due à l'exode rural et aux conflits armés dans certaines provinces limitrophes ;
14. les conflits récurrents entre bantous et pygmées qui engendrent des déplacements des populations et paralysant ou empêchant les travaux champêtres (cas du territoire de Pweto);
15. la mauvaise planification des saisons culturales par les différents acteurs (semis tardifs, acquisition tardive d'intrants…) ;
16. le faible taux de budget alloué à l'agriculture;
17. la faible valorisation de la fonction des moniteurs agricoles et des agronomes de territoires ;
18. le manque de réserves stratégiques destinées à satisfaire la demande pendant la période de soudure entre le semis et la récolte et à faire face aux pénuries causées par des calamités ;
19. la faiblesse ou le manque de financement de la recherche visant à découvrir des nouvelles variétés d'intrants agricoles ou des nouvelles technologies agricoles ;
20. le manque de compétitivité de la production agricole nationale grevée par les coûts des intrants non subventionnés ;
21. la faiblesse du pouvoir d'achat des consommateurs ;
22. la faible productivité de l'agriculture ;

23. l'inexistence de filières (chaînes de valeur) commerciales des produits agricoles ;
24. le non encadrement et le non équipement des centres de recherche agrovétérinaires, ainsi que la démotivation de son personnel ;
25. la mauvaise formulation des projets agricoles ne permettant pas la pérennisation de leurs acquis ;
26. le dualisme entre le droit foncier coutumier et formel qui a incidence sur des conflits multiples ;
27. l'inexistence d'une industrie de fabrication des engrais et des semences dans la province ;
28. la dégradation des infrastructures de transport (routes de dessertes agricoles, chemins de fer…) ;
29. le faible accompagnement technique du secteur agricole ;
30. la faible valorisation des résultats de la recherche de l'université ;
31. l'absence des statistiques fiables pouvant permettre de fixer les orientations stratégiques pertinentes ;
32. l'absence d'enquête de base au démarrage des différents programmes et projets agricoles mis en œuvre ;
33. la défaillance ou inexistence de mécanisme de coordination et de suivi interne des projets et programmes agricoles ;
34. la non tenue d'une comptabilité par la majorité des exploitations agricoles ;
35. la déficience des services conseils aux petits producteurs agricoles ;

36. le système d'assurance peu adapté aux besoins des agriculteurs ;
37. le délabrement des centres d'adaptation des semences et géniteurs améliorés, etc.

Ne pouvant produire localement les denrées de grande consommation que sont : le maïs, le manioc, la canne à sucre, les poissons, les légumes et combler les besoins de la province à cause des facteurs ci-haut énumérés, la province du Haut-Katanga a recouru au cours de la période étudiée, à l'importation de ces denrées alimentaires auprès principalement de pays voisins à savoir : la Tanzanie, la Zambie, la Namibie et l'Afrique du sud. Certains produits (riz, sucre et la viande) proviennent même de l'Asie et voire de l'Amérique du Sud.

En 2017, l'inspection provinciale de l'agriculture a estimé à 858 171 tonnes le besoin annuel en maïs pour la population de la Province contre une production de seulement 225 758 tonnes soit un déficit de 632 413 tonnes de maïs.

Cette situation n'a pas évolué parce qu'à la table –ronde sur l'agriculture organisée du 12 au 14 Septembre 2019 à Lubumbashi sous l'égide du Gouvernement provincial du Haut-Katanga, ce dernier avait estimé les besoins de la province en farine de maïs de consommation à 800 000 tonnes contre seulement 200 000 tonnes de production locale soit un déficit de 600 000 tonnes.

De manière récurrente et à chaque période de soudure (période séparant le semis à la récolte), entre Décembre et Février de chaque année il s'observe une flambée de prix de farine de maïs dans la province. En Décembre 2019 par exemple, le prix de maïs sur le marché des grandes villes de la province (Lubumbashi-Likasi) s'est négocié à 24 USD (indice officiel de prix de l'INS /Katanga), pour un sac de 25 Kg soit 960 USD /la tonne de farine de maïs.

Pendant cette période, le prix pratiqué en Zambie et Tanzanie variait entre 5 et 6 USD /le sac de 25 kg de farine.

Tableau 22 : Bilan Production-Consommation des produits agricoles /province Haut-Katanga (2017)

No	Villes et Territoires	Population	Maïs		Manioc		Arachide		Riz		Haricot	
			Prod (t)	Cons (t)	Prod (t)	Cons	Prod (t)	Cons	Prod (t)	Cons (t)	Prod (t)	Cons (t)
1	Lubumbashi	2 500 000		400 000								
2	Likasi	690 373		200 000								
5	Pweto	729 825	21 990	40 000	206 204	52 856	2 576	1 540	2 952	2 162	10 096	7 266
4	Kasenga	478 892	31 741	81 898								
6	Kambove	524 219	76 352	48 026	82 279		3 336					
3	Kipushi	376 447	62 115	34 499								
9	Sakania	510 834	12 000	46 800								
8	Mitwaba	383 610	21 560	6 948	178 900	130 850	17 220	4 176	277	90	9 126	2 900
	Maïs importé (Tanzanie)		2 467[45]	-								
	TOTAL	**6 194 200**	**228 225**	**858 171**	**467 383**	**183 706**	**23 132**	**5 716**	**3 229**	**2 252**	**19 222**	**10 166**

Source : Gouvernement provincial du Haut-Katanga Prod (t): production en tonne Cons(t): consommation en tonne

[45] Il s'agit de la quantité de maïs importée de la Tanzanie par le Gouvernement provincial.

Commentaire

- L'analyse du tableau ci-dessus révèle qu'en 2017, la production du maïs qui est la principale denrée alimentaire consommée par la population de la province du Haut-Katanga ainsi que la quantité de maïs importé de la Tanzanie par le Gouvernement provincial étaient évaluées à 228 225 tonnes contre un besoin total évalué à 858 171 tonnes soit un déficit de 629 946 tonnes.
- Il apparaît clairement que la quantité de la production locale ne couvrait pas le besoin total de consommation de la population de la Province du Haut-Katanga au cours de l'année 2017.

Tableau N° 23 : Situation agricole par territoire (2016)

Territoire	Spéculation	Unité de stockage et de conservation	Existence de village agricole	Unité de transformation
Pweto	Manioc, maïs, arachides, patates douces	Pas de dépôt/ Récolte progressive gardée dans les champs	non	1 Minoterie pour mouture de maïs grains
Kambove	Maïs, manioc, haricot	Pas de dépôt/ Récolte progressive gardée dans les champs	Village agricole de Kapolowe	Inexistant
Mitwaba	Manioc, maïs, haricot, arachide, patate douce	Pas de dépôt/ Récolte progressive gardée dans les champs	non	Inexistant
Kipushi	Maïs, manioc, haricot, arachide, patate douce,	Pas de dépôt/Récolte progressive gardée dans les champs	Village agricole à Baya et au village Mwaiseni	Inexistant
Kasenga	Manioc, maïs, riz, arachide	Pas de dépôt/Récolte progressive gardée dans les champs	Village agricole de Kasomeno	Inexistant
Sakania	Maïs, manioc, riz et soja	Dépôt privé appartenant à la société minière Frontier		Inexistant

Source : Tableau élaboré par nous-même sur base des données du rapport de la cellule de la primature de la RDC en charge d'analyse des indicateurs de développement (CAID) sur le plan de réponses à l'insécurité alimentaire pour la Province du Haut-Katanga de décembre 2016.

Commentaires :

L'analyse de ce tableau fait ressortir ce qui suit :

1. le maïs est cultivé dans tous les territoires ;
2. aucun territoire ne dispose de silos (dépôt) pour entreposer le surplus de sa récolte ;
3. le Gouvernement provincial n'a pas développé des villages agricoles dans les territoires de Pweto, Mitwaba et Sakania en 2016 ;
4. à l'exception du territoire de Pweto qui dispose d'une minoterie, aucun autre territoire composant la province du Haut-Katanga ne dispose d'unité de transformation.

b) Fermes agricoles

Les fermes agricoles étaient pendant longtemps une particularité de la société Gécamines qui dispose de plusieurs concessions dans la région. Aujourd'hui, ces concessions reprises dans le tableau 24 ci-dessus, sont exploitées par des tiers qui rétrocèdent une partie de leur récolte à la Gécamines à titre de métayage.

Tableau N°24 : Exploitation agricole de gecamines

Désignation	Localisation	Superficie totale de concession en hectare	Superficie aménagée (Hectare)	Superficie exploitée en 2018	Observations
Concession Mangombo	95 Km de Lubumbashi	9526 ha	2153 ha	1100	Partenariat Gécamines & Grand domaine du Katanga (GDK)
Kando-sud	+/-140 km de Likasi	5609 ha	1850 ha		métayage
Kando-Nord	+/-128 km de Likasi	2230 ha	630 ha		métayage
Kasonga	+/- 25 km de Kakanda	1570 ha	1200 ha		Un contentieux avec Swanepoel depuis 2010
Ferme Kibutu	Likasi	+ou-80 ha	-	Non exploitée	
Ferme Kampumpi	Likasi	20 ha	8 ha	Non exploitée	Dans la banlieue de Likasi
Ferme Mulungwishi	+/-25 km de Likasi	465 ha	208 ha		Bananeraie, étang, élevage de la volaille
Ferme Muninga	+/-15 km de Kolwezi	235 ha	235 ha		
Ferme kaniameshi	7 km de Kipushi				Occupée par des tiers
Ferme Mura	5 km de Kakontwe				Occupée par des tiers
Ferme Musokantanda	+/-50 km de Kolwezi				Occupée par des tiers

Source : Gécamines, 2017

Commentaires

Les concessions de Kando-Nord, Kando-sud, Muninga et Musokantanda sont localisées dans la province du Lualaba.

La totalité des concessions sont exploitées par les partenaires de Gécamines parce que Gécamines ne dispose plus d'engins nécessaires pour développer une culture directe. Notons cependant que Gécamines dispose d'une longue expérience en matière d'encadrement agricole des PME et des ménages intéressés par l'agriculture et l'élevage héritée de l'ex. CEPSE et de la société AGRIS.

Tableau N° 25 : Quelques fermes agricoles et grandes exploitations d'élevage.

Ferme	Localisation	Superficie	investisseurs
Ferme Hyperpsaro	Lubumbashi		Grec
Ferme Nazem	Lubumbashi		Congolais d'origine libanaise
Ferme Beijing	Lubumbashi		Congolais
Ferme Futuka	Territoire de Kipu-shi (route Kasenga)		Congolais
Ferme Terra	Territoire de Kipushi (route Kinsevere)	10 000 ha	Indo-canadien
Ferme Number one	Lubumbashi		Belge
Ferme Jambo Mart	Lubumbashi	20 000 ha	Pakistanais
Ferme Promagri	Lubumbashi		
Ferme Bakanja	Lubumbashi		
Ferme Kamasaka	Lubumbashi		
Ferme Jacarandas	Lubumbashi		
Ferme Espoir	Lubumbashi (route Kasumbalesa)		Congolais
Elkun	Kundelungu		
ONDE Mitwaba			
Mission Kipuisha			
Mission Orthodoxe			
Ferme Evangelatos	Kambove		
Ferme Salvatorien			
Go Congo	Kasenga et Kipushi	4 000 ha	Zimbabwe
Congo global Mishi Mining	Kambove	18 000 ha	Chinois
Tulimene bonse	Pweto	10 000 ha	Congolais/Sud-africain
Sukari	Lubumbashi	7 000 ha	Belge (Groupe Forrest)

Source : Ministère provincial de l'agriculture, 2016

Commentaire

Le potentiel de certaines fermes nécessite qu'on s'y attarde un peu :

- *La ferme terra*

Située à 85 Km à l'Est de Lubumbashi, précisément dans le territoire de Kasenga, la ferme Terra appartient à la société Africa milling et couvre une superficie de 10 000 hectares dont 5000 sont à Lubanda et les 5 000 autres à Katofio.

En date du 25 Juillet 2014[46], la société financière internationale (IFC) qui est une société du Groupe de la Banque mondiale avait octroyé un prêt de 18 millions de dollars américains à Terra et à Africa milling company Congo, pour les aider à agrandir leurs exploitations de maïs et moulin à maïs au Katanga. Il était prévu que Terra utilise le financement d'IFC pour agrandir l'exploitation de maïs de 1500 hectares à 5 000 hectares entre 2014 et 2017 et accroître la production de sa minoterie à 100 000 tonnes de farine de maïs par an. Parrainée par le Vinmart group en RDC et la structure kenyane Rai Group, la ferme Terra avait démarré ses opérations en 2007 et n'arrive pas encore, suite aux nombreuses contraintes techniques, à alimenter la minoterie Africa Milling Congo, construit sur la route Kinsevere et dont la capacité de traitement est de 336 tonnes par jour.

- *La ferme Fermil*

Située sur la route Kipushi à moins de 30 km de Lubumbashi, la ferme Fermil est surtout connue pour son élevage des bovins. Elle focalise son exploitation sur la production des yaourts et des saucisses.

- *La ferme number one*

La ferme Number One a une superficie totale de 10 000 ha et une capacité de production de 16 variétés de légumes. Elle est surtout connue pour son restaurant luxueux « Bush camp » situé au quartier Njanja (à Lubumbashi) et son cheptel de 600 porcs et 650 vaches.

- *La ferme beijing*

La ferme Beijing est située sur la route Kasenga à une trentaine de kilomètres de Lubumbashi. Site touristique très fréquenté par les

[46] Rapport de la société Africa Milling au Gouvernement provincial du Haut-Katanga, 2016

jeunes de Lubumbashi, elle est réputée pour sa production des œufs et pour sa pisciculture.

- *La ferme futuka*

La ferme Futuka est un grand centre d'attraction pour les activités récréatives. Elle est localisée sur la route Kasenga et on y cultive aussi du maïs de consommation humaine.

- *La ferme espoir*

Cette ferme située vers la route Kasumbalesa à une dizaine de kilomètres de Lubumbashi est beaucoup plus réputée pour son élevage de poussins. On y cultive aussi du maïs pour la consommation humaine.

4. Secteur agro-alimentaire

Le Haut-Katanga, l'une des 26 provinces de la RDC, connu pour ses énormes potentialités minières et agropastorales, dispose de 15 millions d'hectares de terres arables, de 5 millions d'hectares de pâturages et d'importants plans d'eau (+ de 5346 km^2/41,2 Km3 d'eau). En outre, il bénéficie d'un environnement éco-climatique favorable à l'agriculture, à la pêche et à l'élevage. En dépit de cet immense potentiel et du dynamisme de sa population, le Haut-Katanga ne produit pas assez pour couvrir ses besoins en denrées alimentaires de base, telles que le maïs, la farine de maïs, l'huile, la viande, les œufs, le poisson, [47]qu'il importe essentiellement des pays voisins ci-après la Zambie, le Zimbabwe, la République du Sud-africaine, la Namibie et la Tanzanie. Au vu de ses potentialités agro-pastorales décrites ci-haut, il y a lieu de s'interroger sur la cause de ces contreperformances. Toutefois, il convient de noter que la Province du Haut-Katanga dispose encore de quelques unités de production qui transforment des produits agricoles en denrées alimentaires destinées à la consommation humaine et animale.

La production de ces unités de production n'est pas significative et ne couvre pas les besoins toujours croissants de la population de cette province.

[47] Primature, cellule d'analyse des indicateurs de développement, 2016

Au nombre de ces unités de production, nous comptons : L'industrie brassicole, les minoteries et quelques fermes agro-industrielles.

a) Industries Brassicoles

Le secteur de l'industrie brassicole compte deux sociétés, la Brasimba et la Bralima qui produisent la bière et les boissons gazeuses.

La Brasserie Simba est la plus ancienne et semble être la mieux installée dans la Province du Haut-Katanga. Ci-après sa brève historique et sa présentation.

- *Historique de la brasimba*

L'initiative d'implantation de la brasserie Simba au Katanga alors Shaba remonte aux années 1923, période qui suivit la première guerre mondiale et qui s'est caractérisée par une crise économique notamment d'approvisionnement ; les difficultés de communication ont rendu aléatoire l'approvisionnement du Katanga à partir de l'Europe si bien que les Belges qui s'y sont installés ont connu beaucoup de difficultés pour s'approvisionner en bière venant de l'Europe. C'est ainsi qu'un groupe des gens voulurent remédier à cette situation en étudiant des possibilités de production d'une bière locale à Elisabethville, l'actuelle ville de Lubumbashi. Quelques mois suffirent pour enregistrer des résultats très satisfaisants, et c'est le lundi 24 avril 1922 qu'eut lieu la première dégustation de la bière.

Formellement, la Brasserie du Katanga fut constituée en société au capital de 350 000 FB le 08 Decembre 1923 devant Monsieur Cheyven, notaire à Bruxelles.

À la fin de l'année 1925, la bière SIMBA fut mise en fabrication sur le site de Lubumbashi ex-Elisabethville avec une capacité de 40.000 bouteilles par mois. La commercialisation des premières Simba fut lancée au début de 1926 et connut d'emblée un immense succès. Très rapidement il a fallu agrandir les installations et en 1931 une seconde brasserie fut mise en service à Likasi, ce qui portait la capacité d'embouteillage à 200.000 bouteilles par mois.

Après la grande crise des années 30 et la seconde guerre mondiale, les chiffres des ventes ne firent qu'augmenter et lors de la célébration du 25e anniversaire en 1950, le Directeur Général, Monsieur Paul

Alsteen, présent dans l'entreprise depuis 1925, annonça fièrement que la capacité de production de deux brasseries était de 1.250.000 bouteilles par mois soit 110.000 hectolitres de bière vendue par an.

À cette époque également, la Tembo et aussi la Mamba, une bière qui n'est plus commercialisée actuellement, étaient mises sur le marché et une limonaderie mise en service dans le dépôt d'Albertville, l'actuel Kalemie.

En octobre 1953, la brasserie de Kamina sortit son premier brassin suivi de celle de Kolwezi en 1957, et en 1960 la capacité totale de 3 sièges avoisinait les 500.000 hectolitres par an, l'accession du pays à son indépendance n'ayant pas ralenti les activités des Brasseries du Katanga.

Ce n'est qu'en 1991, à la suite des actes de pillages qui avaient touché l'usine de Likasi que, la Direction de la Brasimba prit la mesure de fermer les usines de Likasi, Kolwezi et Kamina.

En 1994, le Groupe Interbrew propriétaire de Brasimba, céda l'ensemble de ses participations dans ses brasseries au Zaire (actuellement RDC) au Groupe B.G.I. (Société des Brasseries et Glacières Internationales), Groupe appartenant à Monsieur Pierre Castel.

En 2007 après de longues années de restructuration du pays, la Brasimba reprit d'investir et racheta, auprès Bracongo, les usines de Tshilenge à Mbuji-Mayi et de Kananga à Kananga. Deux années plus tard, elle rouvrit l'usine de Kolwezi et procéda, en décembre 2012, à l'ouverture à Beni dans la province de Nord Kivu d'une usine ultramoderne de production des bières et boissons gazeuses desservant la partie Est de la RDC.[48]

❑ *Situation actuelle de la brasimba*

La Brasimba a son siège à Lubumbashi, elle comptait en 2017, 12 centres de distribution (CD) et trois (3) autres Succursales (sites de production) qui sont : Kolwezi, Mbuji-Mayi et Beni.

Filiale du Groupe Castel qui est leader dans l'industrie brassicole sur le marché francophone d'Afrique, elle produit des bières, des boissons gazeuses ainsi que de l'eau et vend également les vins français du groupe Castel. Cette société dont la capacité de production dépassait déjà 975 639 hectolitres de bières en 2014,

[48] www.brasimba.com

dispose d'un large réseau de distribution de ces boissons et employait en 2015, 870 agents en emplois directs et 570 en emplois intérimaires et une chaîne importante de revendeurs en détails.

Dans ses différents sites de production basés à Lubumbashi, Kolwezi, Mbuji mayi, Kananga et Beni, la Brasimba produit plusieurs marques de produits dont les bières (simba, tembo…), l'alcool mix (booster pina, booster whisky cola…) et les boissons gazeuses (djino, fresco et malta).

La Brasimba produit aussi des eaux minérales de marque cristal et des vins castels.

Aujourd'hui, la Brasimba comme la Bralima d'ailleurs, subit une forte concurrence des produits (bière et boissons gazeuses) venant de l'extérieur du pays et dont une grande partie entre de manière frauduleuse. Cette importation massive des boissons en provenance de l'étranger a une incidence très négative sur l'industrie brassicole de la Province du Haut-Katanga et peut accélérer, si on n'y prend pas garde, la faillite de cette industrie. Pareil scenario donnerait un coup de massue à l'économie de la province qui pourrait ne plus percevoir la taxe imposée sur chaque bouteille et qui verrait un personnel important composé essentiellement des jeunes réduits au chômage. Ces deux sociétés paient des prestations importantes d'électricité et d'eau, ainsi que d'autres impôts au gouvernement central (Impôt professionnel sur les rémunérations, impôt sur le bénéfice …). Le sponsoring que ces sociétés assurent aux activités culturelles et sportives dans cette province mérite d'être souligné. Faut-il rappeler que la Brasimba, par exemple, est un sponsor de premier ordre de l'équipe sportive Tout-puissant Mazembe dont la réputation a dépassé le cadre de la seule province du Haut-Katanga.

b) Les boulangeries

Contrairement au marché kinois, la population de Lubumbashi ne considère pas le pain comme leur aliment principal. La Province du Haut-Katanga compte quelques boulangeries dont la plupart sont localisées à Lubumbashi. Il s'agit, principalement, des boulangeries ci-après :

- Brioche,
- Quo vadis,
- Bon pain,

- Ouagadougou,
- Nazem,
- Hyper Psaro,
- Boulangerie Royal,
- Vanille chocolat …

Mais depuis quelque temps, il s'observe un changement progressif des habitudes alimentaires qui se traduit notamment par l'accroissement de la consommation du pain. Pour satisfaire cette demande latente, il s'observe de plus en plus une importation de pains de la Zambie via le poste frontalier de Kasumbalesa. Une fois de plus, le déficit en électricité ne favorise pas les entrepreneurs locaux à investir dans ce secteur.

c) Les biscuiteries

Dans ce domaine, seules les sociétés Relacom et VAP ont résisté à la concurrence malgré une production insuffisante à la demande de la province. Ainsi, il s'observe dans le commerce une forte présence des biscuits de différentes marques en provenance de l'extérieur du pays.

d) Les huileries

La Province du Haut-Katanga ne dispose plus d'huilerie opérationnelle, la production de palmeraie ainsi que celle de soja étant très réduite. Jadis, la province du Haut-Katanga disposait de deux huileries de référence, à savoir Amato frères et Huilerie du Congo qui étaient alimentées en matière première (noix de palme) à partir de la province du Maniema et du territoire de Kongolo situé dans l'actuelle province du Tanganyika. La dégradation actuelle des infrastructures routières et ferroviaires ne permet plus cet approvisionnement. Par ailleurs, la concurrence avec les autres huiles importées des pays asiatiques a eu une incidence sur l'accélération de la faillite de ces industries.

Signalons cependant que la minoterie de Gécamines basée à Likasi est dotée d'un module de production d'huile de table à base d'arachides, de soja ou de tournesol. Bien que sa capacité installée soit de 3900 tonnes par an, la difficulté liée à l'acquisition des matières premières ne permet pas à cette minoterie de Gécamines /Likasi de produire cette huile de table.

e) Les minoteries

La province du Haut-Katanga dispose de quelques minoteries destinées à la transformation de maïs grains en farine de maïs, principal aliment dans la région. La plus ancienne chaîne de minoteries appartient à la société Gécamines.

❑ *Présentation et bref historique des minoteries de Gécamines*

Les états des lieux du Département des minoteries de Gécamines établis en 2017 renseignent que c'est en 1927 sous l'initiative de l'Union Minière du Haut-Katanga (UMHK) que le syndicat des minoteries, fut créé et deviendra deux ans plus tard, donc en 1929, une société congolaise à responsabilité limitée dénommée Minoterie du Katanga (MINOKA) et c'est au cours de la même année que furent mises en marche les premières installations. (Gécamines, 218)

À la faveur de la zaïrianisation, cette société fut cédée à l'Office National des céréales (ONACER en sigle) en 1974. Après la dissolution de l'ONACER, la Gécamines reprit la gestion de cette entreprise en 1975 et confia, au cours de la même année, un vaste programme de culture au Centre d'exécution des programmes sociaux et économique (CEPSE) pour alimenter ses minoteries.

C'est par souci de détacher de Gécamines toutes les activités ne cadrant pas avec son objet social que le gouvernement congolais créa en 1983, l'agro-industriel du Shaba (AGRIS), fusion de l'ex. MINOKA et de l'ex. Programme CEPSE. L'agro-industriel du Shaba n'a vécu qu'un an, car en novembre 1984, fut créée, par ordonnance loi n° 84/224 du 02 Novembre 1984. La société Gécamines-Développement, l'une des trois filiales de la Gécamines, créée à la même date par l'ordonnance présidentielle n°84-221. En 1996, par la note de service n°52/96/PDG/26/96, la Gécamines développement était dissoute et transformée en Direction Agro-industrielle de la Gécamines. Trois années plus tard, sur décision du Conseil d'administration de Gécamines prise le 08/04/1999, la Direction agro-industrielle fut scindée en deux départements, à savoir le département agro-pastoral essentiellement centré sur l'agriculture et l'élevage, et le département des minoteries, les deux départements faisant désormais partie d'une nouvelle direction créée à cet effet, dénommée Direction des centres de profits[49].

Le département de minoteries dispose de trois minoteries dont deux sont localisées dans la Province du Haut-Katanga plus précisément à Lubumbashi et à Likasi. Mais faute d'alimentation en matière première, les minoteries de Gécamines qui avaient pour mission de produire du maïs pour ses travailleurs ne remplissaient plus leur mission première.

L'option prise par les autorités d'acquérir directement la farine de maïs auprès des tiers et de ne pas allouer un fonds de roulement suffisant pour les minoteries de Gécamines a aussi influencé la contreperformance de ces unités de production.

N'étant plus utilisées à leur pleine capacité, ces minoteries sont devenues vétustes et devraient être renouvelées. Aussi, l'essentiel du personnel expérimenté pour l'exploitation de ces minoteries a été soit permuté dans les autres services de la Gécamines, soit parti à la retraite. Un renouvellement du personnel est donc nécessaire.

Tableau N°26 : Capacité des minoteries de gecamines pour la production de la farine de maïs

Designation de produits	Minoterie de Kakontwe (Likasi)	Minoterie de Lubumbashi	Minoterie de Kolwezi	Total /Jour	Total/An
Capacité installée	250 T/Jour	250 T/Jour	100 T/Jour	600 T/jour	180.000T
Capacité actuelle	135 T/Jour	125 T/Jour	100 T/Jour	360/Jour	108.000 T

Source : Rapport de Gécamines, 2018

À elles seules, les minoteries de Gécamines ne sont pas en mesure de couvrir la totalité des besoins en farine de maïs de l'hinterland minier du Katanga évaluée à plus de 600 000 tonnes par an.

[49] Rapport du Département des minoteries de Gécamines, 2018

Toutefois, si elles étaient approvisionnées en maïs, leur production pourra contribuer à atténuer le déficit en farine de maïs dans la région et permettre à l'État d'épargner les sorties des devises.

Tableau N° 27 : Capacité des minoteries de Gécamines pour la production de la farine de manioc

Désignation de produits	Minoterie de Kakontwe (Likasi)	Minoterie de Lubumbashi	Minoterie de Kolwezi	Total /Jour	Total/ An
Capacité installée	50T/j	50T/J	0	100T/J	30 000 T
Capacité actuelle	50 T/J	50T/J	0	100T/J	30 000 T

Source : Rapport Gécamines, 2018

Tableau n° 28 : Capacité des minoteries de gecamines pour la production des produits de provenderie

Désignation de produits	Minoterie de Kakontwe (Likasi)	Minoterie de Lubumbashi	Minoterie de Kolwezi	Total /Jour	Total/An
Capacité installée	45T/j	0	0	45T/j	9000 T
Capacité actuelle	45 T/J	0	0	45T/j	4500 T

Source : rapport Gécamines, 2018

La capacité de production actuelle des unités de production des aliments pour bétails et volaille est réduite du double au simple de la capacité installée. Ces unités ne sont plus approvisionnées en input suite à la baisse de production de produit principal à savoir le maïs grain par les minoteries. Les éleveurs sont donc appelés à s'approvisionner en Zambie. L'unité de production des aliments pour bétails encore fonctionnelle qui existe au sein de la ferme Espoir n'est pas en mesure de couvrir toute la demande de la province.

Tableau N°29 : Capacité de stockage des minoteries de Gécamines

Désignation	Minoterie de Kakontwe (Likasi)	Minoterie de Lubumbashi	Minoterie de Kolwezi	Total/An
Silos	4000 T	0	0	4000 T
Aires (en vrac)	10300 T	4700 T	0	15000 T
Aires (en sacs)	1500 T	8000 T	3500 T	13000 T
TOTAL	15800 T	12700 T	3500 T	32000 T

Source : rapport Gécamines, 2018

❑ *Les autres minoteries*

La Province du Haut-Katanga dispose aussi d'une grande minoterie moderne et neuve, propriété de la société Africa milling. Cette minoterie est localisée à 20 kms de la ville de Lubumbashi vers le site de Kinsevere dans le quartier Kimbeimbe. La capacité de production de cette minoterie est de 336 Tonnes de farine de maïs par jour et sa capacité de stockage est de 36000 tonnes. Elle dispose d'un effectif minimal de 94 agents. Cette minoterie moderne dont la construction a été cofinancée par la Banque mondiale à travers sa filiale Société financière internationale (SFI) connaît, pour son fonctionnement, des difficultés au nombre desquelles, nous pouvons citer :

- le non-raccordement au réseau d'électricité par la société nationale d'électricité ;
- la faible alimentation en matière première (maïs) suite à la sous-production de maïs dans la région ;
- les difficultés d'accéder aux différents sites de production de maïs suite à la mauvaise qualité des routes de desserte agricole et à la baisse du trafic des réseaux ferroviaires ;
- la multiplicité des taxes et impôts qui ne tiennent pas compte de son niveau réel d'exploitation actuelle ;

Par ailleurs, la province compte aussi d'autres minoteries de moyenne envergure dont les plus en vue sont :

- les minoteries Mukalay et frères
- les minoteries Jambo Mart
- les minoteries Twiga,
- les minoteries Mashamba,
- les minoteries Kifita, etc.

5. Secteur de la pêche

Les territoires de la province du Haut-Katanga sont irrigués par d'importants cours d'eaux qui non seulement constituent des sources potentielles d'énergie mais aussi des réserves importantes de poissons pour la consommation humaine.

La pêche qui est pratiquée dans ces différents courants d'eaux est de type artisanal, et est plus concentrée à Kasenga autour des lacs Moero, Luvua, Kapolowe et le long du fleuve Congo ainsi que dans les grandes rivières telles que Luapula, Lofoï et Lufira.

La pisciculture, parfois exercée comme activité de loisir, commence aussi à avoir de l'ampleur surtout autour des grands centres urbains. L'aquaculture repose principalement sur la pisciculture de l'espèce tilapia produit pour le besoin familial de subsistance. Mais la pratique de la pêche dans le Haut-Katanga se bute à certains obstacles, comme :

- le manque d'équipement adéquat pour une pêche professionnelle ou industrielle ;
- l'absence de financement destiné à la promotion de la pêche ;
- la mauvaise gestion de l'écosystème par les différentes parties prenantes ;
- le non-respect du calendrier de pêche par les paysans ;
- l'utilisation des filets à maille prohibée (moustiquaires);
- l'utilisation des substances nocives aux espèces de poissons qui freinent la perpétuation des espèces ;
- un mauvais encadrement de ce secteur par le gouvernement qui ne favorise pas la création des activités alternatives pouvant occuper les pêcheurs pendant les périodes de fermeture ;

- le manque de culture de travailler en association (coopérative) dans le chef des paysans ;
- le manque de développement de technologie de conservation des poissons ;
- la sous-électrification des villages qui ne favorise pas la conservation des poissons ;
- l'abandon de ce secteur par les jeunes et les femmes au profit de l'exploitation minière artisanale ;
- l'absence des statistiques fiables et des informations adéquates permettant de fixer les orientations stratégiques pertinentes dans ce secteur ;
- l'absence d'enquête de base au démarrage des différents programmes et projets mis en œuvre dans le cadre de la pêche;
- la défaillance ou inexistence de mécanisme de coordination et de suivi interne des projets et programmes impliqués dans ce secteur ;
- la déficience des services conseils aux « petits » pêcheurs ;
- l'insuffisance d'alevins certifiés dans la province ;
- l'inexistence d'un plan directeur du développement aquacole ;
- le mauvais état des voies d'évacuation secondaires et approvisionnement en intrants et produits aquacoles ;
- le délabrement des centres d'adaptation des semences et géniteurs améliorés
- le manque de professionnalisation de ce secteur etc.

6. *Secteur de l'énergie*

a) Potentiel énergétique de la rdc

Selon la Société nationale d'électricité (SNEL en sigle), le potentiel énergétique de la République Démocratique du Congo est essentiellement constitué d'importantes ressources hydroélectriques estimées à plus de 100 000 MW. Il existe à travers la République Démocratique du Congo d'importants sites hydroélectriques non encore exploités même si le pourcentage de la population totale ayant l'accès à l'électricité en RDC était évalué à 17.1% en 2016[50] . Le tableau ci-après reprend ces principaux sites :

[50] Africa energy data book, edition 2018, page 84

Tableau N° 30 : Sites Hydro-électriques de la RDC non encore exploites

	DÉSIGNATION	CAPACITÉ	OBSERVATIONS
1	Grand Inga	42 089 MW	
2	Mumbotuta CX :	300 MW	
3	Kalengwe	300 MW	
4	Ruanie Rukula :	204 MW	
5	Nzilo 2 :	120 MW	
6	Busanga	240 MW	Projet en construction/ partenariat avec les privés
7	Mambilima II :	201 MW	Projet en développement /partenariat RDC- Zambie
8	Kyubo	55 MW	Projet en développement / partenariat avec SINOHYDRO
9	Centrale thermique de Luena	270 MW	Projet en construction à Luena (Gécamines) sur base du charbon
10	Katende	64 MW	
11	Semuliki	72 MW	
12	Kakobola	9 MW	
13	Ivugha	2.5 MW	Kongolo
14	Portes d'enfer	36 MW	
15	Sombwe	186 MW	
16	Kyimbi II	25.8 MW	
17	Piana Mwanga II	8.4 MW	Manono
18	Inga IV	1500 MW	
19	Mambilima I	124 MW	
20	Mambilima V	418 MW	
21	Mambilima CX	300 MW	
22	Kimimbi/Fuka	153 MW	
23	Tshikapa	64-128 MW	
24	Kamanyola	240-390 MW	
25	Lukenie	3 MW	
26	Mobayi II	17.5 MW	
27	Nepoko	134 MW	
28	Kisangani	460 MW	
29	Sisi	205 MW	

30	Mwenga	9.5 MW	
31	Kiliba	15 MW	
32	Mwana ngoye	46 MW	
33	Muhuma	25 MW	
34	Mugomba	40 Mw	
35	Panzi	42 MW	
36	Matadi	12000 MW	
37	Pioka	22000 MW	
38	Bengamisa	15 MW	
39	Babeba	20-50 MW	
40	Wagenia	20-50 MW	
41	Kitona	12 MW	
42	Bamba	12 MW	
43	Ruki	5.3 MW	
44	Lepudungu	3 MW	
45	Ruwenzori I	6 MW	
46	Ruwenzori II	6 MW	
47	Kisalala	7.5 MW	
48	Rutshuru	4 MW	
49	Ngingwe	3 MW	
50	Binza	5 MW	
51	Osso	3 MW	
52	Kamimbi	14 MW	
53	Kibombo	13 MW	
54	Kitete	21 MW	
55	Delporte	5 MW	
56	Tshilomba	3 MW	
57	Lubilanji II bis	4.2 MW	
58	Tshala II	12 MW	
59	Katende bombo	10 MW	
60	Nzilo II	120 MW	

Source : Société nationale d'électricité, 2017

Plus de 40 % du potentiel en énergie électrique de la RDC, sont concentrés au seul site d'Inga situé à 150 km de l'embouchure du fleuve Congo.

Cette puissance disponible à Inga est garantie toute l'année en raison du débit important du fleuve Congo (42.000 m3) et de sa régularité, le bassin versant du fleuve étant situé à cheval sur l'équateur.

La série des rapides rencontrés au site d'Inga fait de celui-ci le plus important gisement mondial d'énergie hydroélectrique concentrée en un même point.

Son faible coût de production demeure son véritable atout[51] .

b) Situation actuelle

Actuellement, à peine 2% du potentiel électrique de la RDC est exploité. Les principales centrales hydroélectriques existantes en République Démocratique du Congo sont les suivantes :

Tableau 31 : Principaux sites Hydro-Electriques de la rdc opérationnels

Désignation	Capacité	Année de mise en service
Inga I	351 MW	1972
Inga II :	1424 MW	1982
Zongo I :	75 MW	1955
Zongo 2 :	150 MW	2018
Nseke :	248 MW	1957
Nzilo :	108 MW	1953
Ruzizi 1 :	28.2 MW	
Mwadingusha	68 MW	1930
Tshopo :	18 MW	
Bendera :	18 MW	
Koni	42 MW	1950
TOTAL	**2 530.2 MW**	

Source : Société nationale d'électricité, 2017

[51] Rapport de la Direction générale de la Société nationale d'électricité, 2016

Commentaires :

La capacité actuelle des unités de production d'énergie en RDC est estimée à 2530.2 MW. L'essentiel de l'énergie si pas la totalité de l'énergie étant produite par des centrales hydro-électriques.

La plupart de ces centrales ont été construites il y a plus de 40 ans. La vétusté qui en découle est à la base des pannes intempestives. Par ailleurs, l'accroissement de l'activité économique surtout dans l'arc cuprifère du Katanga exerce une pression sur l'offre qui ne parvient plus à satisfaire la demande.

Le déficit en énergie électrique de la RDC est estimé à 2500 MW dont près de 1000 MW pour la seule région minière du Katanga[52].

Selon la même source, l'environnement macro-économique et politique peu favorable des années 90 doublé de la crise financière internationale n'a pas permis à la SNEL de réaliser des investissements permettant de maintenir son outil de production et étendre son champ de desserte. Cette situation a conduit à l'arrêt de près de la moitié des groupes du parc de production, à la vétusté et la surcharge des équipements, empêchant du coup le raccordement de nouveaux abonnés et la fourniture d'une énergie de bonne qualité.

Cela étant, les projets prévus dans le plan directeur d'électrification à l'horizon 2015 ont connu un retard important en termes de réalisation. La SNEL enregistre aujourd'hui un déficit énergétique important face à une demande d'électrification sans cesse croissante dans le pays.

Pour lutter contre la surcharge des équipements et gérer une demande d'électricité de plus en plus croissante, la SNEL applique un programme de gestion de charges caractérisées par la pratique du « délestage ».

Dans le souci de réduire la charge des équipements électriques, la SNEL a :

- développé un programme d'incitation des consommateurs résidentiels et commerciaux d'énergie à l'utilisation des lampes à faible consommation. Une étude menée à cet effet au sein de SNEL a évalué une économie réalisable d'environ 110 MW ;

---

[52] Société nationale d'électricité, 2018

- lancé depuis décembre 2009, un projet pilote de placement des compteurs à prépaiement. Le projet est en cours et la SNEL entend étendre ce projet à tous ses consommateurs résidentiels et commerciaux sur toute l'étendue du territoire national, prioritairement dans les grandes villes du pays.[53]

L'ex-province minière du Katanga riche en cuivre ne reçoit qu'environ la moitié de l'énergie dont elle a besoin de la part du réseau national, obligeant ainsi les opérateurs à s'appuyer sur des générateurs ou des importations coûteuses, habituellement en provenance de la Zambie voisine.

c) Situation de l'énergie dans la province du haut-katanga

La province du Haut-Katanga a hérité du colonisateur des infrastructures de production de l'énergie électrique qui fonctionnaient parfaitement bien. Faute de politique rationnelle de maintenance, la plupart de ces infrastructures sont amorties et nécessitent un renouvellement.

La contreperformance de ces infrastructures et le manque d'investissement occasionne un déficit en fourniture d'énergie électrique qui affecte le taux d'activité des différentes unités de production installées dans la province du Katanga.

---

[53] Société nationalité d'électricité, 2017

Tableau N° 32 : Situation des infrastructures de production d'énergie dans le Haut-Katanga

Barrage hydro-électrique	Localisation		Capacité installée	Capacité actuelle	Observations
	Territoire	Localité			
Barrage hydro-électrique de Koni	Kambove	Mwadingusha	42.1 MW	28 MW	En service
Barrage hydro-électrique de Mitwaba	Mitwaba	Mitwaba	0.3 MW	0.3 MW	En service
Barrage hydro-électrique de Mwandingusha	Kambove	Mwandin-gusha	68 MW	36 MW	En service
Sources thermiques	Kasenga	Kasenga	0.2 MW	0.2 MW	En service

Source : Rapport sur l'état des lieux de la province du Haut-Katanga présenté à la conférence des Gouverneurs, juin 2016

Tableau n°33 : Les projets d'énergie en développement dans la province du Haut-Katanga

NOM	CAPACITE/POTENTIEL	OBSERVATIONS
Barrage Luapula	350 MW/750 MW	350 MW pour la RDC et 400 MW pour la Zambie
Kipay	125 MW	Sur la rivière Lufira
Kyubo	55 MW	En développement par SINOHYDRO

Source : SNEL, 2017

La province du Haut-Katanga dispose de plusieurs sites non encore exploités pouvant abriter les barrages hydro-électriques. Il s'agit notamment, des rapides de la Luvua (Pweto) à Kiambi (chute

Paulsen), les chutes de Lofoï, chute de Kyubo sur la Lufira au Sud de Kansenia.

Malheureusement, l'illusion des possibilités offertes par le courant d'Inga, a empêché la mise en valeur de ces réserves hydro-électriques et l'installation des mini-centrales appelées à résoudre des problèmes de fourniture d'électricité sur l'étendue de la province.

7. Secteur des infrastructures routières

À l'instar des infrastructures de production d'énergie, la province du Haut-Katanga dispose d'un nombre relativement important d'infrastructures routières et ferroviaires héritées de la colonisation. Ces infrastructures sont, pour la plupart, vétustes et donc nécessitent une réhabilitation. Conçues, construites et formatées dans un seul objectif de faciliter l'exportation des matières premières vers l'extérieur, ces réseaux routiers et ferroviaires ne répondent pas au besoin d'intégration de l'économie de la province.

À propos, le plan de réponse à l'insécurité alimentaire pour la province du Haut-Katanga élaboré en Décembre 2016 sous l'égide de la cellule d'analyse des indicateurs de développement de la Primature de la RDC, relève qu'au 30 Juin 2016, l'état des lieux des infrastructures routières d'intérêt général de la province du Katanga indiquait que 52% des infrastructures étaient en mauvais état, 4 % en moyen état avec des points chauds, 12 % en moyen état et 32 % en mauvais état. Les routes de dessertes agricoles d'une longueur de 1190 km, quant à elles, étaient à plus de 80 % en mauvais état, causant des grosses difficultés à évacuer les produits agricoles des centres de production aux centres de consommation.

Comme dit ci-dessus, la longueur totale du réseau routier de dessertes agricoles de la province du Haut-Katanga est de 1190 km. En 2016, 80% de ce réseau routier étaient en mauvais état [54]. Cette situation n'a pas connu une amélioration conséquente. La mauvaise qualité de routes paralyse tout effort de développement agricole dans la province parce qu'elle est à la base des difficultés de circulation des produits agricoles.

[54] Primature, cellule d'indicateurs de développement de la RDC, 2016

Les territoires de Mitwaba et de Pweto par exemple sont totalement enclavés pendant la saison de pluie. Tout acheminement des marchandises vers ces territoires coûte énormément cher parce que les transporteurs redoutent le risque d'endommager leurs véhicules. Il en est de même de toute évacuation des produits agricoles de ces territoires vers les centres urbains à grande consommation.

Tableau N° 34 : Situation des infrastructures routières de la province du Haut-Katanga 2017

Territoire		Routes nationales			Routes provinciales		
		Total	**bon état**	**mauvais état**	**total**	**bon état**	**mauvais état**
Sakania	Km	96	69	27	110	0	110
Kipushi	Km	150	147,5	2,5	1022	0	1022
Kasenga	Km	140	64	76	155	0	155
Kambove	Km	118,5	118,5	0	194	25	169
Mitwaba	Km	0	0	0	471	0	471
Pweto	Km	312	122	190	419	0	419
		816,5			**2371**		

Source : ministère provincial des infrastructures, 2017

Tableau n°35 : Réseau routier prioritaire de desserte agricole/Province du Haut-Katanga

Territoire	Secteurs	Axes routiers	Long (km)	Metre Lineaire des ponts (m)	Nombre des ponts	Jonctions
Kambove	Basanga	Mulungwishi-Matafu	15	9	1	RN1
	Lufira	Kiembe-Mangombo-Mulandi	53	32	3	RN1
	Source du fleuve Congo	Ditengwa-Kilela balanda-Source du fleuve Congo	90	25	3	RN1
	Sous-total		**158**	**66**	**7**	
Kipushi	Bukanda	Route KasengaPK41-Kinama	93	56	6	RN1
	Kaponda	L'shi-Kambikila-Musoshi	76	46	5	RN1
		Luwowoshi-Shindaika-Kibanda-Kinama	50	10	1	RN1
	Sous-total		**219**	**112**	**12**	
Kasenga	Kafira	Minga-Kienge-Lukafu	90	54	5	RP618
	Bakunda	Nsange-Mfuta	70	42	4	RP5
	Luapula	Mukupa-Kashobwe	45	27	3	RP618
	Sous-total		**205**	**123**	**12**	
Pweto	Moero	Kyankalamu-Kabangu	45	27	3	RP618
	Pweto	Kabele-Kasama-Mwenge	40	24	2	RN5
	Kyona Nzini	Dubie-Kisele	80	48	5	RP623
	Sous-total		**165**	**99**	**10**	

Mitwaba	Balomotwa	Mukana-Sampwe-kasongani	102	61	6	RP617
	Bamueshi	Gare Karera-Nkafwa-Mukabe Kazari	100	60	6	RP617
	Kyona Nzini	Mitwaba-Kisele-Lim Manono	96	58	6	RP617
	Sous-total		**298**	**179**	**18**	
Sakania	Balamba	Kasumbalesa-Muluashi	50	30	3	RN1
	Balala	Sakania-Kipusha-Ngaye	60	36	4	RP621
		Kipusha-Kabunda-Ngaye	35	21	2	RP622
	Sous-total		**145**	**87**	**9**	
	Total général		**1190**	**666**	**68**	

Source : Cellule d'analyse des indicateurs de développement (primature de la RDC, 2016)

Tableau N°36 : Situation de la voirie

VILLE	Longueur totale des voiries existantes (km)	Route revêtue à fin 2017	Routes rechargées en tout venant et latérite à fin 2017
Lubumbashi	950.35	295.59	654.76
Likasi	140.80	68.38	72.42
Kipushi	28.59	8.88	19.71
	1119.74	**372.85**	**746.89**

Source : Ministère provincial des infrastructures, 2017

En 2017, sur l'ensemble de la voirie estimée à 1119 km, près de 33% des routes sont revêtues. 67 % des routes restantes ne sont pas revêtues. Toutefois, il convient de noter que les routes revêtues ne sont pas toutes en bon état. Bien qu'il faille reconnaître des efforts fournis par la province pour réhabiliter la voirie sur toute l'étendue de la province, l'on note cependant que le manque d'entretien régulier ainsi que le faible niveau de canalisation sont à la base de la destruction de la voirie. Aussi, dans les villes de Lubumbashi, Likasi et Kasumbalesa, l'abondance de trafic de trucks long courrier qui transportent des produits miniers sans respecter le tonnage requis selon les normes de la voirie contribue significativement à la dégradation rapide de la voirie.

8. Secteur des infrastructures ferroviaires

a) Situation générale

Sans les chemins de fer, le Congo ne vaut pas un penny, cette « prophétie » de Henry Morton Stanley reste encore valable aujourd'hui. Au vu de la superficie de la province du Haut-Katanga qui est de 131.443 km² soit respectivement 4 fois plus vaste que la Belgique et 5 fois plus vaste que le Ruanda, une quelconque intégration économique réussie requiert que la province dispose des moyens de transport moins coûteux et capables de transporter des cargaisons importantes et dans les meilleures conditions. La voie ferrée s'est présentée donc comme un moyen indiqué pour faire face à ce défi. Dans le Katanga, la question des chemins de fer est liée à celle de la Société Nationale des chemins de fer du Congo (SNCC en sigle) qui est une société issue de la fusion de la société de chemins de fer du Katanga-Dilolo-Léopoldville (KDL en sigle) et de la Compagnie des chemins de fer du Bas Congo au Katanga (BCK en sigle). La SNCC était considérée pendant longtemps comme l'épine dorsale de l'économie du Katanga et de la République Démocratique du Congo. Son fonctionnement était étroitement lié à celui de l'Union Minière du Haut-Katanga, Gécamines actuellement, parce que principalement conçu pour faciliter l'exportation des produits miniers extraits dans les mines du Katanga vers l'extérieur.

L'histoire des chemins de fer du Congo à la partie Est et Sud tire son origine de compagnie du chemin de fer du Katanga (CFK). Cette compagnie fut créée le 11 mars 1902 par Robert Williams en partenariat avec l'État Indépendant du Katanga. Cet homme d'affaires écossais était également le fondateur de l'Union minière (UM) qui entama l'exploitation de la province par la création de l'Etoile du Congo, première mine du cuivre au Katanga, la mine de Kambove et la fonderie d'Elisabethville. [55]

La Compagnie de chemins de fer du Katanga reliait Bukama (sur le Lualaba) à la frontière de la Rhodésie (Sakania). En 1952, elle fusionna avec la société de chemins de fer Léopoldville-Katanga-Dilolo pour constituer la Compagnie de chemins de fer du Katanga-Dilolo-Léopoldville (KDL).56

La société nationale des chemins de fer du Congo (SNCC en sigle) dans sa forme actuelle a vu le jour en 1997 et cela après plusieurs mutations. Elle est active essentiellement dans la partie Est et Sud de la République Démocratique du Congo.

Le déclin de la SNCC a débuté vers les années 1986 avec la chute vertigineuse de la production de l'industrie minière du Katanga combinée à la vétusté des infrastructures ferroviaires. En 2007, devant la situation de crise de la SNCC, le Gouvernement décida d'opter pour la stabilisation des activités de celle-ci au travers d'une mission d'assistance technique de 24 mois dévolue à un consultant international recruté avec l'accompagnement de la Banque mondiale.

---

[55] Jules Marchal,1999

[56] www.wikipedia.org/wiki/compagnie de fer du Katanga

b) Initiative pour le redressement de chemins de fer

La feuille de route du Gouvernement de la RDC prévoyait la relance des activités de la société nationale des chemins de fer du Congo en trois étapes :

(i) La première étape (Mission de Stabilisation), d'une durée initiale de deux ans, consistait à éviter la cessation des activités de la SNCC à la suite de la chute de continuation de sa production ; à élaborer un plan de redressement quinquennal de l'entreprise, à mobiliser les fonds nécessaires, et à mettre en œuvre la première phase du plan de départ à la retraite. Cette mission a été confiée à l'Opérateur ferroviaire privé nommé Vecturis S.A., après un appel d'offres international ouvert financé par la Banque mondiale ;

(ii) La deuxième étape (Mission de Stabilisation Renforcée), d'une durée initiale de cinq ans, consistait à poursuivre le processus de transformation de l'entreprise en société commerciale et de l'assainissement de son cadre social, à mettre en place une politique dynamique de gestion des ressources humaines, à mettre en œuvre le programme d'investissements d'urgence prévu dans le cadre du Projet de Transport Multimodal (PTM) financé par la Banque mondiale, et à restaurer la capacité de transport de la SNCC afin de lui permettre d'atteindre l'équilibre, en vue de couvrir ses charges d'exploitation grâce à ses recettes propres. Cette mission a été confiée, par avenant, à l'opérateur ferroviaire Vecturis S.A ;

(iii) La troisième étape consistait à la mise en place d'un schéma d'association du secteur privé à l'organisation d'un service public, telle que la concession et l'affermage, ce type de formule nécessitant un cadre juridique et institutionnel propice aux investissements à long terme.

c) Le projet de transport multimodal

❑ *Présentation succincte du projet*

Le projet de Transport multimodal est un projet qui a commencé son cycle le 29 mars 2007 avec un premier financement pour la préparation du projet, suivi de deux autres financements.

Un des objectifs de développement du projet PTM consistait à **rétablir la viabilité opérationnelle et financière de la SNCC** avant la clôture du projet qui était fixé au 30 juin 2018.

Dans le cadre du Projet de Transport Multimodal (PTM) le Gouvernement de la République, avec le concours de la Banque mondiale a investi des ressources importantes pour le plan de redressement de la SNCC. Le montant total de ce plan, à l'origine, s'élevait à 617 millions de dollars américains sur une période de 5 ans, en ce compris la production interne de la SNCC et les taxes et droits de douane. Deux sources de financement avaient été identifiées, à savoir : le Gouvernement pour 373 millions US$ (60%) et la Banque mondiale pour 244 millions US $ (40%).[57]

Le rapport d'achèvement du projet (PTM) indique que selon le planning initial, la trésorerie d'exploitation devait atteindre l'équilibre en 2013 avec la mobilisation immédiate des 200 millions USD des fonds chinois. Malheureusement ces fonds chinois n'avaient pas pu être mobilisés. En conséquence, le projet avait été redimensionné à l'occasion de la négociation du financement additionnel avec la Banque mondiale.

Au-delà de la dénomination de Projet de Transport Multimodal, 85,82% de son premier financement était dédié uniquement au programme de redressement de la SNCC, programme qui était exécuté par la Cellule d'Exécution du Projet de Transport Multimodal (CEPTM en sigle). La relance de la SNCC prise en charge par l'Unité de Projet basée à Lubumbashi « UPL » était hautement concernée par cette réforme. Cette unité faisait partie intégrante du Projet de Transport Multimodal (PTM) qui est une des composantes de la cellule d'exécution de projet de transport multimodal (CEPTM).

Dans le cadre du plan de relance de la SNCC, l'Unité de Projet basée à Lubumbashi avait la charge d'assurer l'acquisition de l'ensemble de la logistique en termes d'études, de fournitures de consommables, des équipements, du matériel roulant ainsi que des travaux pour la SNCC. Quant à la mise en œuvre des travaux, notamment de la voie, et la réhabilitation du matériel roulant, elle était réalisée par la SNCC qui était sous l'emprise d'un contrat d'assistance technique assuré par l'opérateur privé Vecturis.

[57] Rapport d'achèvement du projet présenté par la cellule d'exécution de projet de transport multimodal, novembre 2018

Ce dernier, recruté par appel d'offre international selon les procédures de la Banque mondiale, était chargé d'appuyer techniquement la gestion de l'entreprise dans le cadre de la stabilisation renforcée des activités opérationnelles de la SNCC. Le contrat de Vecturis était suivi et évalué périodiquement par le Comité de Pilotage de la Réforme des Entreprises du Portefeuille de l'État « COPIREP en sigle »

Les activités de l'Unité de Projet basée à Lubumbashi (UPL) en tant qu'agence fiduciaire financée par la Banque mondiale à la SNCC couvraient trois axes principaux :

- La mise en œuvre des plans sociaux,
- Le financement des coûts opérationnels,
- Le financement des investissements.

La part allouée à la SNCC dans le Projet de transport multimodal était structurée comme suit :

Tableau n° 37 : Répartition du financement du programme de redressement de la SNCC redimensionne (par source de financement)

RUBRIQUE	MONTANT (en dollars américains)
Gouvernement de la RDC	111.596.000
Banque mondiale	378.850.000
SNCC	2000.000
FED	7.080.747
TOTAL	**499.526.747**

Source : Rapport d'achèvement du projet présenté par la cellule d'exécution de projet de transport multimodal, novembre 2018, page 45

Par rapport aux engagements pris lors du financement additionnel, la Banque mondiale avait disponibilisé la totalité des fonds promis (378 850 000 USD) alors que le Gouvernement n'avait apporté que 111 596 000 USD sur les 280 millions promis.

Tableau n° 38 : Répartition finale du financement de la Banque Mondiale à la SNCC

RUBRIQUE	MONTANT en dollars américains
Investissements	148.576.883,15
Coûts opérationnels	127.667.753
Plans sociaux	50.966.251
Consultants	4.370.834
Total	**331.581.721.15**

Source : Rapport d'achèvement du projet présenté par la cellule d'exécution de projet de transport multimodal, novembre 2018, page 45

Tableau n°39 : Repartition du financement du Gouvernement par activité à la SNCC

RUBRIQUE	MONTANT (en millions de dollars américains)
Acquisition de 20 locomotives	33,966
Fournitures des hydrocarbures	12,0
Acquisition en cours des voitures voyageurs	9,6
Achat de 8 locomotives réhabilitées	9,03
Réhabilitation des unités navigantes de Kindu	2,0
Réhabilitation du trafic ferroviaire sur l'axe Kisangani-Ubundu	1,3
Réhabilitation des dépôts diesels	2,7
Paiement 12 mois d'arriérés des salaires pour acquéreurs de maisons	5,0
Autres activités (appui à la paie et autres)	11,0
Exonération des droits d'importation des matériels et équipements	25,0
Total	**111,596**

Source : Rapport d'achèvement du projet présenté par la cellule d'exécution de projet de transport multimodal, novembre 2018, page 46

Tableau n° 40 : Répartition par activité sur fonds propres de la SNCC

Rubrique	Montant (en millions de dollars américains)
Acquisition et implantation en cours de 3 progiciels (paie, approvisionnement et facturation)	1
Autres activités	1
Total	2

Source : Rapport d'achèvement du projet présenté par la cellule d'exécution de projet de transport multimodal, novembre 2018, page 46

❑ *Les succès phares du projet de transport multimodal*

Le rapport d'achèvement du projet (PTM) de novembre 2018 indique que le projet de transport multimodal a enregistré des succès qui peuvent se décliner comme suit :

- l'acquisition de 18 locomotives diesel-électrique sur financement de la Banque mondiale et de 20 autres locomotives sur financement du Gouvernement, de sorte que pour longtemps encore, la Société nationale des chemins de fer du Congo (SNCC en sigle) disposera d'une capacité de traction face au niveau de trafic et aux prévisions à moyen terme ;
- la réhabilitation (sécurisation, confortement et renouvellement complet) d'environ 1237 km de voie ferrée de la SNCC permettant d'atteindre une vitesse de 36 Km /heure ;
- la mise à la retraite avec paiement des allocations uniques d'indemnités fin carrière de 4358 agents de la SNCC ;
- la réhabilitation de 8 locomotives diesel de manœuvre avec les pièces de rechange acquis par le projet ;
- la réhabilitation de 5 locomotives de manœuvre avec les pièces de rechange acquis par le projet ;
- la réhabilitation de 822 wagons à voyageurs ;
- la réhabilitation de 23 voitures à voyageurs ;
- la réhabilitation de 60 ballastières ;
- le renouvellement de 110,5 km de voie ferrée ;

Ces résultats ont fait dire au Gouvernement de la République Démocratique du Congo que le projet de transport multimodal était un succès pour avoir permis de jeter les bases pour une exploitation ferroviaire. La Banque mondiale par contre, considère que le Projet de Transport Multimodal avait été un échec pour avoir échoué **de rétablir la viabilité financière et opérationnelle de la Société nationale des chemins de fer du Congo.**

Quoi qu'il en soit, le Projet de Transport Multimodal avait le grand mérite de permettre d'éviter la cessation des activités à la Société Nationale des Chemins de Fer du Congo.

❑ *Appréciation globale du projet de transport multimodal*

L'appréciation du succès global du projet diverge selon les parties prenantes. En effet, pour la Banque mondiale, le projet avait échoué d'atteindre les objectifs du développement que le projet s'était assigné au départ, alors que pour le Gouvernement et les entités bénéficiaires, le projet avait augmenté le capital physique du pays et créé un préalable à un développement durable dans les différents sous-secteurs des transports.

Le rapport annuel de l'année 2016 de la cellule d'exécution du projet de transport multimodal fait d'ailleurs remarquer ce qui suit : « à l'issue de la 11e mission d'appui à la mise en œuvre des projets, l'équipe de la Banque mondiale avait fait pour la première fois les constats suivants quant à l'objectif de la viabilité financière de la SNCC :

- L'objectif principal de la composante 1 était de restaurer la viabilité financière et opérationnelle de la SNCC. Malgré les résultats du projet en ce qui concerne les investissements réalisés sur la voie et dans le matériel roulant, cet objectif n'a pas été atteint en 2016 comme initialement fixé, et ne sera pas atteint à la date de clôture du projet repoussé à juin 2018 avec le financement additionnel. En effet, la conception du projet incluant le financement additionnel, a surestimé le rôle du volet « recettes » au détriment du volet « coûts » dans le rétablissement de la santé financière de la SNCC.
- le projet, dans sa conception, a sous-estimé la logistique complexe pour mener à bien ces investissements et surtout

l'acquisition et l'acheminement d'intrants jusqu'à Lubumbashi et ailleurs sur le réseau de la SNCC.

- Ainsi, la quasi-totalité des fonds dédiés aux coûts opérationnels a été épuisée vers la fin de 2014 alors que les investissements venaient à peine de démarrer. Les travaux de réhabilitation de la voie se sont concentrés dans la partie du réseau historiquement dédiée au trafic minier – en supposant que la SNCC allait récupérer ce trafic. Il s'avère cependant que les sociétés minières ont investi massivement dans les flottes de camions et ont pratiquement abandonné le transport ferroviaire.
- Le projet a également opté pour l'emploi d'une équipe de direction de la SNCC recrutée dans le secteur privé(Vecturis), dans la continuité de la mission de stabilisation (2008-2010) pour régler le problème de capacité de gestion de l'entreprise jugée trop faible et pour contrôler les problèmes sérieux de gouvernance au sein de la compagnie. Or l'impact de cette équipe de direction d'un opérateur privé sur le fonctionnement quotidien de la SNCC a été surestimé.
- Donc ces constats démontrent que la conception du projet était trop optimiste pour ne pas dire irréaliste. La tentative de revoir à la baisse cet objectif principal de développement du Projet à l'occasion de la restructuration effectuée en décembre 2016 n'a pas abouti, du fait que les chances de faire approuver une telle modification au niveau du Conseil d'Administration de la Banque mondiale étaient minces ». [58]
- Dans le rapport d'achèvement de projet, d'autres facteurs ayant influencé négativement le projet de redressement de la Société nationale des chemins de fer du Congo ont été relevés, dont les facteurs ci-après :
    - la conclusion d'un contrat avec l'opérateur privé ferroviaire chargé de mener le redressement de la SNCC dont la rémunération n'était pas fondée sur le principe du résultat ; ce qui a annihilé tout esprit d'émulation de la part de cet opérateur (Vecturis) à la SNCC ;
    - le fait que le Gouvernement n'a pas pu mobiliser un fonds de substitution en remplacement du fond chinois ;
    - l'absence de réaction appropriée du Gouvernement face au vol systématique des câbles caténaires et autres matériels de

[58] Rapport d'achèvement du projet de transport multimodal, page 23

voie de la SNCC, ainsi qu'au sabotage répété de la voie par des bandes d'inciviques ;

- le problème d'exonération entraînant des retards pour les enlèvements d'urgence ;
- les arrêts de travail intempestifs des agents de la SNCC durant les périodes : 2013-2014 et mai 2017 avec un impact négatif sur la mise en œuvre de projet ;
- le recouvrement difficile des créances de la SNCC auprès de certains clients, notamment les Forces armées de la République Démocratique du Congo (FARDC) et la Générale des carrières et des mines (Gécamines) ;
- la mauvaise conception du Projet basée sur certains éléments erronés ayant conduit par exemple à la concentration des travaux de voie dans l'hinterland minier au détriment du reste du réseau qu'emprunte pourtant le gros du trafic/SNCC ;
- la sous-estimation des coûts de la plupart des activités du Projet ;
- La rigidité des conditionnalités par la Banque mondiale exigeant une adhésion pure et simple des entreprises bénéficiaires ; et
- Les changements successifs des chargés de Projet de la Banque mondiale qui n'ont pas permis de garder la même vision et organisation dans l'exécution du Projet ;
- le délai pour rétablir l'équilibre financier de la SNCC était largement sous-estimé, car
  - *(i) la manifestation des effets d'un investissement n'apparaît pas dans moins de cinq ans,*
  - *(ii) l'investissement n'est pas l'unique facteur déclencheur de la croissance,*
  - *(iii) la demande effective est une combinaison de la volonté et de la capacité d'acheter, et ici, on peut dire que la volonté des opérateurs miniers a fait défaut pour constituer une demande solvable comme cela était espéré ;*
- la non restructuration du Projet à la suite de la non mobilisation du fond chinois;
- le manque de synchronisation dans la mise en œuvre du Projet caractérisé par le décalage entre les décaissements et la mise en œuvre de consommation des ressources ;

- le non-respect par le Gouvernement de son engagement pour un appui financier dans le cadre du pacte de paix sociale pour la relance de la production à la SNCC.

❑ *Les leçons apprises et les recommandations pour les projets futurs*

À l'issue de l'exécution de projet, plusieurs leçons ont été apprises.

- Leçons apprises par le Gouvernement :
  - Le Gouvernement de la République Démocratique du Congo devrait se faire accompagner des experts nationaux dans le secteur lors des négociations des projets pour garantir un meilleur montage des projets ;
  - Avant de solliciter un accompagnement des partenaires, le Gouvernement devrait disposer d'un plan directeur des transports au niveau national afin de bien planifier et arbitrer la répartition du financement entre les différentes composantes et entités bénéficiaires ;
  - Pour faciliter la mise en œuvre des projets cofinancés par les partenaires, le Gouvernement devrait prendre soin de libérer sa contrepartie en des termes convenus et dans le timing convenu.

- Leçons apprises par la Banque Mondiale

Quant à la Banque mondiale[59], la méconnaissance du contexte politique l'avait amenée à concevoir un projet dans une approche irréaliste. En effet, pour optimiser le résultat, la Banque mondiale aurait dû, lors de montage des projets :

- consulter toutes les parties prenantes en vue de connaître leurs exigences et leurs attitudes vis-à-vis des projets (favorables, hostiles, indifférentes, puissantes, faibles), y compris les parties qui ne sont pas acteurs actifs dans le projet ;

---

[59] Rapport d'achèvement du projet de transport multimodal, 2018

- associer le bénéficiaire (gouvernement) dans le montage et le choix même des activités et composantes à financer ;
- raccourcir le délai de préparation du projet, car le projet PTM, avait pris plus de trois ans avant qu'il ne soit décidé d'être financé, les paramètres macroéconomiques ayant, dans l'entre-temps, beaucoup changé ;
- éviter la sous-estimation des coûts des activités notamment en travaillant en collaboration avec le Gouvernement dans le cadre de la prospection des marchés afin d'allouer des coûts réalistes aux différentes activités ;
- prendre en compte entièrement la composante sociale dans la conception du projet car il n'était pas réaliste, pour le cas de ce projet, s'attendre à une meilleure exécution pendant que les agents de la SNCC étaient payés irrégulièrement.
- évaluer et intégrer les longs délais dans la livraison des biens importés dans la durée de l'exécution du Projet.

Par ailleurs, la méconnaissance des procédures de la Banque mondiale dans le chef des agents et cadres de la SNCC a été vécue comme un facteur ayant fait défaut pour une meilleure appropriation et mise en œuvre rapide du projet.

❑ *Recommandations majeures*

L'objectif clé du projet de transport multimodal ayant été de **rétablir la viabilité opérationnelle et financière de la SNCC**, l'analyse du rapport d'achèvement du projet présenté en novembre 2018 par la cellule d'exécution du projet de transport multimodal révèle que cet objectif n'avait pas été atteint.

Sans revenir sur les différentes raisons, les recommandations ci-après peuvent, à notre sens, être observées pour favoriser le redressement de la SNCC.

Il s'agit notamment de :

- élaborer un nouveau programme (actualisé) de la réhabilitation des chemins de fer en partenariat avec différents bailleurs des fonds et les opérateurs économiques de la région (entreprises minières) ;
- examiner, par le Gouvernement, la possibilité d'ouvrir une partie du capital de cette société ferroviaire aux sociétés privées (sociétés minières) afin que ces dernières se sentent plus impliquées dans les différentes initiatives et efforts de redressement de la SNCC ;
- déterminer de manière consensuelle, sous l'égide du Gouvernement, avec le secteur privé (entreprises minières) un quota de produits miniers qui devraient obligatoirement être transportés par voie ferrée. Ce quota convenu devra augmenter progressivement en suivant le rythme de réhabilitation de la SNCC ;
- utiliser les recettes provenant de la redevance logistique terrestre pour contribuer au financement du projet de redressement de la Société Nationale des Chemins de Fer du Congo. Le cas échéant, ce fonds peut même être utilisé comme collatéral pour faciliter la levée de financement auprès des institutions financières ou autres bailleurs ;
- élaborer un programme de rajeunissement du personnel ainsi que de formation continue du personnel notamment en électronique et nouvelles technologies de l'information pour une adaptation aisée à certaines locomotives importées dotées d'un dispositif électronique avancé ;
- monter, parallèlement, un projet de construction d'un nouveau chemin de fer sous le mode « Construire, exploiter et transférer » ;
- instaurer un cadre de concertation réunissant les Gouvernements central, provincial et local, les opérateurs économiques, y compris la Fédération des Entreprises du Congo, la Société Nationale des chemins de fer du Congo avec un calendrier périodique pour évaluer l'évolution du programme de redressement et apporter ainsi des appuis nécessaires.

9. Secteur douanier

La Province du Haut-Katanga dispose de plusieurs postes frontaliers qui facilitent le transit et une meilleure ouverture au monde.

Ci-après les différents postes frontaliers ainsi que les défis auxquels ils sont confrontés :

a) Poste frontalier de Kasumbalesa

Le Poste frontalier de Kasumbalesa est l'un des plus grands postes frontaliers de la province du Haut-Katanga ainsi que de la République Démocratique du Congo. Il est situé à la frontière de la République Démocratique du Congo (Province du Haut-Katanga) avec la République de Zambie. C'est par cette voie de sortie que transite l'essentiel des produits miniers de l'arc cuprifère du Katanga pour le marché international. Kasumbalesa sert aussi de porte d'entrée de divers articles importés de l'Afrique Australe et de l'Asie, par les opérateurs économiques de la province du Maniema et des provinces issues de démembrement du Katanga et de Kasaï.

Ce poste connaît un trafic important, la moyenne journalière de ce trafic étant de 100 véhicules légers et de 500 trucks transportant une moyenne de 40 Tonnes chacun sans compter un mouvement intense des piétons et des petits commerçants transfrontaliers traversant au moyen des vélos[60].

Plusieurs défis sont à relever pour le fonctionnement de ce poste frontalier, dont :

1. la faiblesse de coordination entre les différents services opérant à la frontière,
2. la lenteur et la complexité du processus de déclaration douanière,
3. le manque d'interconnexion informatique entre les services de douane de la République Démocratique du Congo et ceux de la Zambie;
4. la difficulté d'accès à l'information par les différents opérateurs intéressés à traverser cette frontière ;
5. la faiblesse de l'organisation du régime de commerce simplifié (RECOS) ;

[60] Rapport du ministère de l'économie du Haut-Katanga,2016

6. le déficit en infrastructures pouvant supporter ce trafic;
7. la non-synchronisation de l'heure de fermeture de la frontière avec celle fermeture des autres postes frontaliers des pays limitrophes ;
8. le manque d'un dispositif anti-incendie ;
9. les fréquentes pannes d'électricité occasionnant des temps d'arrêt intempestifs du système informatique avec tout ce que cela comporte comme impact sur le rythme de traitement du processus de dédouanement;
10. la présence de plusieurs déclarants non reconnus officiellement désignés abusivement déclarants debout ;
11. la multiplicité des services opérant à la frontière occasionnant la tracasserie ;
12. la porosité de la frontière ;
13. les ruptures intempestives des charges suite au transbordement des trucks du côté de la Zambie qui alimente la fraude et la contrebande via le phénomène dit « Bilanga ».

- **La mauvaise coordination des différents services opérant à la frontière**

La faiblesse de coordination entre les différents services opérant à la frontière s'observe, notamment, par les faits ci-après :

1. l'inexistence d'un manuel des procédures écrites qui donnent un schéma directeur de gestion de risque à la frontière et qui précise les modalités de collaboration entre les services apparents et non apparents opérant à la frontière ;
2. l'irrégularité de l'organisation des réunions de l'ordre opérationnel. En effet, par le décret numéro 036/2002 du 28 mars 2002 le Gouvernement de la République Démocratique du Congo avait désigné 4 services habilités à opérer à la frontière. Pour les frontières terrestres par exemple, seuls les services ci-après sont habilités à opérer à la frontière : la Direction Générale des migrations (DGM), la Direction des douanes et accises (DGDA), l'Office congolais de contrôle (OCC) et le service d'hygiène aux frontières (Programme national d'hygiène aux frontières et service de quarantaine animale et végétale). Sur le terrain, malheureusement, il s'observe la présence d'une multiplicité des services aux frontières.

3. le manque de connexion informatique pouvant faciliter l'échange des données numériques en temps réel ou les interfaces selon une périodicité définie entre les services de douane de la République Démocratique du Congo et ceux de la Zambie, bien que les deux services douaniers utilisent le logiciel Sydonia World. Les différents documents commerciaux sont transmis et échangés manuellement par les transitaires en douanes et les services douaniers avec tout le risque de manipulation des données que cela comporte.

➢ **Les causes de la lourdeur et complexité du processus de dédouanement**

La lourdeur et la complexité du processus de déclaration douanière sont attribuables à plusieurs facteurs, dont :

- la non prise en charge des exportations par le système installé par SEGUICE (le guichet unique du commerce extérieur) ;
- la non connexion de certains services basés à la frontière de la RDC au système Sydonia world suite au manque d'équipement, au déficit en électricité ou tout simplement à la méfiance entre les services commis à la frontière.

➢ **Les ruptures des charges qui alimentent la fraude**

Il s'observe du côté de la Zambie, une rupture intempestive des charges. En effet, plusieurs trucks transportant des cargaisons importantes des marchandises dont la plupart en transit pour la RDC, sont déchargés à quelques mètres de la frontière puis transportés sur des milliers des vélos et traversent la frontière via le piétonnier ou attendent la nuit pour emprunter les sentiers de contrebande. Ce phénomène qui s'appelle « Bilanga » non seulement occasionne une perte des revenus à la douane de la République Démocratique du Congo, mais a aussi une incidence négative sur la santé publique en interrompant la chaîne de froid pour les vivres frais et autres articles qui en ont besoin.

- **L'asymétrie de l'information**

S'agissant des difficultés d'accès à l'information par les différents opérateurs intéressés à traverser cette frontière. Elles sont dues par le fait qu'il n'existe ni portail électronique, ni site web renseignant en temps réel sur les procédures de dédouanement, les différents tarifs en vigueur ainsi que sur les diligences à observer par les parties prenantes. Cette asymétrie de l'information hypothèque la transparence tout au long de ce processus de dédouanement.

- **La mauvaise organisation du régime de commerce simplifie (recos)**

L'analyse du régime de commerce simplifié des petits commerçants à Kasumbalesa fait ressortir des points faibles ci-après :

- l'inexistence d'une base des données d'identification des petits commerçants ;
- la non maîtrise des procédures du régime de commerce simplifié (RECOS) par les petits commerçants qui justifie en partie une grande implication de ces derniers dans la fraude qui s'observe lors de transbordement des trucks en provenance de la Zambie et du transport des marchandises ainsi transbordés sur des vélos pour traverser la frontière congolaise.

- **La non-synchronisation des heures de fermeture avec les pays voisins**

S'agissant des heures de fermeture des barrières, il sied de noter qu'à Kasumbalesa, les barrières sont fermées à 18h00 alors qu'à Chirundu, la frontière Zambie-Zimbabwe, la frontière ferme à 24h00'. À Nakonde, par contre, à la frontière Zambie –Tanzanie, les services fonctionnent 24h00 sur 24h00. Ce manque d'harmonie dans les heures d'ouverture et de clôture des frontières ne facilite pas la fluidité de trafic et occasionne un engorgement à la frontière de Kasumbalesa. L'extension des heures de service à Kasumbalesa aiderait sans nul doute à ce désengorgement.

- **Le déficit des infrastructures**

Pour ce qui est du déficit des infrastructures, il y a lieu de signaler que la route Kasumbalesa-Lubumbashi-Kolwezi ainsi que le parking de Kasumbalesa sont exigus et ne répondent plus aux sollicitations des centaines de trucks appelés à traverser journellement cette frontière. La construction d'une autoroute annoncée par le Gouvernement Central pourra être une partie de réponse à ce problème des infrastructures.

Par ailleurs, l'implantation d'un système de caméra de surveillance, d'un dispositif anti-incendie et l'instauration d'une patrouille de la police sur le trajet Kasumbalesa-Lubumbashi sont des réponses au défi lié à la sécurité aux frontières.

b) Les autres postes frontaliers

La province du Haut-Katanga dispose de plusieurs autres postes frontaliers dont certains sont installés sur des ports.

Il s'agit principalement des ports et postes frontaliers ci-après : postes frontaliers de Kipushi, de Mokambo et de Sakania et les ports de Pweto, de Dikulushi (Kilwa), de Kashobwe et de Kasenga.

Tous ces différents postes frontaliers et ports sont confrontés aux mêmes problèmes, à savoir :

1. des infrastructures non adéquates et donc insuffisantes pour supporter les trafics et abriter les services administratifs habilités à fonctionner aux frontières selon le décret du Gouvernement de la République Démocratique du Congo N°036/2002 du 28 mars 2002 portant création de l'ordre opérationnel ;
2. le manque d'équipement informatique devant garantir l'accès à l'information en temps réel.

Pourtant, certains de ces postes présentent des atouts indéniables. C'est le cas par exemple du port de Dikulushi à Kilwa qui sert de point de sortie des produits miniers extraits par la société minière Anvil mining. Compte tenu du flux et de la valeur de ces produits, ce poste nécessite d'être équipé et suivi en temps réel par le Gouvernement pour prévenir rationnellement sur le risque de fraude et capter les recettes dues à l'État. La situation du port de Kasenga nécessite aussi d'être relevée.

En effet, le territoire de Kasenga dispose d'un port situé au bord de la rivière Luapula qui sépare la République Démocratique du Congo et la Zambie. La construction d'un pont sur cette rivière devant relier la Zambie à la République Démocratique du Congo aura un double avantage pour la partie congolaise. Grâce à ce pont, la distance entre le poste frontalier de Tunduma en Zambie et la ville de Lubumbashi sera écourtée et ramenée à 800 km contre les 1000 actuels qu'on parcourt lorsqu'on emprunte le trajet Tunduma– Lubumbashi via Kasumbalesa. La réduction de près de 200 Km est un gain significatif pour les transporteurs. En outre, l'érection d'un pont sur cette rivière contribuera à désengorger la frontière de Kasumbalesa tout en favorisant les activités économiques tout au long du trajet avec un impact significatif sur les recettes publiques.

En tout état de cause, il convient de noter qu'à ce jour, le poste de Kasumbalesa est celui qui prend en charge l'essentiel de trafic des sociétés minières installées au Sud de la République Démocratique du Congo. Il est aussi le point de jonction des différents corridors de transport à savoir le corridor Walvis Bay-Ndola-Lubumbashi et le corridor Nord Sud dont le point d'ancrage est le port de Dar- Es-Salaam.

10. Secteur des corridors de transport

La Province du Haut-Katanga est en connexion avec plusieurs corridors de transport à savoir :

- corridor de Dar-Es- Salam
- corridor de Lobito,
- corridor de Beira,
- corridor de Walvis Bay Ndola-Lubumbashi,
- corridor Nord-Sud,
- corridor Est,
- corridor Sud,
- corridor Ouest,

Ces différents corridors organisent périodiquement des réunions multipartites réunissant toutes les parties prenantes afin d'évaluer et échanger sur les différents défis auxquels sont confrontés les transporteurs.

Ci-après quelques défis auxquels sont confrontés les transporteurs dans les différents corridors[61] :

1. le logiciel Sydonia World est utilisé dans le processus de dédouanement par les États impliqués dans les différents corridors précités mais il n'existe pas encore une interconnexion entre le système Sydonia world installé en République Démocratique du Congo et celui installé dans les autres pays faisant partie de ces corridors. Cette absence d'interconnexion ne facilite ni l'échange électronique en temps réel des informations douanières utiles pour la transparence, ni la célérité du processus de dédouanement ;
2. l'engorgement et le manque de fluidité de trafic à la frontière de Kasumbalesa suite à la non-synchronisation des heures d'ouverture et de fermeture des frontières. En effet, Kasumbalesa clôture le travail à 18h00 alors que certains autres postes des corridors (Tunduma, Chirundu, Nakonde) vont au-delà de 18h00' ;
3. certaines agences en douane non autorisées opérant dans ces différents pays violent les lois des États membres et pratiquent des activités illégales telles que la contrebande et la fraude de tous ordres ;
4. la multiplicité des services prestant au poste frontalier de Kasumbalesa au mépris des lois du pays qui limitent à quatre, le nombre de services habilités à opérer aux frontières terrestres en République Démocratique du Congo ;
5. la disparité de taux de péage entre ces différents États. En ce qui concerne par exemple le péage routier, la Namibie et la Zambie taxe 10USD pour 100 Km. Ce taux est la moyenne de tarif pratiqué dans toute la zone SADEC, à l'exception de la République Démocratique du Congo qui perçoit des frais de transit près de 9 fois supérieurs au tarif moyen pratiqué par tous les autres pays de la SADEC ;
6. l'insécurité observée le long de certaines frontières ;
7. la durée réduite de la validité de visas dans certains pays et qui cause préjudice aux chauffeurs de trucks ;
8. le transbordement des cargaisons en transit en Zambie à destination de la République Démocratique du Congo, avec la

[61] Le rapport de la commission provinciale (Haut-Katanga) interministérielle de gestion des corridors

fraude que cette pratique favorise à la frontière de Kasumbalesa et les risques de santé publique qu'elle peut générer suite à la rupture de la chaîne de froid pour les vivres frais et les produits pharmaceutiques;

9. la prise en charge des budgets de fonctionnement de secrétariats permanents des différents corridors. Les gouvernements des pays membres ont des difficultés à libérer les budgets de fonctionnement des secrétariats permanents des corridors. Il serait avantageux de recourir ci au système de l'utilisateur-payeur comme mode de financement de ces services.

Tableau n°41 : Les corridors ayant une jonction avec le Haut - Katanga

Jonctions en direction du Haut-Katanga		Mode	Longueur
CORRIDOR DAR-ES-SALAM			
	KALEMIE-PWETO-KASOMENO-L'SHI	ROUTE	913 KM
	DAR-ES-SALAM-TUNDUMA-NAKONDE-KAPIRIMPOSHI-NDOLA-SAKANIA-L'SHI	TRAIN	2268 KM
	DAR-ES-SALAM-TUNDUMA-NAKONDE-KAPIRIMPOSHI-KASUMBALESA-L'SHI	ROUTE	2148 KM
CORRIDOR LOBITO			
	LOBITO-LUAO-DILOLO-KOLWEZI-L'SHI-SAKANIA-CHILILABOMBWE-CHINGOLA-NDOLA-KAPIRIMPOSHI	RAILS	2304 KM
	LOBITO-KUITO-LUAO-DILOLO-KOLWEZI-L'SHI-KASUMBALESA-CHINGOLA-NDOLA-KAPIRIMPOSHI	ROUTE	2156 KM
CORRIDOR BEIRA			
	BEIRA-HARARE-CHIRUNDU-LUSAKA-KASUMBALESA-L'SHI	ROUTE	1593 KM
	BEIRA-HARARE-BULAWAYO-LIVINGSTON-LUSAKA-SAKANIA-L'SHI	RAILS	2652 KM
CORRIDOR WALVIS BAY-NDOLA-LUBUMBASHI			
	WALVIS BAY-GROOTFOONTEIN-KATIMAMULILO-SESHEKE-LUSAKA-NDOLA-KASUMBALESA-L'SHI	ROUTE	2600 KM
CORRIDOR NORD-SUD			
	DURBAN-JOHANNESBOURG-HARARE-LUSAKA-L'SHI	RAILS	2933 KM
	DURBAN-JOHANESBOURG-BULAWAYO-LUSAKA-L'SHI	RAILS	3276 KM
CORRIDOR OUEST			
	DILOLO-L'SHI	RAILS	735 KM
CORRIDOR EST			
	KALEMIE-L'SHI	RAILS	913 KM
CORRIDOR SUD			
	KASUMBALESA-L'SHI	ROUTE	98 KM
	L'SHI-MWENEDITU-KANANGA	RAILS-ROUTE	1272 KM

Source : Tableau élaboré par nous-même sur base du rapport de la cellule d'appui et de suivi des programmes régionaux et des activités des corridors des transports de la RDC, 2017

Tableau N° 42 : Frais de transit charge en USD / 100 Km dans les pays de la SADEC

Pays	LV	Bus	2 - 3 HV	4 - 5 HV	6 & 6+ HV
Angola	1.57	9.61	15.06	22.91	29.88
Botswana	0.27	2.60	3.35	5.79	8.14
DR Congo	**6.21**	**30.13**	**55.28**	**75.80**	**91.96**
Lesotho	1.31	9.40	13.52	21.77	29.39
Malawi	5.35	7.16	7.17	8.99	10.81
Mozambique	0.73	4.96	7.39	11.60	15.44
Namibia	1.29	9.45	12.86	21.64	29.95
South Africa	0.19	1.11	1.79	2.68	3.46
Swaziland	0.54	3.43	5.24	8.10	10.67
Tanzania	0.67	4.15	6.29	9.81	13.00
Zambia	1.21	9.17	12.77	21.02	28.74
Zimbabwe	0.62	4.94	6.68	11.23	15.53
Average	**0.50**	**3.21**	**4.65**	**7.24**	**9.57**

Source : rapport de la réunion du comité des ministres de transport des pays de la SADEC, 28 Mai 2010 page 6

Commentaires :

1. La moyenne de frais de transit pour chaque catégorie des véhicules est inférieure à 10 USD au 100 Kms dans l'ensemble des pays de la SADEC.
2. La RDC est le seul pays qui s'écarte largement de la moyenne. La dispersion du tarif de la RDC est de dix fois plus, par rapport à la moyenne. Le cas le plus flagrant est le péage Kasumbalesa-

Lubumbashi qui revient à 150 USD pour un truck au 90 Km contre celui de Lusaka –Kasumbalesa qui revient à 40 USD sur une distance de 500 kms. Cette situation de surenchère qui est généralement soulevée au cours des différentes réunions et dont on attend une suite plombe la compétitivité de l'économie congolaise et affecte les entreprises étrangères qui sont en relation avec les entreprises congolaises.

3. Les autres pays membres du corridor walvis bay-Ndola-Lubumbashi, ont au cours de différentes réunions, prévenu la partie RDC de son intention de relever le taux pour raison de réciprocité si cette situation demeure inchangée. La RDC étant le terminus, peut-être ces demandes peuvent être réévaluées afin de trouver le juste milieu.

11. Secteur du tourisme

a) Considérations générales sur le tourisme

Le tourisme peut se comprendre comme un phénomène social et économique qui implique le déplacement de personnes vers des pays ou des endroits situés en dehors de leur environnement habituel à des fins personnelles, professionnelles ou pour des affaires.

Ces personnes, appelées visiteurs, touristes ou excursionnistes, peuvent être des résidents ou des non-résidents. Le secteur de tourisme peut générer plusieurs services, à savoir :

- les services de transport des voyageurs par voie routière,
- les services de transport des voyageurs par voie aérienne,
- les services de transport des voyageurs par voie navigable,
- les services de location de matériels de transport,
- les agences de voyage,
- les services culturels,
- les services sportifs et récréatifs,
- les services d'hébergement pour les visiteurs,
- les services de restauration et de consommation des boissons,
- les services de transport de voyageurs par chemins de fer etc.

Par ailleurs, ce secteur présente plusieurs atouts, dont :

- l'utilisation d'une main-d'œuvre abondante ;
- la faible pollution par rapport à d'autres secteurs comme celui de l'industrie extractive ;
- le tourisme n'a pas besoin de beaucoup de financement ;
- les revenus générés par le tourisme irriguent directement l'économie nationale contrairement aux revenus issus du secteur minier.

C'est donc grâce à ces différents atouts que le secteur de tourisme est identifié comme étant un des secteurs porteurs de croissance économique inclusive pour une nation.

Qu'en est-il de ce secteur dans le Haut-Katanga ?

Selon une étude de l'observatoire des Grands Lacs en Afrique, le tourisme au Katanga est confronté, entre autres, à l'absence d'élaboration et d'édition des guides touristiques, à l'insuffisance des agences touristiques privées (agence du tourisme, tours opérateurs, agences de voyage, agences de location des véhicules, etc.), à l'absence d'une loi-cadre en matière de tourisme, au délabrement des voies d'accès, de sites de pêche et chasse sportives et à l'insuffisance d'un personnel non qualifié.[62]

Pourtant, la Province du Haut –Katanga dispose d'un grand potentiel dans le domaine de tourisme. Sa démographie toujours grandissante qui dépasse le cap de 4 millions d'habitants et ses 131.443 km² de superficie constituent un marché important pour le tourisme à l'intérieur même de la province.

Avec ses nombreux sites touristiques, la province du Haut-Katanga dispose de tous les atouts pour être une province touristique de référence. Certains de ses sites révèlent un intérêt particulier.

---

[62] DIBWE Donatien, KAIMBI Delphin, KILONDO Didier (2014) ; Le Katanga : Entre la Croissance économique portée par le secteur minier et un développement en demi-teinte, Observatoire des Grands Lacs en Afrique Note n° 10-203, page 21.£

b) Quelques sites touristiques de la province du Haut-Katanga

L'annexe I du présent ouvrage reprend les principaux sites touristiques de la province du Haut-Katanga. Parmi les sites touristiques les plus en vue[63], nous pouvons citer :

- Le parc national de Upemba

Situé en partie dans le territoire de Mitwaba, ce parc est considéré comme l'un des plus giboyeux d'Afrique. Il couvre 1 200 000 ha.

- Le parc national de Kundelungu

Ce parc est situé dans le territoire de Kasenga et s'étend sur 210 000 ha. Il abrite de nombreux singes, lions, léopards, antilopes et zèbres dans une végétation des steppes herbeuses.

- La chute de Lofoï

C'est la plus haute d'Afrique avec 384 m de hauteur au saut de Kaloba en jaillissant du plateau de Kundelungu. Avec une volonté politique visionnaire, ce site peut constituer une plaque tournante de curiosité touristique à l'instar de victoria falls au Zimbabwe. Il faudra pour ce faire, aménager les voies d'accès et un dispositif d'hébergement adéquat.

- Les chutes de Kyubo

Localisées à 320 km de Lubumbashi sur la rivière Lufira, elles ont une hauteur de 60 m et sont considérées comme les plus belles de la RDC.

- Les chutes de Luapula

Elles sont situées sur la rivière Luapula qui forme la frontière entre la province du Haut-Katanga et la Zambie. Ces chutes de 5 à 8 m de hauteur sont accompagnées de rapides nombreux sur une distance de 5 km.

- Aéroport International de Luano

Cet aéroport assure la liaison aérienne interne et externe de cette province. Il reçoit chaque jour de la semaine au moins un vol national et un vol international. Les vols nationaux relient Lubumbashi avec

---

[63] www.katanga-tourisme.org

les autres provinces de la RDC principalement Kinshasa, et sont assurés par les compagnies nationales Congo Airways et Compagnie africaine d'aviation (CAA). Les compagnies internationales Kenya Airways, Ethiopian airlines et South African Airways assurent les liaisons internationales avec le monde entier via respectivement Nairobi, Adis-a-Beba et Johannesbourg. Par ailleurs, Lubumbashi est aussi relié aux chefs-lieux de 3 autres nouvelles provinces issues du démembrement de l'ex. Province du Katanga, à savoir : Kalemie, Kamina et Kolwezi par les compagnies ITAB et Air Katanga. Le routing Lubumbashi-Kolwezi est le plus sollicité avec un minimum de deux vols par jour.

- La source du fleuve Congo

C'est dans le Haut-Katanga que le fleuve Congo prend sa source, à 1740 mètres d'altitude sur un plateau marécageux près du village de Musofi dans le groupement Kikuyo, village Mumena en territoire de Kambove, à une trentaine de kilomètres de la mission Catholique Kilela Balanda.

c) Situation des hôtels dans la province

L'hôtel Pullman Grand Karavia, un hôtel 5 étoiles situé au cœur de Lubumbashi qui est capable d'héberger un minimum de 190 personnes par jour est le plus grand hôtel de la province du Haut-Katanga.

À la faveur du boom minier, plusieurs autres hôtels de standard acceptable ont été construits à Lubumbashi et à Likasi ces dix dernières années.

Le positionnement de la province à la frontière avec la Zambie lui donne une possibilité d'interconnecter son circuit touristique avec la Zambie en ayant Kasumbalesa comme point d'ancrage. En outre, la province, par ses six territoires, pourrait aussi créer un circuit pour se rapprocher davantage de 3 autres provinces : Lualaba, Haut-Lomami et du Tanganyika.

Les différentes mines à ciel ouvert et souterraines sont aussi des véritables parcs d'attractions que la province peut capitaliser.

Malgré tous ces atouts, ce secteur peine à se développer dans cette province. Plusieurs facteurs sont à la base de cette contreperformance à savoir :

- une exploitation opportune du tourisme sans plan directeur de développement de ce secteur ;
- l'inexistence d'un circuit de tourisme connu ;
- la non-valorisation des nombreux sites touristiques cités dont la plupart sont d'un accès difficile suite à la mauvaise qualité des infrastructures routières ;
- l'inexistence ou l'insuffisance des infrastructures routières et de transport pour accéder à ces sites ;
- l'insuffisance de formation du personnel malgré l'agrément, depuis plusieurs années au lycée Tuendelee, d'une option de tourisme ;
- l'insécurité manifeste dans certains territoires ;
- une politique d'octroi des visas inadéquate. En effet, la politique nationale d'octroi de visas affecte négativement la promotion du tourisme dans cette province suite au coût relativement excessif de visa et aux formalités fastidieuses y afférentes.

Par ailleurs, l'explosion démographique constitue une menace pour la faune et la flore. En effet, les besoins croissants des populations en espace vital et en combustibles et autres produits pour leur alimentation est à la base de la déforestation observée dans certaines parties de la province.

12. Secteur de l'industrie

a) Industries textiles

L'industrie textile du Haut-Katanga était, pendant longtemps, dominée par trois entreprises à savoir : Amato frères, Solbena et Syntexkin. Ces entreprises étaient spécialisées dans la production des tissus et autres pagnes prisés par les Congolaises. Malheureusement les pillages des années 90 avaient ruiné ces unités de production.

Comme si cela ne suffisait pas, les différents tissus textiles en provenance des pays étrangers et principalement de l'Asie ont exercé une concurrence sans merci dans ce secteur. De ces trois entreprises, Syntexkin est la seule qui a survécu aux effets de cette crise, mais l'abandon progressif des cultures de coton au niveau de la région et la dégradation des infrastructures de transport ont incité cette entreprise à importer du coton de l'extérieur du pays à des coûts qui ne lui ont pas permis de résister à la concurrence des produits en provenance de l'Asie dont une grande partie entre en contrebande. Une fiscalité qui ne tient pas compte de la protection des entreprises nationales a donné un coup de grâce à ce secteur. Pour tout prendre, cinq facteurs déterminants ont donc poussé l'entreprise Syntexkin à fermer ses portes. Il s'agit de :

- une fiscalité inadaptée qui ne tient pas compte de la protection de l'industrie locale,
- la fraude douanière des entreprises étrangères profitant du laxisme et complicité des services douaniers du pays,
- l'abandon de la culture de coton au niveau de la région ;
- la dégradation des chemins de fer qui a rendu pratiquement impossible l'acheminement du coton du centre de production qui était le Nord Katanga et le Lualaba vers l'industrie textile qui était basée à Lubumbashi ;
- la concurrence des tissus en provenance de l'extérieur notamment des pays asiatiques.

b) Industries du papier

Il n'existe pas dans la Province du Haut-Katanga une industrie de production de papier de grande envergure. L'usine CARTOLU qui produisait des cartons d'emballage destinés à la société de fabrication de biscuit VAP n'est plus opérationnelle, faute de matières premières. Néanmoins quelques petites et moyennes entreprises de la filière papier existent encore à Lubumbashi et produisent, par exemple, du papier hygiénique. La province compte, en outre, quelques imprimeries qui fournissent des cahiers, des facturiers, des blocs-notes, des fournitures de bureaux, des calendriers muraux. Les plus importantes de ces imprimeries sont l'imprimerie de la société Missionnaire de Saint Paul, l'imprimerie Yav-A-Muyet, l'imprimerie UNILU, l'imprimerie BICOCE, AKILIMALI et enfin celle des Salésiens de l'institut technique salama, institut qui forme également les imprimeurs souvent engagés par l'hôtel de monnaie de la République Démocratique du Congo.

Ces unités de production utilisent les matières premières (papiers) importées et subissent par conséquent les effets liés à la fluctuation de taux de change.

c) Industrie du ciment

La province du Haut-Katanga ne dispose pas d'une industrie de production de ciment en activité.

Le ciment utilisé dans les différents travaux de construction aussi bien par les industries minières que par les ménages provient de l'extérieur du pays (Zambie et Zimbabwe principalement). D'ailleurs, il est très courant de voir dans les différents chantiers le ciment portland normal de marque Ndangote du nom de propriétaire de cette usine basée à Zambie. Toutefois, une grande usine de production de ciment est en construction à Likasi.

Cette usine est l'œuvre de la société dénommée Grande Cimenterie du Katanga. La fin des travaux est fixée au premier semestre de l'Année 2021.

La Grande Cimenterie du Katanga (GCK SAS)[64] est une co-entreprise à capitaux sino-congolaise, qui est en train de construire une ligne de production de chaux ayant un rendement de 300 000 tonnes de chaux par an et une ligne de production de ciment au grand rendement soit 1 million de tonnes par an.

Cette société partenaire de Gécamines est localisée dans l'ancienne Direction « Chaux Calcaire, Ciment » (CCC en sigle) de Gécamines non loin des minoteries de Gécamines Kakontwe à Likasi dans la commune de Likasi. Couvrant une superficie de 33 hectares, Grande Cimenterie du Katanga (GCK) s'appuie sur les avantages en matière de capital, de talent, de technologie, d'écologie (faible émission de carbone /économie d'énergie) et de gestion dans un cadre de coopération internationale innovante mettant ensemble les capitaux européens, asiatique et congolais.

À la fin de sa construction, la Grande Cimenterie du Katanga (GCK) sera capable de créer directement 700 emplois pour la République Démocratique du Congo sans compter quelques cadres expatriés et stimulera le développement d'industrie connexe telle que la construction des infrastructures : routes, transport, ponts et chaussées.

C'est une réponse adéquate capable de booster la construction et la modernisation des infrastructures de la partie centre et sud de la République Démocratique du Congo.

---

[64] Communication personnelle du Directeur Général de la Grande cimenterie du Katanga lors de l'inauguration de l'usine de chaux, le 26 Octobre 2020 à Likasi.

d) Autres industries manufacturières

Dans sa dissertation doctorale, le Professeur Mota affirme que l'industrie manufacturière congolaise est restée longtemps en marge des innovations technologiques et condamnée à opérer, pour sa survie, les ajustements structurels et technologiques appropriés[65]. La province du Haut-Katanga n'échappe pas à ce constat.

Il semble que s'agissant de la province du Haut-Katanga, la recrudescence de ce secteur peut être attribuée dans une certaine mesure à la chute de la Gécamines qui, dans le passé fonctionnait comme une véritable industrie industrialisante. Toutefois, il existe encore quelques industries manufacturières qui fabriquent des mousses pour matelas, des ustensiles de ménage en plastique (gobelet, assiettes, seau, bidon, sachet…), des chaises, des poubelles, des tanks d'eau en plastique etc.

Le Haut-Katanga dispose aussi de quelques entreprises qui produisent de la peinture, de l'oxygène, de la glace, du savon en poudre, des bougies, des explosifs, des emballages des produits cosmétiques.

Le tableau ci-après, nous donne une liste indicative :

[65] Mota Emile (2000), la dynamique de la petite et moyenne entreprise : moteur du développement économique du Katanga (RDC) dissertation doctorale, Université de Lubumbashi.

Tableau n° 43 : Quelques entreprises manufacturières dans le haut-katanga

Désignation de l'entreprise	Specialité
Katanga plastic	Fabrication des divers articles (chaise, mousse, assiette…) sur base des plastics
Brasseries Simba	Production de la bière et boissons sucrées
Bralima	Production de la bière et boissons sucrées
Hyper psaro	Production de savon en poudre
Société revin	Spécialisée dans les boissons gazeuses et sucrées
Sicodex	Production des explosifs à usage civil
Grande cimenterie du Katanga	Production de la chaux
Relacom	Production de biscuit
Latreca	Fabrication des câbles électriques

Source : Tableau élaboré par nous-même sur base des données récoltées à la Division provinciale de l'économie de la Province du Haut-Katanga.

Somme toute, cette production ne couvre pas la demande de la province. Ce qui justifie, en partie, l'afflux des importations des produits manufacturiers observé au poste frontalier de Kasumbalesa, afflux qui est encouragé par la fraude, alimentant ainsi une concurrence déloyale aux effets dévastateurs pour l'industrie locale.

- Industries du cuir

La ville de Lubumbashi compte quelques petites et moyennes entreprises qui fabriquent localement les chaussures en cuir, mais ces unités de production font face à une forte concurrence des articles en provenance de l'Asie et des chaussures de seconde main en provenance d'Europe, écoulées à bas prix sur le marché local.

La petite et moyenne entreprise Wakubikuyu résiste tant bien que mal à cette concurrence Be mais sa stabilité est précaire.

Un soutien du pouvoir public sous forme d'une fiscalité incitative ainsi qu'une volonté politique ferme de lutter contre la fraude douanière sont nécessaires pour aider cette entreprise à résister contre ce choc.

- Industries du bois

Des concessions importantes de forêt claire (Miombo) et de bois rouge couvrent de grandes surfaces de la province. Il arrive que ces bois rouges soient coupés et exportés à l'étranger sans aucune transformation. Une bonne cargaison de bois rouge destinée à l'exportation sans respect des normes et de la législation en matière et sans payement des taxes y afférentes avait été interceptée et arrêtée sur instruction de la haute hiérarchie du pays en début de l'année 2017.

Par ailleurs, il existe quelques petites et moyennes entreprises qui utilisent ces bois pour produire des meubles qu'elles exposent pour la vente, au quartier Njanja situé dans la commune Kampemba non loin du Camp militaire Vangu à Lubumbashi.

Jadis, il existait quelques concessions des sapins aux environs de site de Kimbeimbe. Ces sapins, une fois travaillés dans des scieries, servaient à la production des meubles et dans la construction des maisons (charpentes, portes et fenêtres…). Suite à une exploitation anarchique, ces concessions ne disposent plus de sapin en qualité et quantité suffisante. Les sapins utilisés actuellement dans la construction sont donc importés de la Zambie. Un marché dédié aux sapins est localisé dans la commune Kamalondo non loin de l'institut technique Salama.

- Industries mécaniques et métalliques

La Province du Haut-Katanga dispose des unités de production destinées à transformer des métaux au nombre desquelles, on peut citer :

➢ *Les ateliers centraux de panda (ACP en sigle) :*

Ces ateliers qui appartiennent à la société Gécamines, disposent d'une expertise avérée dans le domaine de production des différents outillages et petites machines. Malheureusement, la baisse des activités de Gécamines, a sensiblement réduit leur approvisionnement en intrants nécessaires pour un fonctionnement à plein rendement.

Il en est de même de l'usine de laminoir, tréfilerie et câblerie (LATRECA en sigle).

- *New Baron Leveque International Afrique (NBLIA)*

NBLIA est une des filiales du Groupe Forrest International. Elle produit des pièces métalliques de précision, des bancs métalliques, des citernes, des tôles autoportantes utilisées dans la couverture des bâtiments. Ses ateliers basés au quartier industriel de la ville de Lubumbashi ont une superficie de 6000 m². On y fabrique aussi toutes sortes de poutres métalliques pour la construction de charpentes et de murs, aussi bien des structures métalliques pour des usines de grande ampleur que pour des maisons, de garages, des châssis en aluminium de portes et de fenêtres. NBLIA propose aussi des services de montage sur site d'une architecture métallique, clé en main.

- *Autres initiatives du secteur de l'industrie métallique*

Dans le cadre des initiatives du secteur de l'industrie métallique, il y a lieu de signaler l'existence de plusieurs ferronniers qui fonctionnent, pour la plupart dans l'informel, et qui fabriquent des portes, fenêtres et chambranles destinés à des constructions des ménages.

Pour terminer ce point, on doit noter la construction il y a plus de cinq ans de l'institut technique Mwapusukeni qui organise l'option construction métallique et est doté d'un atelier de construction métallique. Cet institut de « haut standing » situé dans le quartier Golf Plateau en face du cercle hippique dans la ville de Lubumbashi, construit à l'initiative de Monsieur Moïse Katumbi Chapwe, alors Gouverneur du Katanga est géré par les religieux catholiques de la congrégation des jésuites. Il a pour ambition de fournir du personnel technique adapté aux besoins des sociétés minières afin de résoudre la question de l'inadéquation entre l'offre du système éducatif et la demande des sociétés localisées dans l'hinterland miner du Katanga.

13. Secteur des banques et institutions financières

a) État des lieux du système financier congolais

Le système financier peut se comprendre ici, comme l'ensemble des règles, des pratiques, des Institutions, des marchés et des infrastructures financières qui permettent de transférer des fonds des agents économiques à capacité de financement ou épargnants (investisseurs-prêteurs) vers ceux à besoin de financement ou emprunteurs.

Le secteur financier a donc pour rôle fondamental de recueillir et d'allouer l'épargne financière. Ainsi, il permet une amélioration de l'efficacité de l'allocation des ressources au sein de l'économie qui accroît en général l'investissement et partant donc, la croissance économique et le bien-être social en cas d'une meilleure redistribution des revenus.

Quel est le paysage du système financier actuel de la RDC ?

➢ *Paysage du secteur financier congolais*

Le secteur financier congolais est dominé par deux catégories d'institutions financières, à savoir : d'une part, les institutions assujetties à la Banque Centrale (établissements de crédit, institutions de microfinance et autres intermédiaires financiers) et d'autre part les institutions financières non régulées par la Banque Centrale du Congo.

Institutions assujetties à la Banque Centrale (Établissements de crédit, institutions de microfinance (IMF) et autres Intermédiaires financiers)

La Banque Centrale du Congo[66] indique dans cette catégorie un répertoire composé de :

- 17 banques commerciales ;
- 79 Coopératives d'Épargne et de Crédit ;
- 1 Caisse d'Épargne (CADECO) ;
- 19 Institutions de Micro Finance ;
- 7 Sociétés Financières,
- 2 Institutions financières spécialisées ;

---

[66] Banque Centrale du Congo,2017

- 28 Bureaux de change (28) ;
- 80 Messageries financières.

Institutions financières non régulées par la banque centrale

La Banque Centrale du Congo reconnaît, en plus de 2 fonds de pension [67] plusieurs compagnies d'assurances agréées par l'autorité de régulation et de contrôle des assurances qui sont :

- Activa assurances RDC
- Société financière d'assurance Congo SA
- Rawsur SA et
- Rawsur Life SA
- Sunu Assurance IARD
- Mayfair Insurance Congo
- Global Pionnier Assurance
- Afrissur SA

Bien entendu, les agréments des sociétés d'assurance et celle de courtage continuent et s'effectuent par l'Autorité de régulation des assurances (ARCA en sigle).

Régulation et contrôle du secteur bancaire en Rdc

En République Démocratique du Congo, la mission de régulation et de contrôle du système financier revient à la Banque Centrale du Congo.
La mission reconnue à la Banque Centrale du Congo par le législateur de réguler et de contrôler le secteur financier permet de :

- ❑ promouvoir la sûreté et la solidité du secteur financier ;
- ❑ réduire la probabilité et l'impact de l'instabilité financière. Ici, le but n'est pas d'empêcher les défaillances bancaires mais plutôt de prévenir tout risque d'instabilité du système financier tout en préconisant les pistes de solutions de redressement appropriées ;
- ❑ Sécuriser le financement de l'économie.

---

[67] Autorité de régulation des assurances,2018

Tableau n° 44 : Évolution des paramètres clés du secteur bancaire : bilans, dépôts et crédits (en millions USD)

Rubriques	2012	2013	2014	2015	2016	2017
Total bilantaire	3821,12	4343,17	4910,48	5393,62	5078,9	5753,87
Volume des dépôts collectés	2817,08	3206,25	3554,6	3874,09	3535,73	3878,22
Encours de crédits distribués	1520,49	1889,21	2118,56	2362,79	2347,11	2140,93

Source : Banque Centrale du Congo, 2018

Grafique n°5 Evolution des parametres clés

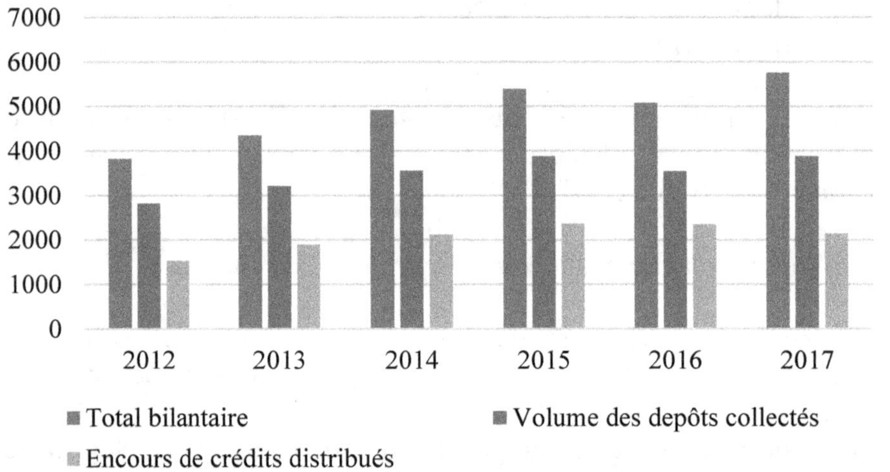

Commentaire :

- Entre 2012 et 2017, on observe un accroissement significatif du total des bilans soit plus de 50 % ;
- Il en est de même du volume des dépôts collectés qui augmente de plus de 37 % pendant la même période.
- Toutefois en 2016, il y a eu un fléchissement à cause de la chute des cours des principales matières premières qu'exporte la République Démocratique du Congo.

Tableau n° 45 : Évolution des taux d'intérêt débiteurs des banques (%)

Rubriques	2012	2013	2014	2015	2016	2017
Taux d'intérêt débiteur en monnaie nationale	30,22	19,18	20,13	19,04	19,17	21,47
Taux d'intérêt débiteur en monnaie étrangère	14,86	14,84	14,77	14,23	15,35	15,57

Source : Banque centrale du Congo, 2018

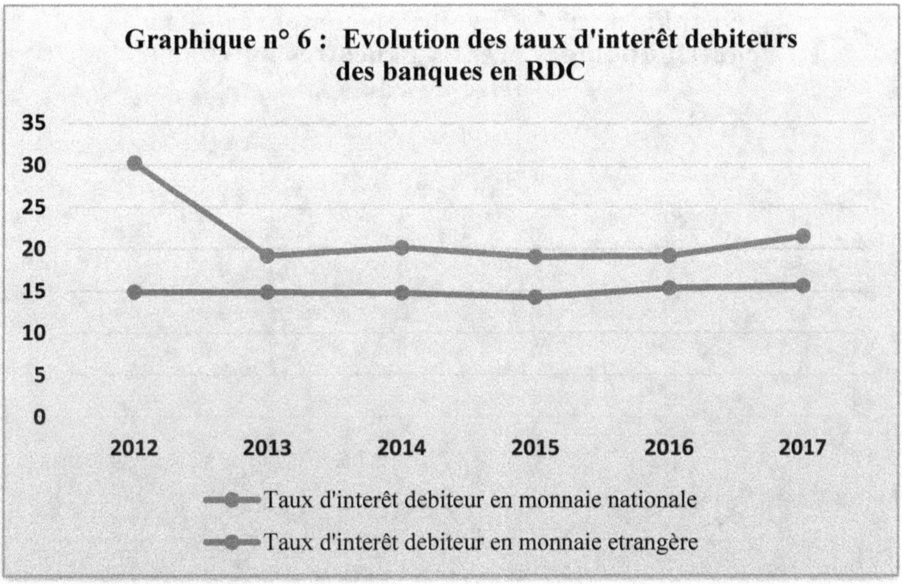

Source : Banque centrale, 2018

Commentaire :

- Le coût de crédit élevé résulte notamment d'importantes charges de structure auxquelles font face les établissements de crédit et d'une anticipation des risques surestimés liés, entre autres, à l'environnement de crédit.
- Le taux d'intérêt débiteur en monnaie nationale est plus élevé que celui en monnaie étrangère à cause de la volatilité de la valeur de la monnaie nationale due à l'inflation.

Tableau N° 46 : Évolution comparée de la contribution des crédits bancaires au secteur privé dans le pib (%)

Pays	2012	2013	2014	2015	2016	2017
Afrique du SUD	66,9	65,9	65,7	66,6	65	63,4
Côte d'Ivoire	16,8	18,3	19,7	22,7	23,8	24,8
Kenya	30,1	32,5	34,9	34,9	31,8	28,3
Rwanda	15,2	15,4	16,6	19,7	19,3	19,3
RDC	6,95	8,31	8,64	9,81	9,26	8,29

Source : Banque centrale du Congo, 2018

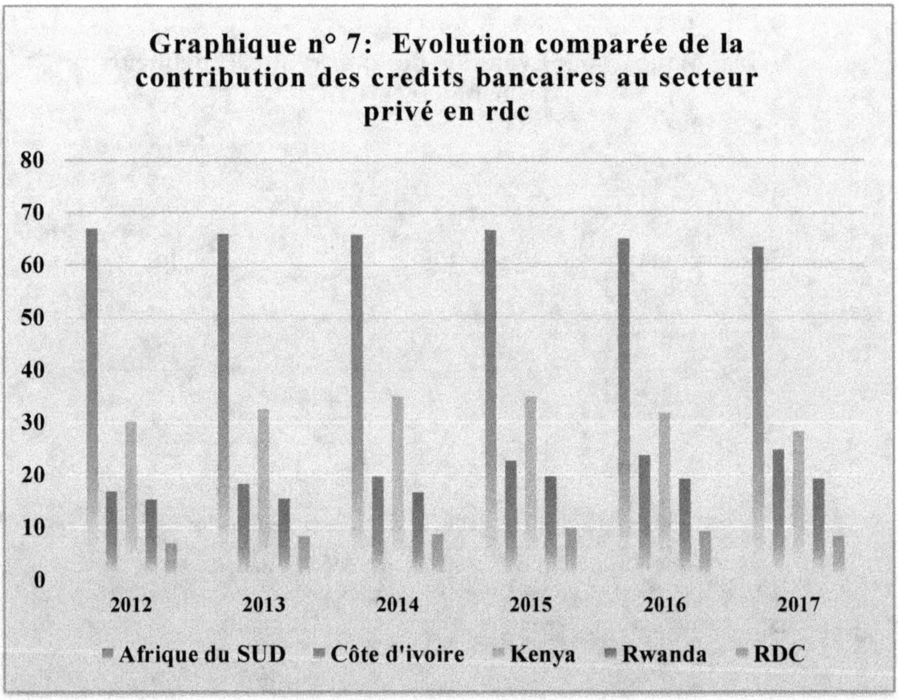

Commentaire

Entre 2012 et 2017, la RDC a un faible niveau de financement de l'économie par le secteur financier comparativement aux autres pays de l'Afrique Subsaharienne tels que la Côte d'Ivoire, le Kenya, l'Afrique du Sud et le Rwanda.

Tableau n° 47 : Évolution des comptes bancaires en Rdc

Années	Nombre des comptes
2010	600 000
2011	741 370
2012	1 274 034
2013	2 016 918
2014	2 035 089
2015	2 203 857
2016	2 925 446
2017	3 911 387
2018 (fin mars)	4 452 034

Source : Banque Centrale, 2018

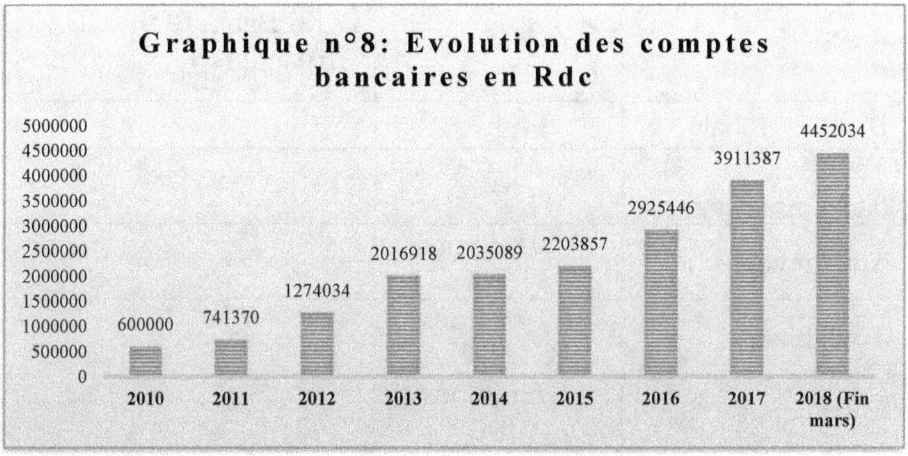

Source : Banque centrale du Congo, 2018

Commentaire

Entre 2010 à 2018, il s'observe un accroissement exponentiel du nombre de comptes bancaires.

Cet accroissement serait impulsé par la bancarisation de la paie des fonctionnaires exigée par le Gouvernement de la RDC.

Toutefois, comparé au nombre total d'habitants, ce taux demeure encore très faible et représente près de 6% contre 18 % qui est la moyenne en Afrique Subsaharienne.

Tableau N° 48 : Cartographie de l'industrie bancaire en Rdc (2018)

Données	Valeur	Observations
Nombre de banques présentes dans la Province	17	Voir la cartographie
Banques locales	4	-TMB, -Rawbank, -BCDC, -Sofibanque
Banques régionales	11	Ecobank, Equity, Standard Bank, Access, FBN Bank, BGFI Bank, BOA, UBA, Afriland, Byblos, Advans
Banque globale	1	Citi
Taux de bancarisation	6%	
Total revenus	700 millions USD	
Total bilans	5.7 millions USD	
Total dépôts	3.7 millions USD	
Total crédits	2 milliards USD	
Banque en liquidation	1	FIBANK
Banque sous surveillance	1	BIAC
Banques membres du réseau Swift	16	

Source : Communication personnelle de Monsieur Yannick Mbiya, Directeur régional du Trust Merchant Bank, Katanga Business meeting, 26 mai 2018

➢ Contraintes liées au financement[68]

Le financement de l'économie est caractérisé par :

- des crédits orientés essentiellement vers le secteur du commerce général au détriment des secteurs moteurs tels que l'industrie, l'agriculture et les mines ;
- une prédominance des crédits à court terme (57 % en 2017 contre 7% et 36% respectivement de prêts à LT et à MT) ;
- une éviction du financement de l'économie nationale au profit des économies étrangères du fait d'importants placements auprès des correspondants étrangers, pour l'essentiel non rémunérés ;
- le coût de crédit élevé et l'étroitesse du marché ;
- le manque de collatéraux ;
- la méconnaissance du fonctionnement du secteur financier ou l'analphabétisation financière ;
- les crédits bancaires essentiellement en monnaies étrangères et orientés aux entreprises privées alors que les plus grands déposants sont des ménages.

  Nonobstant les évolutions significatives observées au niveau de l'activité de l'intermédiation financière, la contribution du secteur financier dans la croissance de l'économie congolaise reste faible du fait de facteurs ci-après :

❑ *Au niveau de l'environnement du crédit*

- Environnement socio-économique (stabilité politique et macroéconomique fragile), juridique et judiciaire peu favorable au climat des affaires ;
- Important déficit en infrastructures et étroitesse du marché (Énergie, connexion internet, réseaux routier, ferroviaire, etc.), ce qui freine les opportunités économiques et limite l'expansion de l'activité bancaire.
- Absence du cadre institutionnel favorable à l'essor du marché financier ;

[68]Communication personnelle du Directeur des analyses économiques de la Banque centrale du Congo à la conférence de la BCC « de la relance à la croissance durable : quel modèle pour l'émergence de la RDC » Lubumbashi, mai 2018.

- Dollarisation de l'économie nationale.
- Faible capacité du système financier à répondre efficacement à la demande des crédits des investissements productifs du fait d'une part, de la nature des ressources de courte maturité, et d'autre part de la faible capitalisation des banques.
- Fiscalité et parafiscalité : Multiplicité des services publics de contrôle des transactions bancaires et perception des frais indus pour l'obtention des documents administratifs.

❑ *Au niveau de l'offre du crédit*

- Paysage financier peu diversifié caractérisé notamment par l'absence d'institutions financières spécialisées performantes pour le financement de certains secteurs moteurs de l'économie non couverts par les banques privées tels que l'agriculture, l'habitat, l'industrie (crédits à long et moyen termes) ;
- Faible inclusion financière du fait de la concentration des institutions financières dans les grandes villes ;
- Absence de mécanismes efficaces d'encadrement (éducation financière) et de garantie de crédits pour faciliter l'accès au financement, notamment aux PME, Start-Up, etc.;
- Modicité des ressources ;
- Prépondérance des dépôts à vue impliquant une absence des ressources à moyen et long termes, censés soutenir significativement la croissance.

❑ *Au niveau de la demande du crédit*

- Manque de culture de la part des agents économiques sur l'épargne à long terme ;
- Faible culture bancaire au regard de la faiblesse des revenus et du scepticisme né des crises des années 1990.
- Absence d'un filet de sécurité de dépôts pour assurer les déposants en cas de faillite bancaire.

b) Situation bancaire dans la Province du Haut-Katanga

Dans la province du Haut-Katanga comme dans les autres provinces de la RDC, le secteur bancaire est dominé par les banques commerciales qui, malheureusement n'accordent pas de financements de longues durées. Il n'existe pas des banques d'investissement.

En outre, certains territoires de la province du Haut-Katanga ne disposent pas de banques. C'est le cas par exemple, des territoires de Kasenga et de Mitwaba. Toutefois, pour faciliter les transferts et la circulation des fonds sur l'étendue de la province, quelques privés expatriés et congolais ont créé des messageries financières dans certains coins reculés, parfois sous forme des services phonies. L'Église catholique quant à elle organise aussi un service d'épargne et des micro-crédits dans certaines paroisses en vue de favoriser une éducation financière et contribuer à la lutte contre la pauvreté.

Outre la Banque Centrale du Congo, la province du Haut-Katanga héberge 15 banques commerciales. L'une d'entre elles à savoir TMB a son siège social à Lubumbashi. Aucune banque n'appartient à 100 % aux nationaux.

Ci-après, la cartographie des institutions bancaires et non bancaires dans la Province du Haut-Katanga :

Tableau N°49 : Cartographie des institutions Financières dans la province du haut-Katanga

	Désignation	Succursale ou guichet	Observa-tions
1	Banque Commerciale du Congo(BCDC)	1. Lubumbashi 2. Likasi	
2	Banque Gabonaise Française Internationale (BGFI Bank)	3. Lubumbashi	
3	Banque internationale pour l'Afrique au Congo (BIAC)	4. Lubumbashi 5. Likasi 6. Kasumbalesa 7. BIAC	Sous surveillance
4	Stanbic	8. Lubumbashi	
5	Rawbank	9. Lubumbashi 10. Likasi 11. Kasumbalesa 12. Sakania	
6	Ecobank	13. Lubumbashi	
7	TMB (Trust Merchant Bank)	14. Lubumbashi 15. Likasi 16. Kilwa 17. Kasumbalesa	
8	Equity	18. Lubumbashi	
9	Afriland First Bank	19. Lubumbashi	
10	Sofibank	20. Lubumbashi	
11	Fibank	21. Lubumbashi	En liquidation
12	UBA	22. Lubumbashi	
13	Standard Bank Congo	23. Lubumbashi	
14	CITIGROUP	24. Lubumbashi	
15	FBN Bank DRC S.A	25. Lubumbashi 26. Pweto	

Source : Banque centrale du Congo/Agence de Lubumbashi, 2018

Tableau N°50 : Cartographie des institutions financières non bancaires opérant dans le Haut-Katanga

N°	Désignation	Succursale ou Guichet
1	IMF Tujenge	1. Lubumbashi
2	IMF FINCA	2. Lubumbashi 3. Likasi
3	IMF HOPE	4. Lubumbashi
4	CADECO	5. Lubumbashi

Source : Banque Centrale du Congo/Agence de Lubumbashi

Il sied de noter, l'existence des structures informelles, dans certaines églises, qui effectuent aussi des opérations d'épargne, de microfinance et des messageries financières pour des montants relativement faibles.

Tableau N° 51 : Cartographie des messageries financières

N°	Désignation	Succursale ou guichet	Observations
1	Agence Goldorak	1. Lubumbashi 2. Likasi 3. Sakania 4. Mokambo	
2	Agence Baudouin Transfert	5. Lubumbashi 6. Likasi 7. Sakania 8. Mokambo	
3	Amis Fidèles Transfert	9. Lubumbashi	
4	National transfert Service	10. Lubumbashi	
5	Soficom	11. Lubumbashi 12. Likasi 13. Kasumbalesa 14. Pweto	
6	Solidaire Transfert	15. Lubumbashi 16. Likasi 17. Kasumbalesa	
7	African Express	18. Lubumbashi	
8	Agence Aiglon service	19. Lubumbashi	
9	Agence la Grâce	20. Lubumbashi	
10	Cash Express	21. Lubumbashi	
11	Express union	22. Lubumbashi 23. Kasumbalesa	
12	Kin express Services	24. Lubumbashi	
13	Money Trans	25. Lubumbashi	
14	ZM Business	26. Lubumbashi	

Source : Banque centrale du Congo/Agence de Lubumbashi

En plus de ces messageries financières, Western Union, money gram fonctionnent dans la Province du Haut-Katanga et disposent de plusieurs guichets disséminés dans les différentes villes de la Province à savoir : Lubumbashi, Likasi et Kasumbalesa.

Nature des services offerts par ces banques dans la province du haut-katanga

Excepté la Banque Centrale du Congo, toutes les autres banques sont des banques commerciales qui offrent les principaux services suivants :

- la tenue de compte courant des personnes physiques ou morales avec possibilité de découvert ;
- la tenue de compte salaire pour les employés avec possibilité de découvert ;
- la tenue de compte épargne ;
- instruments de paiement fiables et sécurisés : carte prépayée, carte de débit, carte de crédit ;
- un réseau de distributeurs automatiques de billets ;
- un accès permanent aux comptes et aux services bancaires via l'e-banking ;
- un service SMS alert ;
- des placements à court, moyen et voire long terme pour certaines banques ;
- un service cash management permettant aux clients de gérer leurs comptes depuis leurs lieux de travail ;
- une possibilité des transactions avec les différents pays grâce au réseau international de correspondants ;
- des dépôts à terme etc.

S'agissant d'accès aux crédits, les mécanismes de sûreté ci-après sont exigés selon les différents cas :

- disposer d'un compte logé dans la banque,
- domicilier les salaires dans la banque ;
- hypothéquer les titres de propriété ;
- disposer d'une facture qui couvre une livraison d'un service ou d'un bien à une société ayant son compte domicilié dans la banque.

La durée moyenne de prêt varie de 1 année à 5 années et se fait au cas par cas.

14. Secteur de commerce

Le commerce dans la province du Haut-Katanga est le secteur où l'on trouve des acteurs de diverses origines. Parmi les étrangers qui évoluent aux côtés des congolais, la plupart sont d'origine asiatique (libanais, indiens, pakistanais, chinois etc.) on y compte aussi quelques ouest africains (maliens, sénégalais) ainsi que quelques occidentaux (belges, grecs, italiens, portugais). Ces opérateurs commercialisent des articles qui ont, généralement, trait à la quincaillerie, à l'alimentation, à l'habillement, aux pièces de rechange, aux appareils électroménagers, aux pièces de rechange utiles à l'industrie extractive de cuivre et cobalt, aux produits pharmaceutiques, aux consommables informatiques, aux produits cosmétiques. Une grande partie de ces articles proviennent de l'Asie : Chine, Dubaï, Inde et Turky. Les produits alimentaires (Farine de maïs, maïs grains, haricots, viande, sucre, riz) par contre proviennent principalement des pays voisins (Zambie, Tanzanie, Afrique du sud) ; la quasi-totalité des produits pharmaceutiques provenant essentiellement de l'Asie.

Jadis, les produits manufacturiers commercialisés dans la province du Haut-Katanga provenaient de l'Europe ; mais actuellement, il s'observe une préférence pour les articles provenant de l'Asie et de la République Sud -africaine. Cela est vraisemblablement dû au fait que les articles provenant de l'Asie coûtent moins cher par rapport à ceux provenant de l'Europe ou de l'Amérique.

Quant aux pièces de rechange, supports à l'industrie extractive, les sociétés minières installées dans le Haut-Katanga s'adressent principalement vers l'Afrique du Sud suite à la proximité qui écourte la durée de livraison et à la parité de sa monnaie (rand) par rapport aux dollars qui est souvent favorable à ces sociétés minières qui détiennent des dollars américains. Par ailleurs, ces dernières années, il s'observe aussi une installation par des asiatiques des grands dépôts tampons dans lesquels sont entreposées des pièces de rechange de différentes natures aux fins d'approvisionner les sociétés minières à partir de Lubumbashi. À terme, ces centrales d'achat ne laissant aucune chance à l'initiative privée des entrepreneurs congolais et peuvent affecter l'application de la loi sur la sous-traitance du secteur privé en République Démocratique du Congo.

La distribution dans les grandes surfaces est assurée par quelques supermarchés (Jambo mart, hyper psaro, mégastore, galaxie, liberty ma maison, Kin marché ...) appartenant aux expatriés. La quasi-totalité des produits qui y sont exposés sont importés.

En dépit de l'existence du Décret du Premier Ministre, n° 11/37 du 11 Octobre 2011 portant mesures conservatoires en matière d'exercice du petit commerce de détails qui consacre l'exclusivité de l'exercice du petit commerce de détail aux seuls congolais, il s'observe encore malheureusement une présence massive des étrangers dans le commerce de détail.

Pour assurer la défense des intérêts des opérateurs économiques ainsi que la promotion des affaires, des chambres de commerce ont été installées dans la province, dont les plus actives sont la Fédération des entreprises du Congo (FEC en sigle), l'agence wallonne à l'exportation (AWEX), la COPEMECO et la chambre de commerce et d'industrie Franco-congolaise (CCIF). Par le nombre d'affiliés et la diversité d'assistances offertes, la Fédération des entreprises du Congo (FEC) se présente comme la mieux structurée. Les autres chambres de commerce commencent aussi timidement à avoir progressivement pignon sur rue. C'est le cas par exemple de l'agence wallonne aux exportations (AWEX) et de la chambre de commerce et d'industrie franco-congolaise (CCIF) qui vise la promotion et le développement des échanges entre les entreprises françaises et congolaises. Créée en 1987, cette chambre de commerce et d'industrie franco-congolaise s'impose timidement comme partenaire privilégié au sein de la communauté d'affaires franco-congolaise. Grâce au réseau CCI France international [69], la CCIFC ouvre les portes de l'international aux entreprises congolaises pour établir des relations d'affaires dans le monde entier, investir en France, participer aux grands évènements économiques mondiaux et visiter des salons internationaux.

Enfin, le service commercial de l'Ambassade des USA à Kinshasa animé de mains de maître entre 2016 et 2018 par un jeune congolais du nom d'Elizé Kaozi entretient une relation permanente avec les milieux d'affaires de la province du Haut-Katanga pour booster les relations d'affaires entre les opérateurs économiques de l'hinterland minier du Katanga et ceux des États-Unis d'Amérique. C'est d'ailleurs dans ce cadre qu'une délégation composée des officiels de 4 provinces issues du Katanga avait participé en 2016 à Min Expo, une grande

[69] www.ccife-rdcongo.org

exposition et conférence minière du niveau mondial qui avait eu lieu à Las Vegas au Nevada.

15. Secteur des services

Le secteur des services n'est pas très développé dans la province du Haut-Katanga. Il est dominé par les entités impliquées dans l'industrie hôtelière, les agences de voyages, les sociétés de gardiennage, les médias, les garages et les sociétés de nouvelles technologies de l'information et de la communication, entités auxquelles il faudra associer les entreprises de construction et les entreprises de transport des personnes ainsi que des biens.

Il sied de noter que le secteur de transport irrigué par une part importante de la rente minière générée dans l'hinterland minier du Katanga est dominé par les entreprises transporteuses des produits miniers et des intrants utiles aux entreprises minières.

a) Industrie hôtelière

À la faveur du boom minier, la Province du Haut-Katanga connaît une fréquentation massive des étrangers à l'afflux des opportunités qu'offre le secteur minier de la région. La demande de logement influe sensiblement sur le prix de logement et d'hébergement et incite certains opérateurs économiques à construire des hôtels et des guest-houses.

La présentation succincte de la situation de l'hôtellerie dans la province du Haut-Katanga

- L'hôtel Pullman Grand Karavia

L'hôtel Karavia devenu Pullman Grand Karavia hôtel, est un ancien hôtel construit en 1973 par le Gouvernement congolais. Il a été réhabilité grâce au partenariat public-privé sous le mode « Build, Operate and Transfer » (BOT). Tout en demeurant une propriété du Gouvernement congolais, il est actuellement géré par la chaîne Pullman[70]. Cet hôtel est un excellent lieu d'hébergement doté d'un night-club, d'un vaste parking, d'une piscine ayant une vue sur un

[70] Entretien avec la Direction Générale de l'hôtel pullman Grand Karavia

vaste jardin. Situé au quartier Golf de la ville de Lubumbashi, au bord du lac Kipopo et dans un parc de près de 9 hectares ; il est un cadre parfait pour les dîners d'affaires. Avec une capacité de 197 chambres et suites spacieuses et climatisées disposant d'une salle de bain privée, d'un bureau, d'une télévision avec écran plasma et d'un accès Wifi gratuit, cet hôtel dispose de 4 salles de réunion, une piscine extérieure, des terrains de tennis, deux bars, un restaurant, une salle de spectacle d'une capacité maximale de 300 personnes. La capacité de sa salle de spectacle ne couvre parfois pas les besoins de la province appelée à organiser des manifestations de grande envergure comme des journées minières (DRC mining week), des concerts ou des conférences internationales. Pour augmenter la capacité d'accueil des évènements, l'hôtel a érigé un chapiteau pouvant accueillir près de 500 personnes.

➢ Park Hotel

Park hôtel est l'un des plus anciens hôtels haut standing de la province du Haut-Katanga. Situé au cœur de la ville de Lubumbashi, il compte 80 chambres. Construit depuis 1928, cet hôtel qui a connu quelques secousses suite à des différends sur son actionnariat garde encore son architecture occidentale.

Sa localisation au cœur de la ville de Lubumbashi lui donne une valeur ajoutée appréciable pour un divertissement after work.

Il dispose d'une salle de spectacle ayant la capacité de 150 personnes. À cet hôtel, les soirées sont agrémentées par des karaoké au répertoire varié animé par des artistes musiciens professionnels.

➢ Les hôtels de standing intermediaire

La province du Haut-Katanga compte quelques hôtels d'un standing intermédiaire, construits ou réhabilités au cours de ces 20 dernières années. Les plus importants en termes de standing et de chambres sont les suivants : hôtel rift Congo, hôtel river side, hôtel gloria in, hôtel ikoma, planet hollyboom, hôtel la scala, hôtel relaxe, hôtel mbala, hôtel Kango, hôtel big Five, hôtel la fantaisie, hôtel la source. Certains hôtels de cette catégorie sont localisés dans la ville de Likasi. Nous pouvons citer : hôtel relaxe, hôtel la scala, hôtel Riviera, hôtel Sainte Thérèse etc.-

Tableau N° 52 : Capacité d'accueil de principaux hôtels du haut-katanga

Hôtel	Nombre de chambres	Observations
Gloria Inn		
Rift Congo		
La source	70	Prix par nuitée (100-150)
River side		
Planet Holly boom	27	Prix par nuitée (140-180)
Hôtel du Centre	37	
Beau site		
Big five		
Ngokaf	54	
Ikoma		
Transit	32	
Oasis		
Park Hôtel	80	Construit depuis 1928
Mbala	17	Prix par nuitée (60-80)
Belle vue	28	
Pullman Grand Karavia	197	Construit depuis 1973

Source : Tableau élaboré par nous-même sur base des données de notre enquête de terrain

Commentaire

Malgré la construction des nouveaux hôtels, la ville de Lubumbashi n'a pas encore une capacité d'accueil suffisante pour héberger des activités d'envergure internationale à l'instar d'une coupe d'Afrique des Nations. Il est donc compréhensible que la demande de logement toujours grandissante contre une offre limitée justifie le niveau élevé de prix par nuitée.

b) Agences de voyage

La province du Haut-Katanga dispose de plusieurs agences de voyage dont les plus actives sont :

- Jeffery travels
- Icare travels
- IMMOAF
- Malabar business
- Satguru
- Miles Travel
- Cts
- Icare travels
- VIP travels
- Al Heelam
- Morning star travel
- Travel now
- Travel plus, etc.

Excepté Jeffery travels qui facilite l'obtention des visas pour Dubaï, la Chine et l'Inde, la plupart de ces agences de voyage se limitent à assurer les réservations et la vente des billets pour les vols tant nationaux qu'internationaux, ainsi que l'assistance pour les protocoles des voyageurs.

La population du Haut-Katanga est appelée à se déplacer physiquement pour Kinshasa (une distance de près de 2000 kms) afin d'obtenir leurs visas des États-Unis ou de l'Europe.

S'agissant de visas européens, il existe une possibilité de faire des formalités au consulat de Belgique.

Le déplacement vers Kinshasa entraîne des coûts supplémentaires. Suite à cet « enclavement » de la province, les déplacements vers l'extérieur du pays sont relativement limités.

Compte tenu de la proximité avec la Zambie, les populations de la province du Haut-Katanga se rendent à Lusaka pour obtenir les visas de certains pays notamment pour les États-Unis d'Amérique.

Pour certains autres pays qui n'ont pas d'Ambassade à Kinshasa comme l'Indonésie, le Canada, les demandeurs de visas sont parfois contraints de se rendre dans les capitales des autres pays : Nairobi au Kenya ou Lusaka en Zambie.

La province du Haut-Katanga devrait faire un plaidoyer auprès des instances compétences pour qu'il y ait une forte présence des représentations diplomatiques sur place à Lubumbashi.

c) Societe de gardiennage

Dans le Haut-Katanga, les sociétés de gardiennage tenues par les privés étaient déjà une réalité avec les sociétés minières appartenant à l'État comme la Gécamines, la SNCC et la Sodimico. La libéralisation du secteur minier ainsi que son expansion ont eu une incidence sur l'accroissement de besoin de gardiennage. Ainsi, plusieurs maisons de gardiennage ont vu le jour dans la province.

Ces sociétés s'étaient d'abord focalisées sur le gardiennage des sociétés minières (concession minière, usine…) mais avec la recrudescence de l'insécurité, plusieurs particuliers recrutent actuellement des sociétés de gardiennage pour la protection de leurs entreprises ou de leurs domiciles.

L'existence de ces sociétés se justifie aussi par le souci de combler le déficit en effectif de la police nationale congolaise.

d) Médias

La province du Haut-Katanga compte plusieurs maisons privées de presse audio-visuelle. Il s'agit notamment des maisons ci-après :

- Mwangaza
- Héritage
- Dynamic
- La Voix du Katanga
- Malaïka
- Molière
- Zénith
- Phœnix
- Nyota
- Juwa
- HK6
- Radio phénix université
- Radio canal télé Lubumbashi etc.-

Ces maisons de presse privées sont commerciales et leur thématique est axée sur la publicité commerciale, le sport, la musique et les informations d'actualité. Certaines de ces maisons, faut-il le souligner, sont des créations des églises soucieuses de partager leur message. C'est le cas de Radio-télé Canal de vie de l'Église évangélique Viens et vois, Radio parole de l'Éternel, radio Don Bosco, radiotélévision umoja, radiotélévision Ozana, radio Zenith, Golgotha radio.

Une presse écrite à vocation commerciale et une antenne de l'agence congolaise de presse (ACP en sigle) fonctionnent aussi dans la province. En outre, le journal officiel dispose à Lubumbashi d'une antenne dont les bureaux sont situés sur l'avenue des chutes au croisement avec l'avenue Kamanyola dans l'enceinte des bureaux des inspecteurs territoriaux. On y trouve les différentes publications des actes officiels de la République Démocratique du Congo.

e) Les sociétés de nouvelles technologies de la communication et de l'information dans la province du Haut-Katanga

En République Démocratique du Congo en général et dans la province du Haut-Katanga en particulier, il existe des sociétés providers en nouvelles technologiques de l'information. Les principales sont les suivantes :

- Vodacom Congo,
- Airtel Congo,
- Africell
- Orange
- Sogetel (en faillite)

Cette dernière, tombée en faillite à cause des difficultés de fonctionnement, était une filiale de Gécamines.

En plus de l'internet, ces sociétés offrent aussi les services ci-après :

- la téléphonie,
- le paiement électronique: mobile banking,
- l'achat et vente des appareils téléphoniques,
- installation de Vsat etc.

f) Garages

La Province du Haut-Katanga regorge quelques garages pour la maintenance des véhicules et autres engins.

Les plus importants sont :

- Garage Bosch situé à Lubumbashi sur l'avenue industrielle,
- Garage Mercury situé dans la commune de Kamalondo et à Kolwezi,
- Garage Cité des Jeunes situé dans la commune annexe au quartier Kafubu,
- Garage Georges situé au quartier industriel de la ville de Lubumbashi ;
- Garage Katanga Motors (Mercedes) situé sur l'avenue Laurent Désiré Kabila ;
- Garage Tata situé sur le boulevard Lumumba ;
- Garage Bianchi situé dans le quartier industriel ;
- CFAO Motors, situé à Lubumbashi, sur l'avenue savonnier dans la commune Kampemba.

Ce dernier est aussi concessionnaire exclusif des véhicules de marque Toyota.

Par ailleurs, plusieurs particuliers ont aussi des garages qu'ils exploitent dans leurs parcelles mais ces derniers sont sous-équipés en outillage. Ils s'approvisionnent en pièces de rechange aux marchés de la commune Kenya où se vendent plusieurs pièces de rechange de seconde main en provenance principalement de Dubaï.

16. Secteur de construction

La Province du Haut-Katanga dispose d'une industrie de construction relativement développée. À l'exception de la société New Baron Leveque (NBLIA en sigle) qui s'est spécialisée en construction métallique pour soutenir l'industrie minière, d'autres entreprises de ce secteur se limitent à la construction générale comme Edile construction, KSB, Malta Forrest, Safricas.

Malgré le potentiel important des minéraux industriels (sables, graviers, moellons, argiles …) dans la province du Haut-Katanga, le marché de construction n'est pas encore saturé parce que la demande de sociétés minières n'est pas totalement couverte par l'offre locale. S'agissant de la production d'acier, elle est principalement dominée par les sociétés SOTRAFER, Pro steel. La production locale de l'acier ne couvre pas encore le besoin de la Province, une bonne quantité de cet article est importée.

17. Secteur de transport

a) Transport routier

L'accroissement de la Production de produits miniers ainsi que celui de la population ont engendré un besoin important en transport dans la province. Il a fallu, pour évacuer les produits miniers de la région pour l'année 2016 (Voir tableau n°15 ci-dessus) plus de 51000 courses pour les trucks de plus ou moins 40 tonnes.

Trois principales grandes sociétés nationales de transport routier des minerais Hakuna Matata, Habari Kani et Muzuri Sana sont opérationnelles dans la région[71]. Ces trois sociétés disposent d'un charroi estimé à plus de 1200 camions long courrier. Les plaques de ces camions sont à immatriculation congolaise.

En plus de ces sociétés de droit congolais, plusieurs camions à immatriculation étrangère circulent dans la province ; transportant des minerais destinés à l'exportation et ramenant des intrants supports à l'industrie minière.

Un flux important de la rente minière échappe à l'économie du pays et de la province suite à la présence de plusieurs sociétés de droit étranger dans ce secteur. À la faveur de la loi sur la sous-traitance, ce secteur pourra être occupé par les entreprises de droit congolais promues par les Congolais, à condition que les opérateurs économiques congolais engagés dans le transport ait accès au financement nécessaire pour acquérir des camions et remorques en nombre suffisant pour résorber la demande toujours croissante des miniers.

---

[71] Division de transports de la province du Haut-Katanga,2017

b) Transport des personnes

Le transport des personnes est un secteur essentiellement dominé par le privé pour la simple et bonne raison qu'il n'existe aucune entreprise publique de transport des personnes par voie routier dans la province du Haut-Katanga.

Bon nombre de transporteurs privés qui exercent dans cette province ne sont pas organisés en entreprise et le font sous forme d'activité de subsistance pour subvenir aux besoins de survie de leurs ménages. Seuls quelques privés qui assurent le transport interurbain sont organisés sous forme d'entreprises relativement structurées. C'est le cas de Transkat, Mulykap. Cette dernière qui appartient à un sujet congolais répondant au nom de Patrick Muland Kabey, semble être la mieux structurée et dispose d'un charroi important de 120 bus d'une capacité variant entre 20 et 40 passagers, des parkings modernes dotés des installations sanitaires bien entretenues et des stations de carburant en propre, un personnel discipliné et mieux formé. La société mulykap est à considérer comme une réelle expérience de réussite « success story » d'un jeune entrepreneur congolais.

À ces deux entreprises congolaises promues par les Congolais, quelques sociétés promues par les étrangers opèrent aussi dans la région il s'agit notamment des sociétés Taqua, Efe trans, vejor, Soleil africain international et Classic coach. En plus du transport interurbain voire interprovincial (Lubumbashi-Kolwezi ou Lubumbashi – Kalemie), les sociétés Taqua, Classic coach et Vejor font aussi le transport international (Zambie, Tanzanie, la République Sud-Africaine et le Zimbabwe).

18. Secteur des micro-petite et moyenne entreprises (MPME)

a) Constat général du secteur

Comme dit précédemment, le cours très favorable de métaux a attiré des nombreux investisseurs dans le secteur minier du pays et de la province du Haut-Katanga. Cependant, suite à des raisons diverses, il s'observe sur le terrain un faible ancrage des petites et moyennes entreprises de droit congolais, promues par les Congolais dans ce secteur. L'accélération de la mise en œuvre de la loi sur la sous-traitance avec une forte implication du gouvernement provincial peut être une solution si elle est bien encadrée.

Le manque d'une politique adéquate d'accompagnement des MPME semble être à la base du faible tissu des petites et moyennes entreprises dans la province.

b) Initiative des partenaires pour promouvoir les MPME

Une enquête effectuée en 2017[72], menée par le cabinet Deloitte et par la Banque mondiale sous forme d'une analyse quantitative basée sur plus de 2000 entreprises sélectionnées au hasard dans les 4 zones à savoir Kinshasa, Matadi, Goma et Lubumbashi et une analyse qualitative basée sur des entretiens et focus group ; a révélé ce qui suit :

À Lubumbashi, les principaux secteurs dans lesquels opèrent les micros, petites, moyennes entreprises (MPME en sigle) sont : l'industrie, le commerce de gros, le commerce de détail et les services. La répartition des MPME par secteurs à Lubumbashi se présente comme suit :

Tableau N°53 : Répartition des mpme par secteurs à Lubumbashi

SECTEURS	%
Industrie	**23 %**
Commerce de gros et de détail	**17 %**
Services	**14 %**
Agriculture, chasse, pêche	**10 %**
Services communautaires et sociaux	**9 %**
Autres	**27 %**

Source : Rapport mi-parcours équipe projet PADMPME

[72] Atelier de restitution de l'enquête de la Banque Mondiale / projet d'appui à la promotion des micros, petites et moyennes entreprises (PADMPME) Novembre 2017 à l'hôtel Rift Congo /Lubumbashi

Graphique n° 9: Repartition des MPME par secteurs

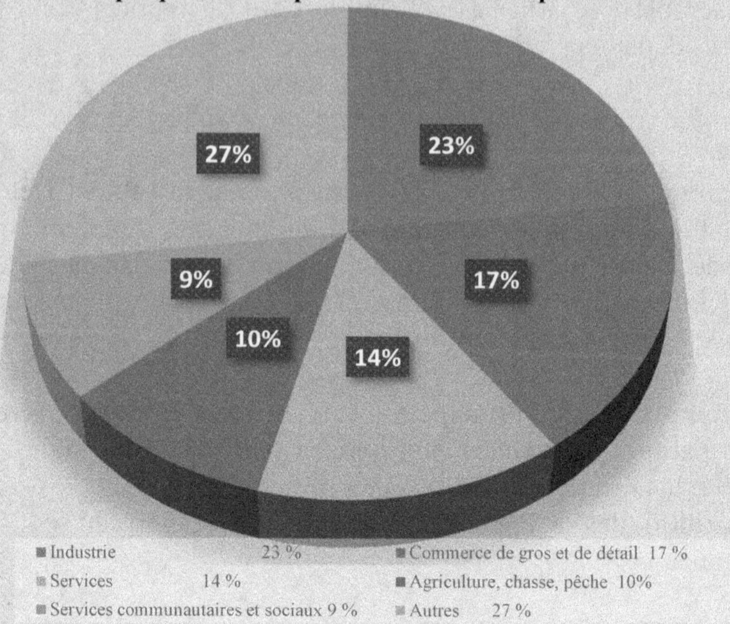

➢ Conclusions générales de l'enquête

Il a été observé un potentiel certain et une volonté d'entreprendre manifestée par les jeunes dans les villes sélectionnées pour l'intervention. Il a été aussi observé que malgré le potentiel de croissance réel ces dernières années, des contraintes à la fois internes et externes continuent de peser sur les MPME.

Sur le plan interne, les contraintes identifiées sont les suivantes :

- difficultés d'accéder au financement ;
- difficultés de faire face à la fiscalité (taxes et impôts) ;
- instabilité politique.

Sur le plan interne, les contraintes identifiées sont les suivantes :

- déficit des compétences,
- manque de personnel qualifié
- besoin d'expertise en gestion d'entreprise : comptabilité, management juridique et fiscal,

En outre, cette enquête a révélé une demande de services de soutien au développement des MPME. Selon cette enquête, les MPME souhaitent bénéficier des services ci-après :

- aide financière et/ou des facilités d'accès au crédit ;
- accès à davantage de formations ;
- achat de matériels et d'équipement ;
- soutien juridique (accompagnement sur la mise en œuvre et le respect des normes liées à la législation sur les MPME et un accès à des services professionnels ;
- accès à des partenariats avec des professionnels.

C'est dans cette optique que les entrepreneurs avaient souligné l'opportunité de créer une sorte de « maisons des MPME » facilitant :

- la mutualisation des services d'un commissaire aux comptes, d'un cabinet d'audit ou d'un cabinet juridique. En effet, l'accès à ces services bénéfiques pour améliorer la trésorerie de leur entreprise et renforcer leur crédibilité sur le marché a été jugé trop coûteux.
- le partage d'expérience et l'accès à l'information (réglementation, aides fiscales…).

c) Développement du capital humain

Comme illustré par les statistiques de l'institut national de statistiques ci-après, la province du Haut-Katanga est et va demeurer encore d'ici 2025 l'héritière de l'ex. Katanga la plus peuplée et la plus dense par rapport aux 3 autres provinces issues du Katanga.

Tableau N° 54 : Projections démographiques de la province du Haut-Katanga 2019-2025 (en milliers)

Province	2019	2020	2021	2022	2023	2024	2025
Haut-Katanga	5 462	5 719	5 988	6 269	6 564	6 873	7 196
Masculin	2 716	2 844	2 978	3 118	3 264	3 418	3 579
Féminin	2 746	2 875	3 010	3 152	3 300	3 455	3 618

Source : INS/DSDS

Selon l'Institut National de statistique d'ici 2025 (voir tableau n° 54), la province du Haut-Katanga aura une population évaluée à 7 196 000 d'habitants dont 3 579 000 hommes et 3 618 000 femmes. A-t-elle seule, elle aura encore plus de la moitié de la population de 4 provinces issues du Katanga qui est projetée à près de 12 millions d'habitants d'ici 2025[73].

Ce nombre élevé de la population entraîne des défis en termes de santé, éducation et alimentation.

Le système éducatif actuel est en inadéquation avec le besoin de la société. Une course vers le diplôme universitaire est observée avec espoir de faire carrière dans les entreprises publiques dont la Gécamines, société nationale des chemins de fer (SNCC) et dans l'administration. Les instituts supérieurs et universitaires sont créés dans les différentes villes et territoires sans nécessairement une prise en compte suffisante de la disponibilité du corps enseignant.

Les centres de formation qui, à la belle époque de la Gécamines et de la Société nationale des chemins de fer fournissaient du personnel qualifié ne sont plus en mesure de le faire avec grande satisfaction suite à des nombreuses contraintes opérationnelles.

Le secteur public a presque abandonné l'initiative de création des écoles aux promoteurs privés et de ce fait perd en quelque sorte son pouvoir régulateur de ce secteur tant vital pour la survie de la province et du pays. Cela peut s'observer par la faible importance des ressources allouées et déployées dans les secteurs sociaux de base : éducation, santé et agriculture.

---

[73] INS/DSDS, 2018

3.
Secteur des finances publiques provinciales

Fondement légal des finances publiques provinciales

La Constitution de la République Démocratique du Congo telle que modifiée par la loi N°11/002 du 20 janvier 2011, en son article 171 et la loi n°08/012 du 31 juillet 2008 portant principes fondamentaux relatifs à la libre administration des provinces en son article 43 disposent que « les finances du pouvoir central et celles des provinces sont distinctes ».

L'article 175 de la Constitution stipule que la part des recettes à caractère national allouées aux provinces est établie à 40%. Elle est retenue à la source et que la loi fixe la nomenclature des autres recettes locales et les modalités de leur répartition.

L'une des innovations de la politique de décentralisation congolaise porte sur l'autonomie financière des provinces et des entités territoriales décentralisées.

Ici, il s'agit d'assurer aux provinces et aux Entités Territoriales Décentralisées des transferts financiers correspondants aux transferts des compétences pour qu'elles administrent adéquatement leurs nouvelles responsabilités.

Il convient de noter que les compétences respectives revenant à chaque palier du Pouvoir sont précisées dans la constitution.

L'article 2 de la loi n°08/012 du 31 juillet 2008 évoqué ci-haut, précise notamment que :

- la Province est dotée de la personnalité juridique,
- elle jouit de l'autonomie de gestion de ses ressources humaines, économiques, financières et techniques ;
- elle exerce, par ses institutions politiques, les compétences qui lui sont dévolues par la constitution.

Revenant sur les compétences reconnues à chaque palier du Pouvoir, la lecture des articles 202,203 et 204 de la Constitution de la République Démocratique du Congo fait ressortir :

- 36 compétences exclusives au pouvoir central ;
- 25 compétences concurrentes entre le pouvoir central et les provinces ;
- 29 compétences exclusives aux provinces.

Par ailleurs, pour exercer leurs compétences, les Provinces de la République Démocratique du Congo ont été dotées de pouvoir de collecter des impôts et taxes bien définies par les lois du pays. Ces différentes lois explicitent le contenu de la fiscalité et des ressources que le gouvernement central a cédé aux provinces et aux Entités Territoriales Décentralisées.

La loi n°11/011 du 13 Juillet 2011 relative aux finances publiques (la LOFIP), quant à elle, consacre le principe de l'autonomie fiscale des Provinces dans ses articles 145, 148 et 149, qui posent le principe de l'autonomie des ressources et l'existence d'une fiscalité autonome en faveur des Provinces et des Entités Territoriales Décentralisées.

Spécificité de la province du Haut-Katanga

La Province du Haut-Katanga est issue du démembrement de l'ex. Province du Katanga. Étant donné que Lubumbashi, son chef-lieu, était aussi le chef-lieu de l'ex. Province du Katanga, elle est dans la catégorie dite de « Province –mère ».

D'un point de vue strictement analytique, aborder la problématique des finances publiques de la Province du Haut-Katanga en faisant une comparaison avec les 3 autres provinces issues de l'ex. Katanga nous a semblé logique. Les 4 provinces étant indissociablement liées. C'est ainsi que dans le cadre de notre analyse, après avoir présenté les points forts et les points faibles des finances publiques de la province du Haut-Katanga, nous avons analysé l'état d'exécution des budgets de cette province au cours des années 2016 à 2018 et effectué une comparaison de l'état d'exécution des budgets de la province du Haut-Katanga avec les 3 autres provinces issues du Katanga au cours de la même période.

a) Les points forts des finances publiques du Haut-Katanga

Dans le domaine des finances publiques, la province du Haut – Katanga dispose des points forts ci-après :

1. *Un personnel ayant bénéficié d'une formation de base en finances publiques*

En effet, le personnel de la Direction de collecte des recettes du Haut-Katanga, DRHKAT en sigle, a bénéficié des formations

financées par la Banque mondiale à travers le projet de renforcement des capacités en gouvernance, avant leur prise de fonction. En cours de carrière, plusieurs formations ont été organisées au bénéfice du même personnel avec l'appui des autres partenaires.
L'appui de la Banque mondiale, s'est étendu à la dotation en matériel informatique, imprimés de valeurs, à la réhabilitation des bureaux, à l'acquisition des mobiliers de bureau et au financement de la construction de deux centres d'excellence.

2. *La dotation de deux centres d'excellence*

Grâce à l'appui de la Banque mondiale, la Province du Haut-Katanga dispose de deux centres d'excellence ayant pour mission le renforcement des capacités du personnel en améliorant leurs connaissances en techniques de gestion des finances et administration publiques, passation des marchés publics, informatique et leadership. Il s'agit du centre d'excellence pour la formation des agents de l'État basé à l'université de Lubumbashi et du centre d'excellence Salama localisé dans l'enceinte de l'École Supérieure Informatique Salama qui fonctionne sous l'égide des prêtres salésiens. Le premier centre est spécialisé dans la formation des agents de l'État en finances publiques, gestion axée sur les résultats, leadership, initiative à résultat rapide, passation des marchés publics, fiscalité et réforme de l'administration publique tandis que le centre d'excellence Salama est spécialisé dans la formation des agents de l'État dans les nouvelles technologies de l'information et de la communication. Ces formations sont dispensées par les experts recrutés par le service national de renforcement des capacités (SENAREC), l'École nationale d'administration, la Banque mondiale ou d'autres projets sectoriels du gouvernement financé par les partenaires techniques au développement à l'instar de projet PROFIT CONGO et du Comité de réforme des finances publiques (COREF en sigle). Ces formations se veulent pratiques et en harmonie avec la réforme de la gouvernance du secteur public tel que menée par le Gouvernement de la République Démocratique du Congo avec l'accompagnement des partenaires techniques et financiers. La création de ces centres était faite en collaboration avec le projet de renforcement des capacités en gouvernance (PRCG en sigle) et le projet de renforcement des capacités des fonctions de base de l'administration publique (PRC-

GAP), projets financés par la Banque mondiale et qui sont déjà clôturés.

3. *Proximité avec les Directions provinciales des régies financières nationales*

Sur ce point, la régie provinciale de collecte des recettes dans la Province du Haut-Katanga bénéficie des effets positifs du fait de sa proximité avec les directions provinciales de régies financières nationales (DGDA, DGI et DGRAD). Cette proximité facilite un transfert des compétences et un échange des données.

4. *Autres atouts de la Province du Haut-Katanga*

La Province du Haut-Katanga tire aussi quelques avantages du fait de sa position géographique en tant que siège de certaines sociétés minières. Cette position lui permet d'interagir directement avec les principaux dirigeants de ces sociétés minières afin de trouver des réponses idoines et rapides aux différents problèmes soulevés.

En outre, le Haut-Katanga est la porte d'entrée et de sortie des biens et des personnes pour la province du Maniema, de toutes les nouvelles provinces issues du démembrement de l'ex. Province du Katanga et de deux ex. provinces du Kasaï grâce à son aéroport international et à son poste frontalier de Kasumbalesa ce qui lui permet de percevoir des frais de transit et des droits de péage relativement plus significatifs par rapport aux autres provinces voisines.

b) Les points faibles des finances publiques du Haut-Katanga

S'agissant des points faibles de la province du Haut-Katanga, dans le domaine des finances publiques, nous pouvons citer ce qui suit :

1. *Le niveau d'informatisation qui reste encore très limité*

En effet, la régie de collecte des recettes de la province du Haut-Katanga ne dispose pas encore d'un logiciel intégrateur pouvant prendre en compte toutes les étapes de la chaîne des recettes et produire des états de gestion en temps réels.

2. *Le faible degré de recensement des contribuables pour constituer un répertoire unique des contribuables*

Le recensement des contribuables est le meilleur moyen de se doter d'une base de données fiable pouvant faciliter les prévisions, le recouvrement ainsi que le contrôle. La province du Haut-Katanga ne dispose pas d'un répertoire unique de tous les contribuables. À titre d'exemple, la base des données des importations des véhicules sur bases desquelles la Direction Provinciale des impôts du Katanga établit les plaques minéralogiques n'est pas intégrée au répertoire qui sert à l'impression des vignettes automobiles. Aussi, le faible niveau d'urbanisation ne facilite pas le recensement des contribuables assujettis au paiement de l'impôt foncier.

3. *L'insuffisance des bureaux de collecte des recettes sur toute l'étendue de la Province*

Pour atteindre avec efficacité et célérité toutes les couches de la population et assurer un suivi de proximité, la DRHKAT devait disposer des bureaux dans toutes les communes, tous les territoires et dans les agglomérations ayant un taux élevé de la démographie mais malheureusement cela n'est pas encore le cas. Cette insuffisance des bureaux est un handicap pour le recouvrement de certains impôts comme l'impôt foncier et l'impôt sur les revenus locatifs.

4. *Carence des huissiers fiscaux et Officiers de police judiciaire (OPJ) assermentés*

Pour régler les contentieux fiscaux et faire des exploits, les agents de la DRHKAT ont besoin d'être assermentés. Quelques agents de la DRHKAT avaient déjà suivi une formation d'officier de police judiciaire et d'huissier fiscal mais la formalisation de ce processus d'assermentation de tout le personnel de la DRHKAT préposé aux tâches qui exigent cette qualité est à finaliser et à formaliser pour une meilleure prise en charge des opérations de recouvrement qui, dans certains cas, passent par des avis à tiers détenteurs.

5. Inexistence d'un manuel des procédures de collecte des impôts

Pour clarifier les opérations de collecte des recettes et faciliter l'informatisation, le manuel des procédures de collecte des impôts est nécessaire. À l'instar des autres provinces de la République Démocratique du Congo, la province du Haut-Katanga ne dispose pas encore d'un manuel des procédures dédié à la collecte des impôts et taxes propres.

6. Le retard dans le vote de certaines lois sectorielles utiles

Le retard dans le vote de certaines lois sectorielles qui définissent clairement et organisent l'assiette imposable est à la base de la non activation ou de l'activation partielle de certains actes générateurs des recettes. En outre, certaines lois déjà prises nécessitent d'être actualisées pour s'adapter aux réalités. Ici, il convient de noter que la responsabilité de voter des lois incombe au Parlement national.

7. Risque de double taxation et de tracasserie

En effet, les entreprises profitent de la nouvelle réorganisation administrative (démembrement des provinces) pour dissimiler certaines informations en prétextant qu'elles ont déclaré dans les autres provinces.

Par ailleurs, il y a aussi une tendance de la part des nouvelles provinces de ne pas reconnaître les taxations faites à l'endroit des entreprises dans les autres provinces sœurs. Une coopération interprovinciale est à encourager pour une meilleure prise en charge de cette question. Cette coopération est d'ailleurs prévue par la constitution de la République Démocratique du Congo, spécialement en son article 199 qui stipule que deux ou plusieurs provinces peuvent, d'un commun accord, créer un cadre d'harmonisation et de coordination de leurs politiques respectives et gérer en commun certains services dont les attributions portent sur les matières relevant de leurs compétences.

8. L'absence des organes délibérants des entités territoriales décentralisées conformes à l'architecture institutionnelle du pays

Le retard pris pour l'organisation des élections des organes de base devant bien asseoir la décentralisation au niveau urbain, municipal et local a un impact sur l'impulsion de la gouvernance locale. En effet, les exécutifs urbains, communaux et locaux ne disposent pas encore des conseils urbains, municipaux et locaux devant jouer le rôle d'organes délibérants avec mandat de remplir les fonctions d'autorité budgétaire et de contrôle de l'exécutif. Les élections urbaines et municipales sont d'une grande utilité pour garantir le contrôle budgétaire de ces entités et rendre possible un fonctionnement régulier. Une fois de plus, précisons que les prérogatives d'organiser les élections relèvent du Gouvernement Central basé à Kinshasa.

9. Le manque de culture fiscale

La culture fiscale est encore peu développée. La population ne se sent pas redevable à la province par contre elle attend de celle-ci une meilleure prestation des services sociaux de base. L'incivisme fiscal ne permet pas à la direction des recettes du Haut-Katanga de mobiliser suffisamment des recettes dont la province a besoin pour la réalisation de ses missions.

10. Le mécanisme de retenue à la source de 40% de recettes à caractère national inopérant.

Le Gouvernement central continue à percevoir la totalité des recettes à caractère national et rétrocède une quotité qui n'équivaut pas au 40 % prévu dans la constitution. À titre d'exemple, pendant la période sous analyse (2016, 2017, 2018), le Gouvernement central a rétrocédé à la province du Haut-Katanga respectivement 18 %, 15 % et 19 % (voir tableaux N° 55,57 et 59) seulement. Ces faibles taux de rétrocession non seulement est anticonstitutionnel mais aussi enlèvent toute crédibilité à ses budgets dans ce sens qu'ils ne permettent pas au Gouvernement provincial de disposer des moyens suffisants pour réaliser son programme d'actions et respecter ainsi les limites de crédits lui octroyés par l'Assemblée Provinciale en sa qualité d'autorité budgétaire.

c) Comparaison des prévisions et exécutions des budgets de la province du Haut-Katanga

Cette section porte sur la comparaison des prévisions et exécutions de budgets de la province du Haut-Katanga. Sur base des rapports d'exécution des budgets et de reddition des comptes élaborés par le Gouvernement provincial, nous avons utilisé le taux de change budgétaire pour avoir les données en dollars afin d'éviter l'illusion monétaire consécutive aux fluctuations de la valeur du franc congolais et de faciliter l'analyse.

Tableau N°55 : État d'exécution de budget (recettes) 2016 de la province du Haut-Katanga (EN USD)

Rubrique	Prévisions annuelles	Realisation	Écart	Taux de réalisation (%)	Structure de réalisation %
Recettes Internes	287,215,002	132,603,210	154,611,792	46%	99%
Recettes Courantes	285,715,002	132,603,210	153,111,792	46%	99%
Part des recettes à caractère national allouée a la province	135,552,784	24,381,187	111,171,596	18%	18%
Impôts et taxes d'intérêt commun	26,358,020	17,321,788	9,036,232	66%	13%
Impôt et taxes spécifiques à la province	123,804,198	90,900,235	32,903,963	73%	68%
Recettes exceptionnelles	1,500,000	1,888,724	-388,724	126%	1%
Recettes extérieures	48,112,571	0	48,112,571	0%	0%
Budget général	335,327,573	134,491,935	200,835,638	40%	100%

Source : Tableau élaboré par nous-même sur base du rapport d'exécution de budget 2016 de la province du Haut-Katanga /données converties en USD au taux de change moyen budgétaire (CDF/USD) de 933.45 CDF.

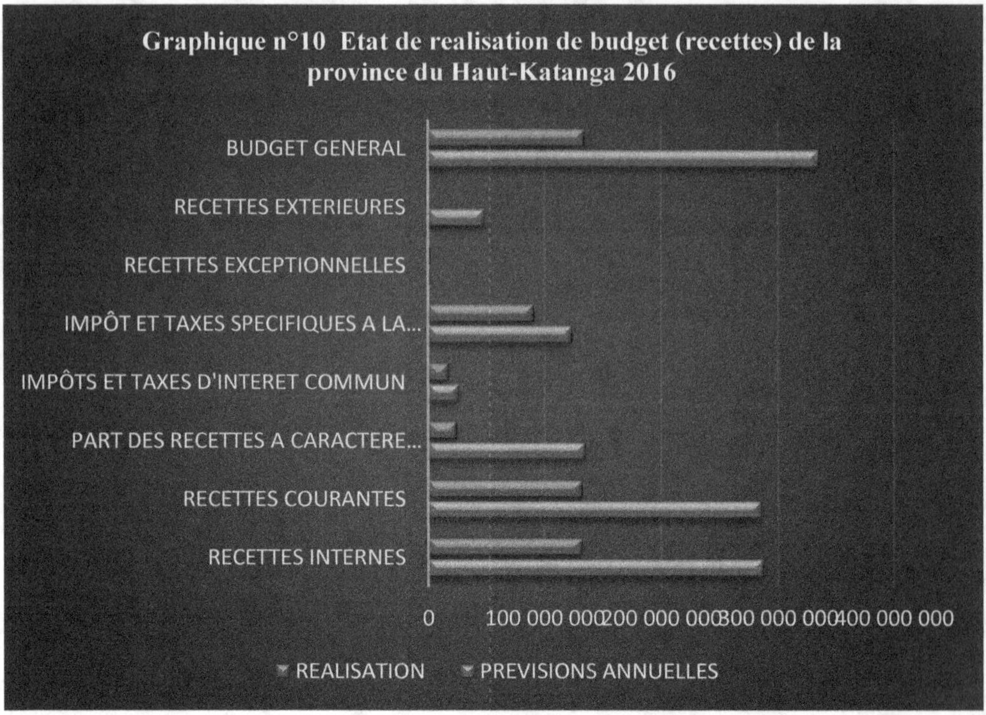

Source : Gouvernement provincial du Haut-Katanga

En 2016, sur une prévision des recettes de l'équivalent en CDF de 335 327 573 USD, la province du Haut-Katanga n'a pu réaliser que l'équivalent en CDF de 134 491 934 USD soit 40% du taux de réalisation.

La part des recettes à caractère national représente l'équivalent en CDF de 24 381 187 USD soit 18 % du budget total, le reste soit 82 % représente des impôts et taxes spécifiques à la province.

Au cours de cette année, sur une prévision des recettes à caractère national de l'équivalent en FC de 135 552 784 USD, le Gouvernement Central n'a rétrocédé à la province que l'équivalent en CDF de 24 381 187 USD soit 18% contre 40 % prévu par la constitution.

Le taux de réalisation de budget général qui demeure encore très faible, a été influencé significativement par le faible taux de rétrocession des. recettes à caractère national

Tableau 56 : État d'exécution de budget (Dépenses) 2016 de la Province du Haut-Katanga (en USD)

LIGNE	Prévisions Annuelles	Exécution	Écart	Taux d'exécution en %	Structure des dépenses exécutées en %
Dépenses courantes	207,292,553	95,324,009	111,968,544	46%	71%
Dette publique en capital	2,190,273	679,942	1,510,331	31%	1%
Frais financiers	390,775	217,162	173,613	56%	0%
Dépenses du personnel	43,932,274	41,949,664	1,982,610	95%	31%
Biens et matériels	19,846,830	9,309,143	10,537,687	47%	7%
Dépenses de prestation	34,962,741	9,531,682	25,431,059	27%	7%
Transferts et interventions de la province	105,969,661	33,636,417	72,333,245	32%	25%
Dépenses en capital	128,035,019	39,167,925	88,867,094	31%	29%
Equipements	51,915,548	3,312,604	48,602,944	6%	2%
Construction, réfection, réhabilitation …	76,119,472	35,855,322	40,264,150	47%	27%
BUDGET GÉNÉRAL	335,327,573	134,491,935	200,835,638	40%	100%

Source : Tableau élaboré par nous-même sur base du rapport d'exécution de budget de la province du Haut-Katanga 2016 /données converties en USD au taux de change moyen budgétaire (CDF/USD) de 933.45 CDF.

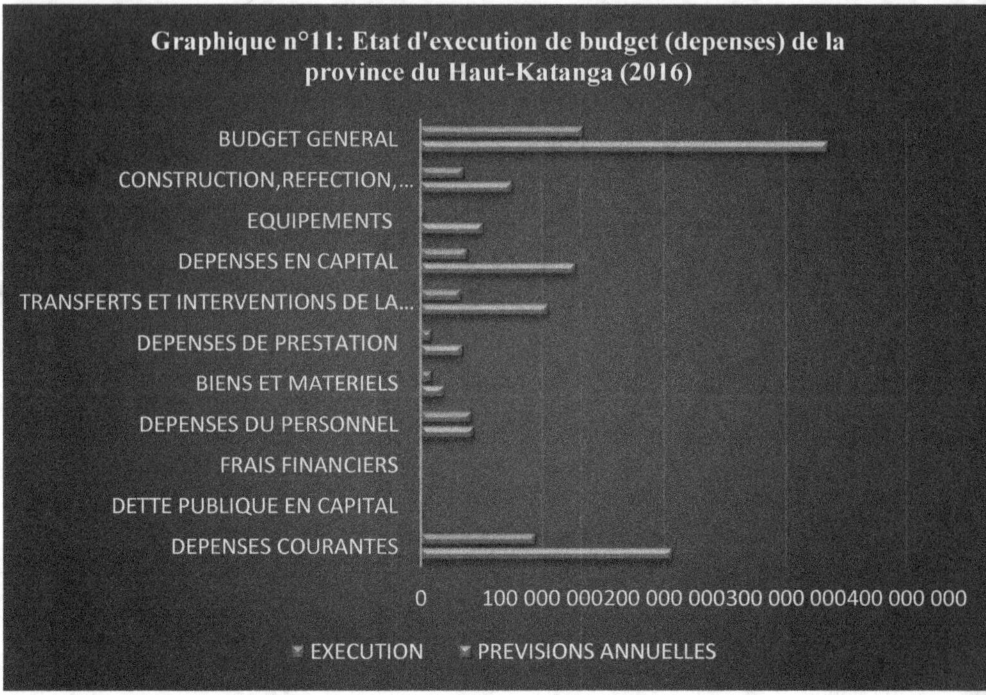

Source : Gouvernement provincial du Haut-Katanga

- En 2016, le budget total des dépenses exécutées se chiffre à l'équivalent en CDF de 134 491 935 USD contre une prévision de l'équivalent en CDF de 335 327 573 USD soit 40% du taux d'exécution.
- Ce taux s'aligne sur le taux de réalisation des recettes réalisées au cours de la même période.
- Les dépenses en capital (Investissement) représentent 29% du total de budget tandis que les dépenses courantes représentent 71% du total de budget.

Tableau 57 : État d'exécution de budget (recettes) 2017 de la Province du Haut-Katanga (en USD)

Rubrique	Prévisions	Réalisations	Écart	Taux de réalisation en %	Structure des réalisations %
Recettes internes	367,473,635	230,830,507	136,643,128	63%	92%
Recettes courantes	367,428,431	229,255,864	138,172,567	62%	92%
Part des recettes à caractère national allouée a la province	166,919,516	24,941,292	141,978,224	15%	10%
impôts et taxes d'intérêt commun	29,417,077	24,344,238	5,072,839	83%	10%
Impôts et taxes spécifiques a la province	168,364,565	179,970,333	(11,605,768)	107%	72%
Recettes exceptionnel -les	2,772,477	1,574,643	1,197,834	57%	1%
Recettes extérieures	18,633,211	19,253,536	(620,325)	103%	8%
Budget général	386,106,846	250,084,043	136,022,803	65%	100%

Source : Tableau élaboré par nous-même sur base du rapport d'exécution de budget 2017 de la province du Haut-Katanga /données converties en USD au taux de change moyen budgétaire (CDF/USD) de 1100 FC

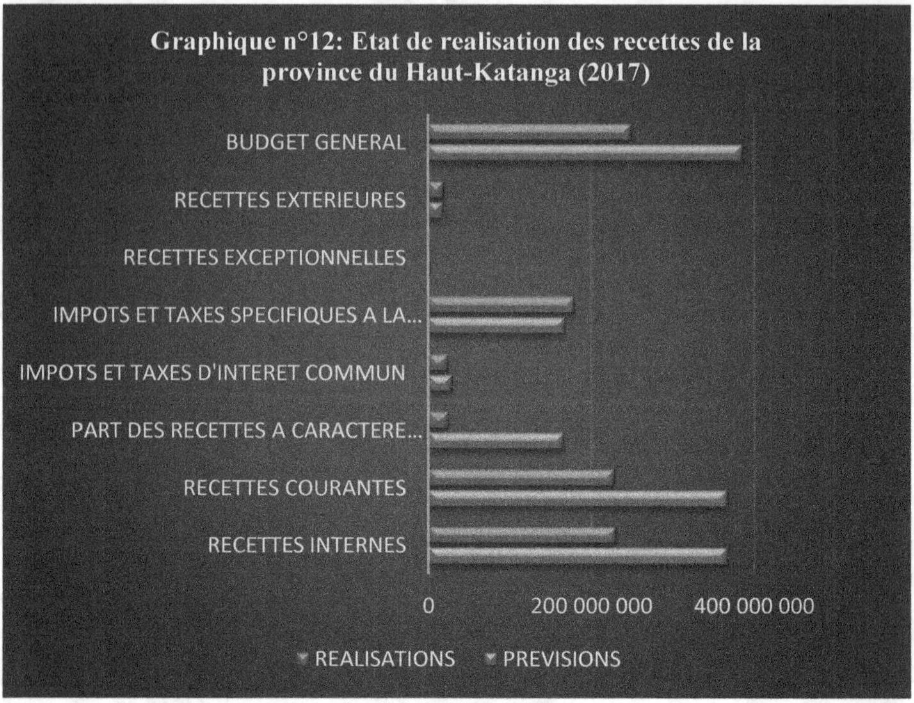

Source : Gouvernement provincial du Haut-Katanga

Commentaire

En 2017, sur une prévision des recettes de l'équivalent en CDF de 386 106 846 USD, la province du Haut-Katanga n'a pu réaliser que l'équivalent en CDF de 250 085 043 USD soit 65 % du taux de réalisation.

Il s'observe une performance en termes de taux de réalisation des recettes de l'ordre de 25% entre 2016 et 2017.

S'agissant du taux de rétrocession des recettes à caractère national, il s'est élevé à 15 % du total soit une décroissance de l'ordre de 3% par rapport à 2016.

Tableau 58 :État d'exécution de budget (dépenses) de la Province du Haut-Katanga 2017 (en USD)

Rubrique	Prévi-sions annuelles	Exécution	Écart	Taux d'exécution (%)	structures des dépenses exécutées (%)
Dépenses courantes	259,422,777	122,884,173	136,538,604.34	47%	48%
Dette publique en capital	3,028,390	2,873,471	154,919.01	95%	1%
Frais financiers	409,271	1,298,840	(889,569.26)	317%	1%
Dépenses du personnel	38,929,284	48,893,813	(9,964,529.16)	126%	19%
Biens et matériels	40,055,951	15,226,829	24,829,122.04	38%	6%
Dépenses de prestation	53,707,163	18,539,652	35,167,511.33	35%	7%
Transferts et interventions de la province	123,292,718	36,051,568	87,241,150.39	29%	14%
Dépenses en capital	126,684,069	133,114,871	(6,430,801.73)	105%	52%
Equipements	46,893,685	25,943,163	20,950,521.82	55%	10%
Construction, réfection, réhabilitation…	79,790,384	107,171,708	(27,381,323.55)	134%	42%
BUDGET GÉNÉRAL	386,106,846	255,999,044	130,107,802.61	66%	100%

Source : Tableau élaboré par nous-même sur base de rapport d'exécution de budget 2017 de la province du Haut-Katanga /données converties en USD au taux de change moyen budgétaire (CDF/USD) de 1100 FC.

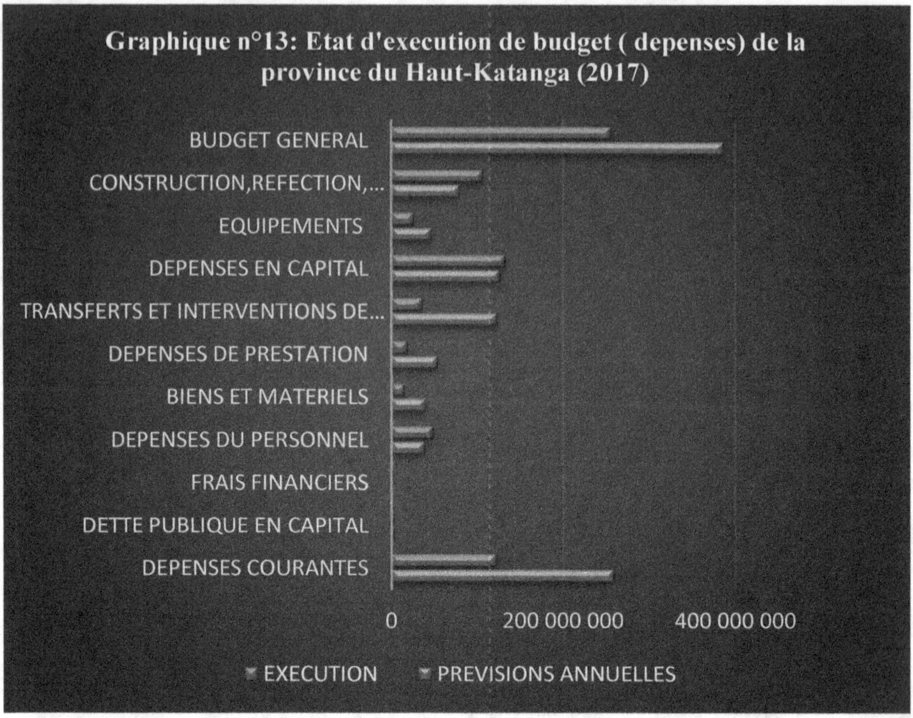

Source : Gouvernement provincial du Haut-Katanga

Commentaire

En 2017, le budget total de dépenses exécutées se chiffre à l'équivalent en CDF de 255 999 044 USD contre une prévision de l'équivalent en CDF de 386 106 846 USD soit 66 %.

Les dépenses en capital (investissement) représentent 52% du total de budget tandis que les dépenses courantes représentent 48 %.

Comparé à 2016, il s'observe un accroissement de l'ordre de 22 % en termes de dépenses en capital.

TABLEAU N° 59 : État d'exécution de budget (recettes) de la province du Haut-Katanga 2018 (en USD)

Rubrique	Prévisions	Réalisations	Écart	Taux de réalisation (%)	Structure (%)
Budget général	229 562 158	144 393 552	85 168 607	63%	100%
Recettes internes	216 916 723	144 393 552	72 523 171	67%	100%
Recettes courantes	211 921 956	141 260 564	70 661 392	67%	98%
Part des recettes à caractère national allouée à la province	105 901 337	20 448 387	85 452 949	19%	14%
Impôts et taxes d'intérêt commun	22 649 044	32 201 325	-9 552 281	142%	22%
Impôts et taxes spécifiques à la province	83 371 576	88 610 852	-5 239 276	106%	61%
Recettes exceptionnelles	4 994 767	3 132 988	1 861 779	63%	2%
Recettes extérieures	12 645 436	0	12 645 436	0%	0%
Budget général	229 562 158	144 393 552	85 168 607	63%	100%

Source : Tableau élaboré par nous-même sur base des données du rapport d'exécution de budget 2018 de la province du Haut-Katanga, données converties au taux de change moyen (FC/USD) de 1815.3

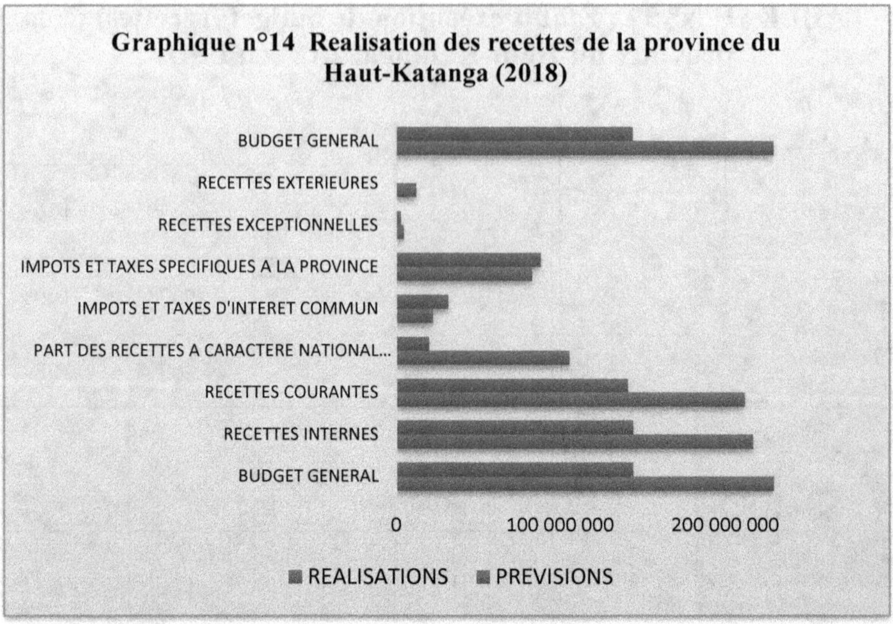

Source : Gouvernement provincial du Haut-Katanga

Commentaire

- En 2018, sur une prévision des recettes de l'équivalent en CDF de 229 562 158 USD, la province du Haut-Katanga n'a pu réaliser que l'équivalent en CDF de l'ordre de 144 393 552 USD soit 63 %.
- Comparé à 2017, il s'observe une diminution de l'ordre de 46 %.
- Cette contreperformance s'observe déjà à partir de la baisse d'ambition au niveau de prévisions des recettes. En effet, comparant le total des prévisions des recettes de l'année 2018 à celui de 2017, il se dégage une diminution de l'ordre de 59%.
- S'agissant de la part des recettes à caractère national, sur une prévision de l'équivalent en CDF de 105 901 337 USD, le Gouvernement Central n'a pu rétrocéder à la province du Haut-Katanga que l'équivalent en CDF de 20 448 387 USD soit 19%.
- Comparé à 2017, il s'observe une légère amélioration de la rétrocession de l'ordre de 1 %.

TABLEAU 60 : État d'exécution de budget (dépenses) de la Province du Haut-Katanga 2018 (en USD)

Rubrique	Prévisions	Réalisations	Écart	Taux d'exécution (%)	Structure (%)
Budget général	229 562 142	148 752 106	80 810 036	65%	100%
Dépenses courantes	145 590 646	112 156 298	33 434 349	77%	75%
Dette publique en capital	6 843 710	972 123	5 871 588	14%	1%
Frais financiers	913 463	768 609	144 854	84%	1%
Dépenses du personnel	46 229 721	39 917 841	6 311 880	86%	27%
Biens et matériels	24 385 952	9 151 336	15 234 615	38%	6%
Dépenses de prestation	28 020 755	14 925 564	13 095 192	53%	10%
transferts et interventions de la province	39 197 045	46 420 825	-7 223 780	118%	31%
Dépenses en capital	83 971 495	36 595 808	47 375 687	44%	25%
Équipements	28 869 382	2 052 995	26 816 387	7%	1%
Construction, réfection, réhabilitation…	55 102 113	34 542 813	20 559 300	63%	23%
Budget général	229 562 142	148 752 106	80 810 036	65%	100%

Source : Tableau élaboré par nous-même sur base de rapport d'exécution de budget 2018 de la Province du Haut-Katanga. Données converties en USD au taux de change moyen (FC/USD) de 1815.3

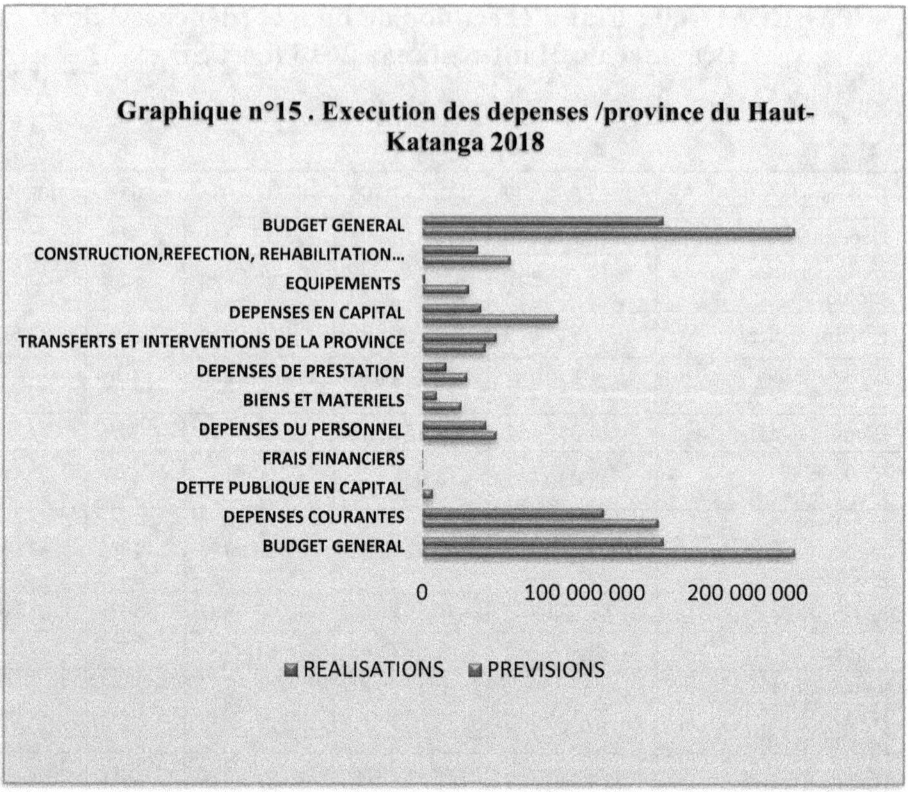

Source : Gouvernement provincial du Haut-Katanga

Commentaire

En 2018, le budget total des dépenses exécutées se chiffre à l'équivalent en CDF de 148 752 106 USD contre une prévision de l'équivalent en CDF de 229 562 142 USD soit 65 %. Les dépenses en capital (investissement) représentent 25% du total de budget tandis que les dépenses courantes représentent 75 % du total de budget.

Tableau N° 61 : Évolution des recettes réalisées dans la province du Haut-Katanga (2016-2018) en USD

Rubrique	2016	2017	2018	Total général (2016-2018)	Structure de réalisation (en %)
Recettes internes	132 603 210	230 830 507	141 260 564	504 694 281	96%
Recettes courantes	132 603 210	229 255 864	141 260 564	503 119 638	96%
Part des recettes à caractère national allouée à la province	24 381 187	24 941 292	20 448 387	69 770 866	13%
Impôts et taxes d'intérêt commun	17 321 788	24 344 238	32 201 325	73 867 351	14%
Impôts et taxes spécifiques à la province	90 900 235	179 970 333	88 610 852	359 481 420	69%
recettes exceptionnelles	1 888 724	1 574 643	3 132 988	19 253 536	4%
Recettes extérieures	0	19 253 536	0	19 253 536	4%
Budget général	134 491 934	250 084 043	144 393 552	523 947 817	100%

Source : Tableau élaboré par nous-même sur base des rapports d'exécution des budgets de la province du Haut-Katanga /données converties en USD aux taux de change moyens budgétaires (CDF/USD), 933.45 FC pour 2016, 1100 FC pour 2017 et 1815.3 FC pour 2018

Commentaire

- Les taux de réalisation des recettes publiques de la province du Haut-Katanga sont respectivement de 40 % pour l'année 2016, 65 % pour l'année 2017 et 63 % pour l'année 2018.
- Dans la province du Haut-Katanga, l'exécution des opérations budgétaires en recettes et en dépenses au 31/12/2018, s'est clôturée par un résultat négatif. Les recettes budgétaires réalisées étant inférieures aux dépenses. Le déficit constaté trouve son explication dans le fait que la province a recouru à des emprunts à court terme sous forme des découverts bancaires pour couvrir certaines dépenses courantes.
- Entre 2017 et 2018, les recettes réalisées sont passées à l'équivalent en franc congolais de 250 084 043 USD à l'équivalent en francs congolais de 144 393 552 USD soit une réduction de

43%. Cette baisse du taux de réalisation a été influencée sensiblement par la perte de contrôle de la taxe conventionnelle sur la reconstruction au profit de la province de Lualaba après des âpres discussions.

- L'analyse du taux de réalisation des recettes appelle les commentaires ci-après :

  a. En 2016, le taux de réalisation des impôts et taxes provinciaux est évalué à 73 % contre 107 % en 2017.
  b. S'agissant du taux de réalisation des recettes à caractère national, il a varié entre 18%, 15% et 19 % respectivement en 2016, 2017 et 2018.

- Tout au long de la période analysée, la part des recettes à caractère national rétrocédées à la province du Haut-Katanga était largement inférieure au taux de 40 % prévu dans la constitution et les lois du pays. En 2018, les recettes issues des actes générateurs relevant du secteur minier se sont élevées à l'équivalent en franc congolais de 99 752 871 USD soit près de 67 % du total des recettes ;
- Au cours de la même année, 3 actes générateurs ont produit plus de 65% du total des recettes. Il s'agit de la redevance minière qui a généré l'équivalent en franc congolais de 16 614 430 USD, de la taxe spéciale conventionnelle pour la reconstruction qui a généré 43 047 628 USD et la taxe d'incitation à la transformation locale des concentrés des minerais qui était de 36 992 194 USD.
- Cette dépendance au secteur minier rend les finances publiques de la province du Haut-Katanga plus fragile et moins résilientes au choc exogène.
- Globalement, le taux de réalisation des recettes de la province du Haut-Katanga est encore très faible.
- En effet, à titre d'exemple, les budgets totaux des équipes de football Barcelone et Réal de Madrid entre 2016 et 2017 étaient respectivement de 897 millions d'euros et 700 millions d'euros. Notons que les recettes de ces équipes sont essentiellement assises sur les revenus des droits de l'audio-visuel, le sponsoring et la vente des joueurs. [74]

[74] www.sportune.fr

En rapportant le budget total de la province du Haut-Katanga en 2017 aux budgets de ces équipes de football il se révèle que le budget du Haut-Katanga représente respectivement 38.7 % de budget de Barcelone et 49.6 % de budget de Real de Madrid.

- Cela peut s'interpréter comme une illustration de manque d'ambition et de la faiblesse de la capacité de mobilisation des recettes.
- En 2017, l'État de Singapour dont la superficie est très proche de celle de la ville de Lubumbashi avait un budget de 53.2 milliards de dollars américains pour une population de 5 612 000 habitants.
- Si nous rapportons le budget de l'État de Singapour sur le budget 2017 de la province du Haut-Katanga, il se révèle que le budget du Haut-Katanga ne représente que près de 13.7 % du budget de Singapour. Notons que l'État de Singapour est dépourvu des ressources naturelles et agricoles et sa politique industrielle est essentiellement orientée vers des productions à haute valeur ajoutée et à forte intensité capitalistique comme le raffinage.
- Revenant aux réalités quotidiennes de la province du Haut-Katanga, le tableau n°22 ci-dessus qui met en exergue le bilan production-consommation 2017 de la farine de maïs qui est l'aliment le plus consommé dans la région, il se révèle que le montant total qu'il faut pour importer la quantité de la farine de maïs pour combler le déficit de production dans la province est évalué à 127 582 000 USD. Ce montant représente près de 94 % du budget annuel de la province du Haut-Katanga en 2016. Cette proportion illustre à suffisance l'importance du secteur agricole dans la province.
- Les recettes totales réalisées dans la province du Haut-Katanga pour les 3 années (2016, 2017 et 2018) s'élèvent à 528 969 530 USD. Ce montant représente la valeur de moins de 100 000 tonnes de cuivre produit au cours de la même période et comme évoqué ci-haut, demeure inférieure au budget annuel de certaines équipes de football.
- Le budget annuel moyen est de 176 323 176 USD. Ce budget moyen annuel est inférieur aux recettes annuelles que peuvent percevoir les transporteurs des minerais opérant dans la province du Haut-Katanga.

En définitive, des efforts doivent être fournis pour changer des paradigmes en améliorant la capacité de collecte des recettes et en investissant dans la diversification des activités économiques orientée vers des productions à haute valeur ajoutée et dans celles utilisatrices de la main-d'œuvre abondante comme l'agriculture et le tourisme tout en améliorant la qualité de la gouvernance.

Par ailleurs, le pouvoir central devra relever le niveau de rétrocession à la province du Haut-Katanga de la part des recettes à caractère national.

Tableau N° 62 : Évolution des dépenses publiques réalisées dans la Province du Haut-Katanga (2016-2018) en USD

Rubrique	2016	2017	2018	Total général	Structure des dépenses (%)
Dépenses courantes	**95 324 010**	**122 884 173**	**112 156 298**	**330 364 481**	**61%**
Dette publique en capital	679 942	2 873 471	972 123	4525536	1%
Frais financiers	217 162	1 298 840	768 609	2284611	0%
Dépenses du personnel	41 949 664	48 893 813	39 917 841	130761318	24%
Biens et matériels	9 309 143	15 226 829	9 151 336	33687308	6%
Dépenses de prestation	9 531 682	18 539 652	14 925 564	42996898	8%
Transferts et interventions de la province	33 636 417	36 051 568	46 420 825	116108810	22%
Dépenses en capital	**39 167 926**	**133 114 871**	**36 595 808**	**208 878 605**	**39%**
Équipements	3 312 604	25 943 163	2 052 995	31308762	6%
Construction, réfection, réhabilitation…	35 855 322	107 171 708	34 542 813	177569843	33%
Budget général	**134 491 936**	**255 999 044**	**148 752 106**	**539 243 086**	**100%**

Source : Tableau élaboré par nous-même sur base des rapports d'exécution des budgets de la province du Haut-Katanga /données converties en USD aux taux de change moyens budgétaires (CDF/USD), 933.45 FC pour 2016, 1100 FC pour 2017 et 1815.3 FC pour 2018

Commentaire

L'analyse des budgets (Dépenses) de la province du Haut-Katanga entre 2016 et 2018, fait ressortir ce qui suit :

- les dépenses publiques réalisées dans la province du Haut-Katanga s'élèvent à l'équivalent en franc congolais de 134 491 936 USD, 255 999 044 USD et 148 752 106 USD respectivement pour les années 2016, 2017 et 2018 soit un total de 532 243 086 USD pour les 3 années.
- la hauteur des dépenses réalisées tout au long de la période analysée tout en demeurant très faible, correspond au niveau des recettes réalisées.
- les dépenses en capital sont évaluées à 39% contre 24 % de dépenses du personnel tandis que les dépenses des transferts et interventions de la province représentent 22%, pour les 3 années analysées.
- la part des budgets effectivement alloués aux secteurs des investissements se chiffre respectivement à l'équivalent en franc congolais de 39 167 925 USD en 2016, 133 114 871 USD en 2017 et 36 595 808 en 2018. les parts des recettes allouées aux transferts des Entités territoriales décentralisées et aux services déconcentrés se sont élevées à l'équivalent en franc congolais de 984 171 USD soit près de 0.7 % du budget total exécuté en 2018. Ce poste qui loge les transferts aux entités territoriales décentralisés demeure faible et ne peut favoriser les investissements dans les entités territoriales décentralisées.

En tout état de cause, l'analyse du poste transferts aux entités territoriales décentralisées doit être nuancée parce que la province effectue aussi directement certains travaux liés aux infrastructures au bénéfice de certaines entités territoriales décentralisées.

Au cours de la même année la dotation destinée à l'Assemblée Provinciale s'est élevée à 8 166 750 USD soit plus de 5 % du total de budget exécuté en 2018 tandis que la part des recettes allouées à l'acquisition des semences agricoles et produits agro-alimentaires se chiffre à 32 110 USD soit 0.022 % en 2018.

Essai d'analyse transversale de l'état d'exécution des budgets de 4 provinces issues du Katanga

Les économies de 4 provinces issues du Katanga sont encore liées, la liquidation de l'ex. province du Katanga ayant laissé quelques stigmates. Ces liens s'observent plus entre la province du Haut-Katanga et celle de Lualaba. Comme dit précédemment, certaines sociétés minières bien qu'ayant leurs sièges sociaux dans la Province du Haut-Katanga, elles disposent des sièges d'exploitation en dehors de celle-ci. C'est le cas de la société Tenke Fungurume mining (TFM), de la Générale des Carrières et des mines et bien d'autres. Par ailleurs, la quasi-totalité des produits miniers destinés à l'exportation dans la province de Lualaba continue à « transiter » par le poste frontalier de Kasumbalesa localisé dans la province du Haut-Katanga.

De même, les importations des intrants et autres équipements utiles aux sociétés minières ainsi que l'essentiel des biens destinés à la consommation des populations de la province de Lualaba voire du Haut-Lomami continue d'entrer dans ces provinces via le poste frontalier de Kasumbalesa. Ainsi, pour mieux appréhender l'évolution de la situation économique de la Province du Haut-Katanga, il nous a paru utile d'avoir des repères. C'est ce qui nous motivé de faire une analyse sommaire de l'évolution des finances publiques de ces 4 provinces issues du Katanga de 3 années après le démembrement d'une part et de jeter un regard rétrospectif sur ce qu'a été les finances publiques de l'ex. Province du Katanga 5 années avant le démembrement.

Tableau n° 63 : Évolution des recettes de 4 Provinces issues du Katanga (2016-2018) en $

PROVINCE	2016	2017	2018	TOTAL
Haut-Katanga	134 491 935	250 084 043	144 393 552	528 969 530
Lualaba	27 692 480	61 622 450	106 994 167	196 309 097
Haut-Lomami	3 001 284	6 079 406	5 138 391	14 219 081
Tanganyika	8 902 334	3 975 572	5 471 945	18 349 851
TOTAL	**174 088 033**	**761 471**	**261 998 055**	**757 847 559**

Source : Tableau élaboré par nous-même sur base de rapports d'exécution de 4 provinces issues du Katanga établis par leurs gouvernements respectifs / données converties en USD aux taux budgétaires.

Graphique n° 16 : Etat de realisation des recettes de 4 provinces issues du Katanga (2016-2018)

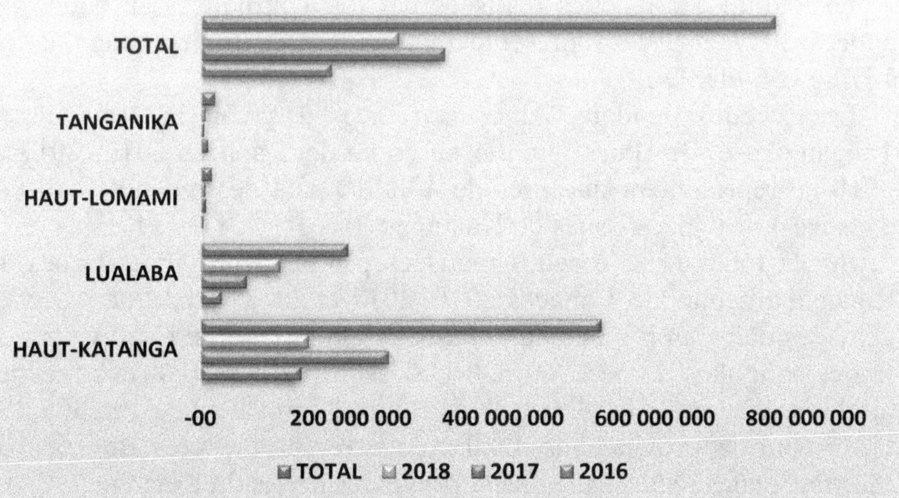

Source : Gouvernement Provincial du Haut-Katanga

Après analyse des états de réalisation des budgets tout au long de la période sous examen (2016 -2018), la province du Haut-Katanga occupe la tête de peloton en termes des recettes effectivement réalisées avec 70 %, elle est suivie par la province du Lualaba dont les recettes effectivement mobilisées sur la période représentent 26 % des recettes totales réalisées par les 4 provinces. Les deux autres provinces à savoir Tanganyika et Haut-Lomami occupent la dernière place avec 4 % des recettes totales réalisées.

Ce classement peut toutefois être nuancé lorsqu'on considère que les deux provinces qui ferment la marche du classement sont caractérisées par une économie fortement informelle basée essentiellement sur l'agriculture ainsi que la pêche pour le Tanganyika et sur l'agriculture pour la province de Haut-Lomami.

Un autre facteur à prendre en compte est celui de la faiblesse de l'organisation de dispositif mis en place pour la collecte des recettes dans les provinces dites filles c'est-à-dire le Haut-Lomami, le Lualaba et le Tanganyika.

Par ailleurs, la province de Lualaba est la province ayant connu des accroissements importants des recettes. La réalisation des budgets dans le Lualaba est passée de l'équivalent en francs congolais 27 692 480 USD à 106 994 167 USD soit un accroissement de 386 % entre 2016 à 2018 ;

La totalité des recettes réalisées par les 4 provinces au cours des années 2017 et 2018 représente l'équivalent en francs congolais de 757 847 559 USD ;

Les recettes de deux autres provinces à savoir la province de Tanganyika et de Haut-Lomami au cours de 3 années 2016, 2017 et 2018 ne représentent que près de 4 % du total des recettes réalisées dans les 4 provinces issues du Katanga ;

Sur la totalité des recettes réalisées par les 4 provinces issues du Katanga au cours de 3 années 2016, 2017 et 2018, la part des recettes générées dans la province du Haut-Katanga représente l'équivalent en francs congolais de 528 969 530 USD soit près de 70 % des recettes totales réalisées par les 4 provinces contre l'équivalent de 196 309 097 USD pour la province de Lualaba qui représente près de 26% de recettes totales réalisées par les 4 provinces issues du Katanga.

Dépenses de 4 provinces issues de l'ex. Katanga (2016 à 2018) USD

Tableau N° 64 : Évolution des budgets (dépenses) de 4 provinces issues du Katanga 2016-2018 (en USD)

PROVINCE	2016	2017	2018	TOTAL
Haut-Katanga	134 491 935	255 999 044	148 752 106	539 243 085
Lualaba	27 692 480	61 622 450	106 994 167	196 309 097
Haut-Lomami	3 001 284	6 079 403	5 138 391	14 219 078
Tanganyika	8 902 334	3 975 572	5 471 945	18 349 851
TOTAL	**174 088 033**	**327 676 469**	**266 356 609**	**768 121 111**

Source : Tableau élaboré par nous-même sur base de rapports d'exécution de 4 provinces issues du Katanga/ données converties en USD aux taux budgétaires.

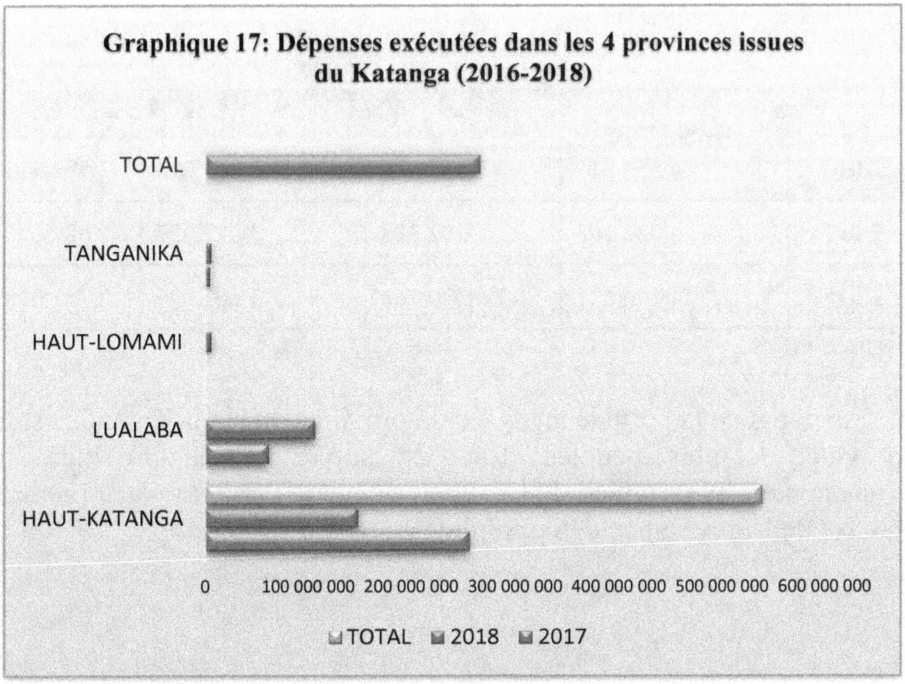

Source : Gouvernement provincial du Haut-Katanga

Commentaire

En 2017, les budgets recettes réalisés dans les 4 provinces issues de l'ex. province du Katanga représentent l'équivalent en Francs congolais de 321 761 471 USD contre l'équivalent de 174 088 033 USD en 2016 tandis que les dépenses représentent l'équivalent en francs congolais de 327 676 469 USD en 2017.

Bien entendu, la hauteur de réalisation des dépenses est fonction des recettes réalisées.

Cependant, il s'observe aussi une faible affectation des recettes aux dépenses d'investissements et un faible taux de rétrocession aux entités territoriales décentralisées et aux entités locales.

Analyse des revenus fiscaux par habitant de 4 Provinces issues du Katanga (2016-2018)

Pour obtenir le revenu fiscal par habitant, nous avons fait le rapport entre les recettes fiscales collectées et la population de la province concernée. Ci-après le tableau récapitulatif :

Tableau n° 65 : Récapitulatif des populations de 4 provinces issues du Katanga (2016-2018)

Année	Haut-Katanga	Tanganyika	Haut-Lomami	Lualaba
2 016	4 553 619	3 088 026	2 982 693	2 591 713
2 017	4 722 103	3 202 283	3 093 053	2 687 606
2 018	4 896 821	3 320 768	3 207 496	2 787 048

Source : INS

Au cours de la période analysée, la province du Haut-Katanga est la province la plus peuplée. Elle est suivie par la province du Tanganyika. La province de Lualaba occupe la dernière place pour ce qui est de l'importance démographique.

Tableau n° 66 : Récap des recettes de 4 Provinces issues du Katanga (2016-2018)

Année	Haut-Katanga	Tanganyika	Haut-Lomami	Lualaba
2016	$134 491 935	$ 8 902 334	$ 3 001 284	$27 692 480
2017	$250 084 043	$3 975 572	$6 079 406	$61 622 450
2018	$144 393 552	$5 471 945	$5 138 391	$106 994 167

Source : Tableau élaboré par nous-même sur base des rapports d'exécution des budgets élaborés par leurs gouvernements respectifs/données converties en USD sur base des taux budgétaires.

Tableau N° 67 : Évolution des revenus fiscaux par habitant de 4 provinces issues du Katanga (2016-2018)

Année	Haut-Katanga	Tanganyika	Haut-Lomami	Lualaba
2 016	30	3	1	11
2 017	53	1	2	23
2 018	29	2	2	38

Source : Tableau élaboré par nous-même sur base des rapports d'exécution des budgets des provinces et de l'institut national de statistique.

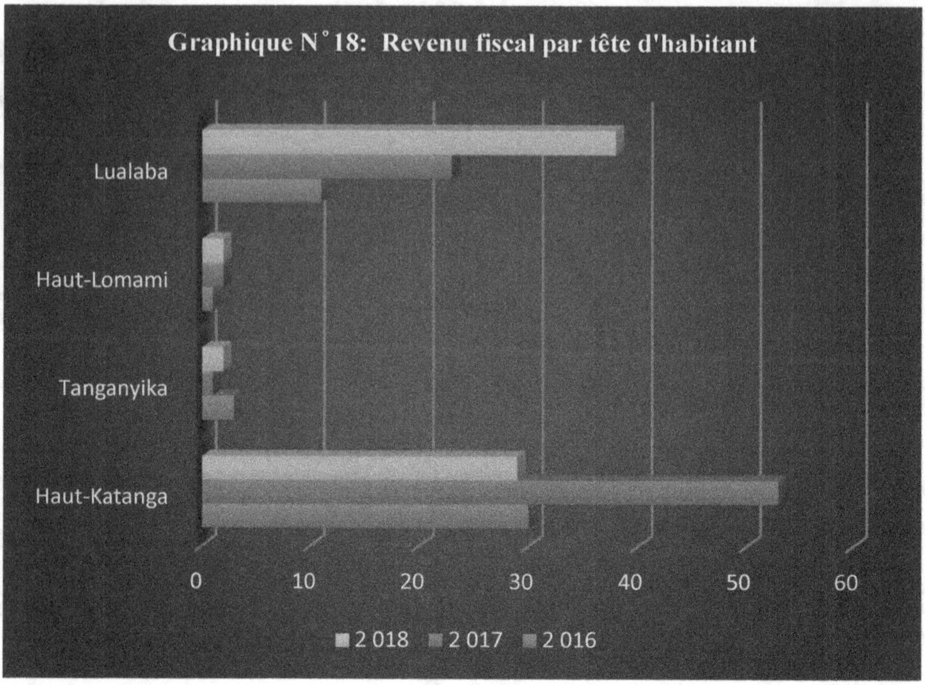

En comparant le niveau de réalisation de budget (recettes) par tête d'habitant en 2016 de la Province du Haut-Katanga, il se révèle une moyenne de 30 USD par habitant et par an soit 2.5 USD par habitant et par mois ce qui veut dire que dans l'hypothèse théorique de la mise à disposition de ce budget à chaque habitant de la province du Haut-Katanga, chaque habitant se contenterait d'acheter uniquement 3 kilogrammes de farine de maïs par mois sans avoir aucune chance de payer les frais de scolarité de ses enfants ni avoir la possibilité de se procurer une cure de malaria.

L'analyse de l'évolution des revenus fiscaux par habitant de ces 4 provinces au cours de la période étudiée indique que les revenus fiscaux se situent entre 1 et 38 USD par habitant et par an. Ces taux sont très faibles et illustrent le caractère fragile de ces provinces. Toutefois, il sied de signaler que la province de Lualaba est celle qui a connu un accroissement significatif du revenu fiscal par habitant entre 2016 et 2018 tandis que celles de Tanganyika et de Haut-Lomami sont celles qui ont le taux le plus bas. La province du Haut-Katanga a connu un accroissement significatif entre 2016 et 2017 avant de connaître une chute drastique en 2018 et se placer derrière la province de Lualaba.

Le dernier tableau des opérations financières de l'ex. Katanga a été élaboré le 30 Octobre 2015.

Cette date peut être considérée comme la date de l'arrêt des comptes de l'ex. Province du Katanga.

Les données ci-après sont celles du tableau des opérations financières de l'ex. Katanga converties en dollars américains au taux de change moyen interbancaire qui était de 927 FC pour 1 dollar américain à la période considérée.

Étant donné que les comptes ont été arrêtés le 30 Octobre 2015, pour estimer les données de réalisation des recettes budgétaires de Novembre et Décembre 2015, nous avons fait une extrapolation sur base de la moyenne mensuelle de 10 mois soit Janvier 2015 à Octobre 2015.

Ci-après les données d'exécution de budget de l'ex. Province du Katanga pour l'année 2015.

Tableau n°68 : Budget recettes de l'ex. province du Katanga en Usd							
	Janvier à Octobre 2015					Extrapolation de la réalisation (1)	
Ligne	Prévisions	Realite	Écart	Taux de réalisation	Structure	2 mois	12 mois
	10 Mois	10 mois				Nov. et Déc. 2015	Janv. à Déc. 2015
BUDGET GÉNÉRAL	**937 447 596**	**288 112 026**	**649 335 570**	31%	100%	57 622 405	345 734 432
Recettes internes	917 210 176	288 112 026	629 098 150	31%	100%	57 622 405	345 734 432
Recettes courantes	768 473 705	251 836 464	516 637 241	33%	87%	50 367 293	302 203 757
Part des recettes a caractère national	493 603 930	66 657 518	426 946 412	14%	23%	13 331 504	79 989 022
Impôts et taxes provinciaux d'intérêt commun	70 400 202	26 405 656	43 994 545	38%	9%	5 281 131	31 686 788
Impôts provinciaux	9 104 268	6 314 398	2 789 870	69%	2%	1 262 880	7 577 278
Taxes d'intérêt commun	61 295 934	20 091 258	41 204 676	33%	7%	4 018 252	24 109 510
Impôts et taxes spécifiques	204 469 573	158 773 289	45 696 284	78%	55%	31 754 658	190 527 947
Recettes exceptionnelles	148 736 471	36 275 562	112 460 909	24%	13%	7 255 112	43 530 675
Recettes extérieures	20 237 420	-	20 237 420	0%	0%	-	-
TOTAUX	**937 447 596**	**288 112 026**	**649 335 570**	31%	100%	**57 622 405**	**345 734 432**

Source : Tableau élaboré par nous –même sur base des données du gouvernement provincial du Katanga /données converties en USD au taux de change interbancaire de 937 CDF pour 1 dollar américain, sauf (1) : extrapolation des données du Gouvernement provincial sur base des données de l'ex. Katanga.

Commentaire

Le démembrement de la province du Katanga avait eu lieu au mois d'Octobre 2015. Le mois de Novembre et Decembre 2015 a connu le règne de Commissaire Général du Gouvernement. Ce dernier était le responsable de l'exécutif provincial de la nouvelle province du Haut-

Katanga issue du démembrement. Il semble que le temps n'était pas suffisant pour l'élaboration d'un édit budgétaire en bonne et due forme, dès lors que l'exécutif provincial était d'abord préoccupé par le processus de remise et reprise avec les exécutifs des autres provinces issus de l'ex. Katanga.

Cependant il sied de signaler que pour les dix derniers mois de fonctionnement de l'ex. Katanga, la province avait réalisé les recettes de l'ordre de 288 112 026 USD.

Tableau N° 69 : Évolution des budgets de l'ex. Province du Katanga (2011 A 2015) EN USD

Année	Prévisions	Realisations	Taux de change moyen (CDF/1USD)
2011	431 583 732	289 479 619	918,7
2012	609 531 090	347 623 577	919,4
2013	658 033 125	429 798 124	925,5
2014	995 560 473	471 992 313	924,5
2015 (1)	1 124 937 115	345 734 432	927,0

Source : Calculs propres sur base des données de rapport de la Cour des comptes publié dans le journal officiel de la RDC numéro spécial -18 juin 2018 ; sauf (1) voir tableau n° 83

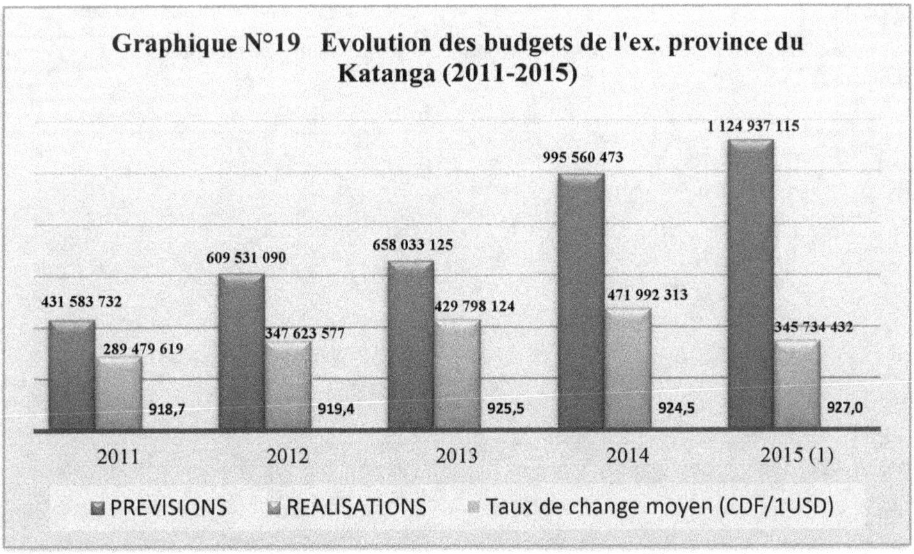

Comme dit précédemment, le démembrement de la province du Katanga avait eu lieu au mois d'Octobre 2015. Les données 2011 à 2015 sont celles de la Province du Katanga tandis que celles de 2016, 2017 à 2018 concernent le cumul des réalisations des budgets de 4 provinces issues du Katanga à savoir le Haut-Katanga, le Lualaba, le Haut-Lomami et le Tanganyika.
Entre 2011 à 2014, il s'est observé une évolution crescendo. Cet effort s'est estompé en 2015, année consacrant le démembrement de l'ex. Province du Katanga.

Tableau n° 70 : Évolution des budgets en USD (ex. Province du Katanga et 4 provinces issues du Katanga) 2011 -2018

Province	2011	2012	2013	2014	2015 (1)	2016	2017	2018 (1)
ex. Province du Katanga	289 479 619	347 623 577	429 798 124	471 992 313	345 734 432			
4 provinces issues du Katanga						174 088 033	321 317 001	261 998 055

Source : Calculs propres sur base des données de la Cour des comptes ; sauf (1) : voir tableaux n° 69

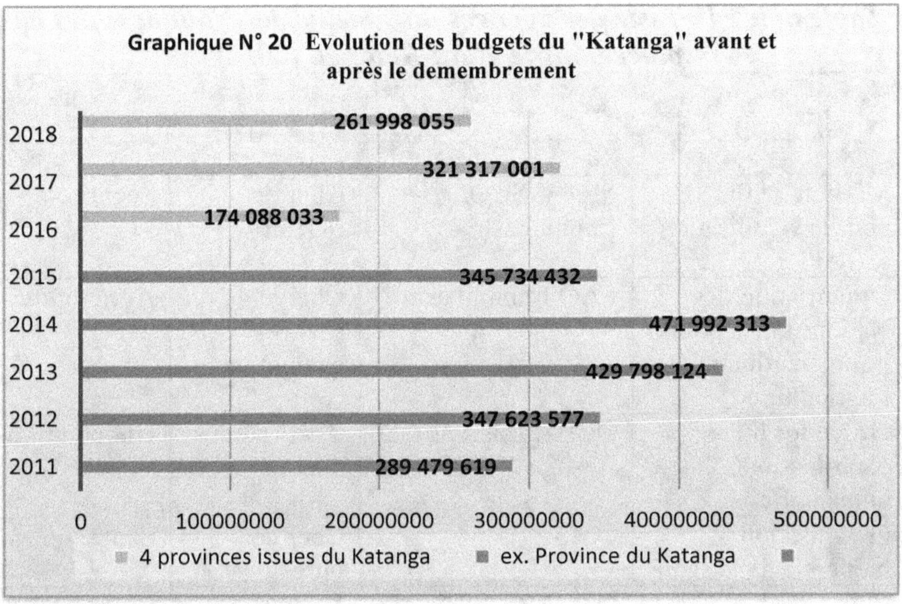

L'analyse des données 2011 à 2018 fait ressortir que le budget en recettes le plus élevé a été réalisé en 2014, avec l'équivalent en francs congolais de 471 992 313 USD tandis que le budget le plus bas a été réalisé au cours de l'année 2016, avec l'équivalent en francs congolais de 174 088 033 USD.

Les budgets réalisés par les 4 provinces issues du Katanga pendant les 3 années (2016, 2017, 2018) après démembrement n'ont pas encore atteint la hauteur des budgets réalisés par l'ex. Province du Katanga durant les 3 dernières années (2013, 2014, 2015) avant le démembrement.

L'apport des agences du système des Nations unies dans la province du Haut-Katanga

a) Les agences du système des Nations unies opérationnelles dans le Haut-Katanga

Plusieurs structures apportent un appui pour le financement de certains projets dans la Province du Haut-Katanga, dont 11 agences du système des Nations Unies. Malheureusement, nous n'avons pas eu accès aux détails des flux réels de financement que ces agences ont injectés durant la période considérée.

Ci-après les agences répertoriées :

Tableau n°71 : Liste des agences du système des Nations unies en place dans le Haut-Katanga (2017)

Nom de l'organisation	Nom du bureau	Poste de contact	Domaine d'intervention
Mission de l'ONU pour la stabilisation en RDC	MONUSCO/ Lubumbashi	Chef de bureau	Sécurité
Organisation des Nations unies pour l'alimentation et l'agriculture	FAO Lubumbashi	Chargé du suivi et évaluation	Agriculture
Office for the coordination of human affairs	OCHA Lubumbashi	Chef de sous bureau	Humanitaire
Organisation mondiale de la santé	OMS	Chef de bureau	Santé
Entité des Nations Unies pour l'égalité des sexes et l'autonomisation des femmes	ONUFEMMES Lubumbashi	Kitembo	Genre
Programme commun des Nations Unies sur le VIH/SIDA	ONUSIDA Lubumbashi	Chargé de programme	VIH/SIDA
Programme alimentaire mondial	PAM	Chef de bureau provincial	Sécurité alimentaire
United Nations department of safety and security	UNDSS Lubumbashi	Localy security assistant	Sécurité
Fonds des Nations Unies pour la population	UNFPA Lubumbashi	NPO SR/Fistules	Population
Haut-commissariat des nations pour les réfugiés	UNHCR Lubumbashi		Urgence humanitaire
Fonds des Nations Unies pour l'enfance	UNICEF Lubumbashi	Chief of field operations	Enfant

Source : Gouvernement provincial du Haut-Katanga, 2017

b) Mécanisme de coordination

En plus des agences du système des Nations-Unies, il existe quelques projets sectoriels dont la plupart interviennent dans les domaines de la santé, de l'éducation, de l'environnement, de l'agriculture et des finances publiques. Toutefois, le mécanisme de coordination n'est pas au point du fait que les groupes thématiques sont quasi-inopérants ; le système d'ancrage entre les agences du système des Nations-Unies, les projets sectoriels et le gouvernement provincial n'est pas formellement structuré.

Par ailleurs, la Division provinciale du plan ne dispose pas de toutes les informations financières en rapport avec les interventions des partenaires techniques en dépit des efforts fournis, ce qui laisse à croire que la plateforme de gestion d'aide au développement (PGAI) n'est pas véritablement opérationnelle dans la province du Haut-Katanga.

4.
Perspectives de l'économie du Haut-Katanga

Perspectives du secteur minier

1. Secteur minier formel

La Province du Haut-Katanga, comme d'ailleurs toute la République Démocratique du Congo, a été colonisée à cause de ses ressources naturelles. Son économie actuelle dépend de l'exploitation et de l'exportation de ses ressources naturelles et devrait, dans le futur, être envisagée par rapport à la manière dont ses ressources naturelles seront gérées.

Les ressources minières représentent une part non négligeable dans l'ensemble des ressources naturelles, et leur exportation, principale source des recettes en devises qui irriguent le système monétaire et bancaire du pays, contribue à alléger la position de change du pays avec impact positif sur la stabilité de taux de change et des prix. La demande du cuivre par exemple, restera pour longtemps encore croissante si on considère les tendances observées chez les géants asiatiques (Chine, Inde, …) qui vivent l'ère de la modernisation des milieux ruraux et les migrations de campagnes vers les villes. Ces migrations de campagnes vers les villes, créent de nouveaux besoins en cuivre pour la construction des infrastructures de logement, le matériel de communication, le transport de l'énergie. La demande de cobalt et de lithium par contre, subit la pression de l'humanité tout entière engagée dans la transition énergétique. Par ailleurs, tout porte à croire que les cours des matières premières continueront à fluctuer pour plusieurs raisons dont :

- le facteur géopolitique,
- le niveau d'activité dans les pays industrialisés,
- la spéculation,
- la transition énergétique, etc.

En tout état de cause, en demeurant uniquement exportateur des métaux bruts dans un monde où les prix des métaux bruts sont fixés par les acheteurs, on continuera à subir les méfaits de la détérioration des termes de l'échange.

Pour ne plus considérer la République Démocratique du Congo, avec son hinterland minier du Katanga comme une terre condamnée seulement à l'exploitation et à l'exportation « la fameuse EXX », plusieurs actions nécessitent d'être menées notamment :

- la promotion de l'exploration minière,
- la certification internationale de réserves minières ;
- la pratique d'une technologie adaptée et optimale,
- la promotion d'une politique de transformation des matières premières en produits finis,
- la mise en place d'un dispositif visant à tirer profit de la rente minière ;
- la promotion d'une politique de la sous-traitance réservée exclusivement aux nationaux ;
- l'accompagnement des entrepreneurs congolais impliqués dans le secteur minier ;
- la réforme de la société Gécamines qui est la principale entreprise minière appartenant à l'État ;
- l'amélioration des capacités de négociation dans la signature des contrats miniers ;
- l'abolition de la corruption et la fraude dans les différentes transactions minières.

a) Promotion de l'exploration et de la certification des gisements

La province du Haut-Katanga dispose encore des réserves importantes. Un important investissement est à consentir dans l'exploration pour découvrir des nouveaux gisements, les évaluer et en obtenir une certification reconnue en international.

Ainsi, comme les provinces sont dotées de la personnalité juridique et l'autonomie administrative et financière, le Haut-Katanga peut créer seule ou en association avec des privés, des sociétés d'exploration ou d'exploitation minière en prenant soin de se conformer aux différentes lois et aux dispositions prévues par le cadastre minier du pays.

b) Promotion de la pratique d'une technologie adaptée et moins coûteuse pour l'exploitation des mines du haut-Katanga

Une étude menée par le département des sciences appliquées de l'université de Liège a relevé que « Depuis des nombreuses années, la technique de la lixiviation en tas s'est imposée dans de nombreuses opérations minières. Les faibles coûts d'investissement (concassage limité, absence de broyage, pas de chauffage nécessaire, travail à pression atmosphérique, pas de séparation solide/liquide) et les importants volumes de minerais qu'elle permet de traiter l'ont rendu quasiment inévitable pour le traitement des minerais à basse teneur. Plus récemment, cette technologie a été appliquée avec succès aux minerais mixtes de cuivre (oxydes et sulfures secondaires), notamment aux gisements chiliens. Son application au Copperbelt Cu-Co Congo zambien constitue dès lors une suite logique. Pourtant, elle n'y est actuellement que faiblement pratiquée alors qu'elle se prête particulièrement bien à ce type de minerai. En effet, bien que les ressources en minerais oxydés soient toujours importantes, bon nombre d'études sont actuellement menées afin d'appliquer la lixiviation en tas aux sulfures primaires. On peut donc espérer, d'ici quelques années, disposer d'un outil permettant le traitement d'une grande variété de minéraux de cuivre (oxyde, sulfures primaires et secondaires). Toutefois, la réussite d'une opération en tas n'est toujours garantie, loin s'en faut. Des études préalables sont donc généralement recommandées. »[75]

Le Gouvernement devra inciter les entreprises minières à envoyer des jeunes ingénieurs congolais à des stages de formation et de perfectionnement dans des pays ayant maîtrisé des nouvelles technologies. Par ailleurs, il devra veiller à la clause de transfert des technologies dans les différents contrats signés avec les sociétés minières miniers étrangères.

c) Promotion d'une politique de transformation des matières premières en produits finis

L'économie de la province du Haut-Katanga, encore tributaire des ressources minières, repose principalement sur le cuivre et le cobalt, deux principaux métaux dont la volatilité des cours affecte négativement la situation socio-économique de cette province.

Pour inverser la tendance, la transformation de ces matières premières se présente comme l'une des solutions qui se bute malheureusement à plusieurs obstacles, dont :

- le déficit en énergie électrique,

[75] Gregory Lewis, David Bastin, jean Frenay, Introduction de la technique de lixiviation en tas au traitement des minerais cuprifères oxydes du Copperbelt congolais, Université de Liège, mars 2007, page 5

- le faible accès aux financements pouvant faciliter la construction des usines ;
- l'insuffisance du capital humain formé à la technologie moderne ;
- une politique fiscale non incitative à l'industrialisation ;
- des contreperformances dans la réalisation des indicateurs de doing business.

Toutefois, grâce à la volonté publique, ces obstacles peuvent être surmontés.
S'agissant par exemple de déficit en énergie, la loi n°14/011 du 17 Juin 2014 portant libéralisation du secteur de l'électricité est une opportunité pour attirer les capitaux privés dans ce secteur porteur d'espoir et y favoriser ainsi des nouveaux investissements dans le but d'accroître l'offre en énergie électrique et promouvoir la concurrence susceptible d'améliorer la fourniture en qualité et en quantité.

Quant au manque de financement pour la construction des usines, la loi n° 18/06 du 09 juillet 2018 relatif au partenariat public-privé est une opportunité pour drainer les capitaux frais des privés. En outre avec le leadership du gouvernement central, il est possible d'envisager un avenant au contrat chinois sur la possibilité de financer la construction de quelques unités de transformation locale d'une partie de nos matières premières en produits finis.

Pour ce qui est du capital humain, il est utile d'encourager les formations continues, le transfert de technologies, les échanges d'expérience, la création de plusieurs centres de formation professionnelle. Un recours aux cadres expérimentés de la diaspora congolaise est aussi à encourager.

Enfin, la politique fiscale incitative à l'industrialisation, doit être encouragée, pensons-nous, par la création d'une zone économique spéciale dans l'hinterland minier du Katanga devant accorder un paquet des mesures incitatives fiscales pour les investisseurs capables de se lancer dans la transformation de nos matières premières en produits finis. Le cas échéant, il sera aussi question de travailler pour la mise en place d'une politique fiscale n'exigeant aucune taxe ou impôt à un investisseur dans la phase de création de la société, d'installation de son unité de production, les impôts et les taxes ne pouvant être perçus sur le résultat d'exploitation qu'après une période à convenir correspondant à la maturité de la mise en production des unités de traitement. ***Il s'agira, en clair, d'installation d'un système des taxes ou imposition basés sur la récolte et non sur la semence.***

d) Mise en place d'un dispositif visant à tirer profit de la rente minière impulsée par la demande mondiale de cobalt

S'agissant du cobalt, une part de la production mondiale du cobalt est utilisée dans la fabrication de smartphone, la part restante est sollicitée par l'industrie automobile dont les besoins sont devenus sans cesse grandissants suite, notamment, aux impératifs de se conformer aux exigences écologiques. La fabrication d'un smartphone nécessite plus ou moins huit grammes de cobalt raffiné, celle d'une batterie électrique nécessite près de 8 Kg[76]. La République Démocratique du Congo à elle seule, détient plus de la moitié des réserves mondiales de ce précieux minerai (USG,2015).

Dans un passé récent, le cobalt était vendu à des raffineurs qui les revendaient aux fabricants de batteries. Ces derniers étaient à leur tour des sous-traitants des grands vendeurs de smartphones et de fabricants automobiles Samsung, Apple, BMW, Tesla, VW… Actuellement ce circuit a bien tendance à changer. En effet, certains consommateurs finaux s'adressent directement aux producteurs miniers pour conclure des contrats de livraisons garanties sur des longues périodes de plusieurs tonnes des matières premières afin d'anticiper sur les fluctuations et d'éviter des ruptures de stocks.

La perspective de l'abandon des véhicules à essence et diesel à l'horizon 2040 annoncé par certains pays européens (la France, la Grande –Bretagne…) est l'élément déclencheur de cet accroissement de la demande de cobalt qui entre avec le lithium dans la composition des batteries lithium-ion, des véhicules électriques, comme dans celle de smartphones.

Il existe plusieurs projets d'exploitation du cobalt à travers le monde.

En dehors de ceux de la Zambie voisine, la plupart de ces projets sont des projets de Nickel, le cobalt en étant un sous-produit et leur avenir dépend davantage des perspectives du marché du nickel que de celui du cobalt.

---

[76] Ludovic Dupin cité sur www.novethic.fr (1 mars 2018)

Les prix très déprimés du nickel risquent de mettre, à moyen terme, ces projets en sommeil. Aussi, à l'horizon 2020 à 2025, le reste du monde ne pourra dépasser 50 000 tonnes de cobalt par an, la République Démocratique du Congo, et accessoirement la Zambie, seront les seuls pays qui pourront augmenter leurs productions tout en assumant une bonne rentabilité des opérations. Le bureau fédéral des géosciences et ressources naturelles (BGR) Allemagne estime la production de cobalt de la RDC à 152 000 tonnes en 2026. (BGR, 2019)

La production chinoise et celle de la Russie étant consommées localement, plus de 70 à 75 % de cobalt commercialisés dans le monde ou faisant objet de transaction internationale, proviendront de la République Démocratique du Congo qui se trouve dans une position de quasi-monopole sur le cobalt.

Par ailleurs, des recherches se font pour identifier des solutions alternatives au cobalt pour les cathodes des batteries rechargeables, et en particulier des batteries Li-ion, mais le cobalt garde encore des avantages inégalés pour batteries des appareils nomades.

Pour tirer profit de cette rente minière, la province du Haut-Katanga devrait donc, sous l'égide du gouvernement :

- promouvoir une stratégie minière tournée vers la transformation du cobalt en produits finis ayant plus de valeur ajoutée.
- inciter les entreprises minières basées dans le Haut-Katanga à prendre des dispositions pour produire le cobalt raffiné ;
- développer des partenariats directs avec les utilisateurs finaux du cobalt congolais (Apple, BMW, Volkswagen, Samsung, Tesla…) pour les inciter à installer des unités de production en République Démocratique du Congo qui vont travailler en partenariat avec les sociétés congolaises ;
- inciter les investissements dans le secteur de l'énergie en vue de faciliter l'implantation de ces industries, relever le défi énergétique notamment en exploitant toutes les potentialités hydroélectrique, photovoltaïque, éolienne et en travaillant pour la mise en place d'un programme de réhabilitation et de modernisation de tous les anciens barrages existant dans l'hinterland minier du Katanga.
- améliorer la gouvernance dans le secteur minier en combattant notamment, l'exploitation et l'exportation illégale du cobalt ;

- mettre en place les centres de négoces et les consacrer comme les seuls centres de vente des cobalts issue de l'exploitation artisanale ;
- mettre en place des conditions pour la création d'une bourse des matières premières ;
- maintenir la taxe à l'exportation des concentrés de cobalt pour inciter les opérateurs miniers à transformer leurs matières premières localement ;
- réduire le tarif de transit des produits miniers qui sortent du pays par le poste frontalier de Kasumbalesa en se conformant à la moyenne de frais de transit appliqué par les autres pays de la SADEC ;
- favoriser la fluidité des trafics sur la nationale numéro 1 : construire une autoroute moderne ayant plus d'une bande afin de faciliter la circulation des trucks ;
- accélérer la mise en œuvre du projet de construction du port sec de Kasumbalesa par OGEFREM ;
- réévaluer la loi portant application de la taxe sur la valeur ajoutée (TVA) sur les importations des sociétés minières en prenant en compte le fait que l'État congolais ne parvient pas à rembourser la totalité de crédit de la taxe sur la valeur ajoutée, les entreprises minières n'étant pas grandes collectrices de la TVA à l'intérieur. À propos, au cours du forum sur la fiscalité congolaise tenu à Kinshasa le 11 Septembre 2017, la Fédération des entreprises du Congo (FEC) a déclaré que l'État congolais devait aux opérateurs économiques une somme de 1 milliard deux millions de dollars américains de crédit au titre de la taxe sur la valeur ajoutée non remboursée[77] ;
- promouvoir la construction de « one stop border post » au poste frontalier de Kasumbalesa pour éviter la fraude et accélérer la prise en charge des cargaisons etc.
- utiliser la rente minière pour financer la diversification de l'activité économique en portant une attention particulière aux secteurs ayant une vocation à utiliser une main-d'œuvre abondante : agriculture, tourisme, infrastructures etc.

[77] Communications personnelles de Monsieur Albert Yuma, Président du Conseil d'Administration de Gécamines au forum sur la fiscalité, Kinshasa, 11 Septembre 2017

- inciter la création de plusieurs écoles techniques pour amener les jeunes à disposer des capacités en métallurgie, mine, chimie et autres métiers alternatifs aux mines,
- inciter les utilisateurs finaux à installer localement leurs usines de transformation des matières premières.

e) Encourager la réforme de Gécamines

La province du Haut-Katanga devrait s'intéresser à la relance de Gécamines compte tenu de son impact significatif dans l'hinterland minier du Katanga à travers ses différents effets induits en amont et en aval.

Cet intérêt peut se manifester par un accompagnement au processus des réformes en cours.

La restructuration de Gécamines est, dans ce sens, arrivée à point nommé. Pour reprendre les propos de la Direction de Gécamines « La Gécamines ne pèsera à nouveau sur la scène internationale que lorsqu' elle sera redevenue à part entière un opérateur minier et non un partenaire minorisé dans les joint-ventures »[78].

Pour y parvenir, la Direction de Gécamines devrait à notre avis, accorder une diligence aux actions ci-après :

- revoir les procédures de gestion de Gécamines en mettant l'accent sur la gestion axée sur les résultats,
- renouveler l'outil de production. Cela peut se faire progressivement sur base d'un plan d'investissement cohérent ;
- définir des unités d'œuvre et déterminer des objectifs de production par entité,
- rationaliser des coûts opératoires notamment en construisant des usines de traitement à la mine ;
- restaurer et optimiser des centres des profits,
- promouvoir la prise des décisions axées plus sur les réalités de terrain que sur une longue hiérarchie déconnectée de réalités opérationnelles,
- signer des contrats de performance avec les responsables désignés des entités afin d'installer une culture de résultat et de promouvoir la redevabilité de chaque décideur,

---

[78] Communication de la Gécamines à DRC mining week, Pullman Grand Karavia Juin 2017

- réévaluer la décision de suppression de la Direction technique qui semble être contradictoire avec l'objectif d'accroître la production. Une direction technique ayant les volets métallurgique, chimique et minier est, pensons-nous, le levier majeur sur lequel devrait s'appuyer les efforts de relance de production,
- faire de bureau d'études de la Direction Générale (BED) un véritable point d'appui du Directeur Général de Gécamines en le renforçant avec au moins quatre cadres ayant une expérience avérée respectivement en mines, métallurgie et chimie et en évaluation économico-financière ;
- promouvoir la prise de conscience des représentants de Gécamines dans les partenariats sur base d'un code déontologique à observer assorti des sanctions,
- élaborer un plan de communication avec les parties prenantes en vue de dissiper le malentendu dans le chef des perdants de la réforme inhérente à la restructuration,
- organiser la formation continue du personnel aux techniques de production et aux techniques modernes de gestion,
- financer des filières porteuses identifiées,
- signer des contrats de leasing pour acquérir le matériel nécessaire pour l'exploitation lorsque le financement n'est pas disponible,
- instaurer des réunions mensuelles de production pour évaluer l'atteinte des objectifs par approche participative et publier systématiquement des statistiques des productions par site ;
- instaurer la culture de sanction négative et positive,
- envisager un plan de retirement volontaire du personnel avec à la clé un financement des indemnités fin carrière afin de rendre les effectifs progressivement compatibles avec le niveau d'activité,
- financer l'exploration et mettre à jour les données géologiques pour une certification internationale des réserves, et se mettre en position utile pour la levée des fonds ;
- last but not least, rééquilibrer le partenariat.

➢ *Réformer la politique de commercialisation des produits miniers*

La commercialisation des métaux devra exclure formellement de son circuit le recours aux intermédiaires commercialisation et tout particulièrement les sociétés apparentées aux partenaires de Gécamines. De manière concrète, les ventes devront être réalisées par le service commercial de la joint-venture, aux prix de marché, abolissant ainsi la pratique de « prix de cession » ou « prix de transfert » qui a pour effet de déplacer une partie du chiffre d'affaires ou du bénéfice hors de la joint-venture ou hors de la République Démocratique du Congo.

➢ *Abolir le mode de financement total des joint-ventures sans capital*

Le financement sans capital consiste à financer toutes les dépenses de recherche, d'étude, d'investissement initial par emprunts remboursables par le projet lui-même et les investissements ultérieurs par autofinancement par le projet, sans apport significatif en capital du partenaire autre que le pas de porte. Ce mode de financement très imaginatif, sans fonds propre, dans une profession qui en demande beaucoup présente de sérieux inconvénients :

- le remboursement des emprunts et des intérêts va affecter durablement le profit, réduire et retarder la distribution de bénéfice de la joint-venture ainsi que les dividendes et les retombées fiscales ;
- le projet court de grands risques de crise de liquidité, et est fragilisé s'il doit faire face à une baisse de cours des métaux ;
- le développement du projet va être ralenti, les bénéfices futurs sur lesquels on peut compter, étant eux-mêmes affectés par la cascade des remboursements et intérêts.

Il s'observe, sur le plan des principes, un déséquilibre entre d'un côté un apport de gisement et de l'autre un partenaire qui n'apporte pas de capital. Cela revient pour un partenaire à aliéner un gisement sans contrepartie équivalente.

Pour ces raisons, cette formule de financement sans capital n'est pas adaptée à une joint-venture mutuellement avantageuse. Elle nécessite d'être proscrite. Les opérations de financement par emprunts remboursables par le projet lui-même sont envisageables soit sous forme de : « Contrat de gestion », soit sous forme d'amodiation à durée limitée. Le partenaire investit, gère, partage les bénéfices après remboursement des emprunts. Et à l'échéance, le gisement est récupéré par son propriétaire ainsi que tous les investissements réalisés.

Une coentreprise gagnant-gagnant, implique que quand un partenaire apporte un gisement qui est un bien matériel dans une filiale, la contrepartie de l'autre partenaire doit être un apport en capital. Ce qui revient à dire que le capital doit être suffisant dès le départ.

En effet, il est rationnel que les dépenses de recherche, de faisabilité et les investissements soient couverts par des capitaux permanents dans lesquels le capital est majoritaire par rapport aux emprunts à très long terme. Cela fixe le capital apporté par le partenaire pour réaliser les dépenses nécessaires pour le projet.

➢ *Contrôle rigoureux de business plan et des coûts dans le partenariat*

Le partenaire ayant la majorité de parts et de pouvoir au comité de gestion doit être responsable de maîtrise des coûts. Les business plans et les budgets d'exploitation approuvés par le Conseil d'administration composé de tous les associés doivent être suivis rigoureusement au minimum une fois par trimestre. Le dérapage doit être imputé au partenaire ayant la majorité au comité de gestion.

Dans le cadre de maîtrise des coûts de la main-d'œuvre, à la signature de convention de partenariat, le partenaire expatrié doit préciser le nombre de personnel qu'il compte recruter pour le projet et justifier leur utilité par rapport à leur expertise mise en relation avec la carence locale de leur expertise.

De même les différentes conventions règlementées ainsi que les contrats de sous-traitance doivent nécessairement obtenir l'approbation de tous les associés via les organes sociaux.

➢ *Rajeunir Le Personnel*

En 2011, la moyenne d'âge du personnel de Gécamines était située au-delà de 49 ans[79]. L'effectif pléthorique et vieillissant n'est pas en mesure de s'adapter à la dynamique des réformes.

Le rajeunissement devrait à notre sens se faire accompagner d'une politique soutenue de formation continue. En outre, pour favoriser une relève responsable, ce rajeunissement devra s'inscrire dans un plan cohérent tenant compte du temps de transfert des connaissances entre les admissibles à la retraite et les nouvelles recrues.

➢ *Imposer la langue officielle (le francais) dans les contrats et l'arbitrage*

Le choix de la langue faisant foi est important dans les contrats de partenariat. Pour éviter des malentendus et des conflits résultant d'une interprétation erronée, il convient d'imposer la langue officielle nationale lorsque les opérations ont lieu dans le pays. En effet, la rédaction dans une autre langue nécessite une connaissance approfondie du droit correspondant. Afin d'éviter tout conflit résultant de l'interprétation de la traduction, la traduction faite dans la langue étrangère ne devrait pas avoir la valeur juridique.

Les arbitrages internationaux devraient être aussi imposés dans la langue française qui est la langue officielle en République Démocratique du Congo et ne devraient pas, dans la mesure du possible, avoir lieu devant une quelconque juridiction du pays de l'un des actionnaires /partenaires ou de ses filiales.

Tels sont des mécanismes qui peuvent optimiser les chances de réussite de cette réforme.

En tout état de cause, la réforme ne peut réussir que si :

- d'une part l'État propriétaire laisse une autonomie administrative, technique et financière à Gécamines en se contentant de dividendes à percevoir en fin d'exercice tout en prenant soins de signer un contrat de performance axée sur le résultat avec cette dernière,

---

[79] Note technique au Gouvernement sur le diagnostic de Géc amines, Copirep, 2011, page 22

- d'autre part, sur base d'une évaluation complète de coût de la réforme, un financement de différentes activités qui sous-tendent cette réforme est mis à la disposition de l'équipe dirigeante commise à cette réforme.

Les expériences vécues par Gécamines (opération « dispense de l'obligation de prester », et « opération départ volontaire ») dont les stigmates existent encore, ont démontré qu'un simple manque des ressources financières suffisantes pour financer les composantes de la reforme ainsi que les programmes de relance de la production, comme le renouvellement de l'outil de travail, est capable de paralyser toute la réforme et de ramener les commanditaires de la réforme au point de départ.

2. Quelques projets miniers en perspective

a) Projet kipushi corporation (KICO SARL en sigle)

La société Ivanhoe Mines et Gécamines ont conclu une joint-venture ayant donné naissance à la société KICO. Ce partenariat est sur le point de faire entrer la mine historique de Kipushi en exploitation depuis 1924 dans une nouvelle ère de production.

Actuellement gérée par KICO, une coentreprise entre Ivanhoe Mines (68%) et Gécamines (32%), cette mine a été construite par l'UMHK[80] qui l'a exploitée durant 42 ans avant que Gécamines n'en prenne le contrôle en 1967. De 1924 à 1993, la mine a produit un total de 6.6 millions de tonnes de zinc, 4 millions de tonnes de cuivre, 278 tonnes de germanium et 12 673 tonnes de plomb. En raison des facteurs économiques et politiques, la Gécamines a dû, en 1993, la placer en régime de maintenance et entretien.

Dans un communiqué de presse publié sur son site web, Ivanhoe Mines a indiqué avoir réalisé d'excellents progrès depuis la mise en œuvre de son programme de restauration de la production, notamment la mise à jour des ressources minérales indiquées et mesurées du gisement Big Zinc découvert par la Gécamines juste avant que la mine ne devienne inactive. Le gisement, situé à une profondeur de 1250 m , héberge désormais 10.2 millions de tonnes , titrant 34.9% de zinc,

---

[80] www.ivanhoemines.com/Agence Ecofin/Louis-Nino Revue M&B Novembre-Decembre N°15, page 50

0.65 % de cuivre,19 g/t d'argent, et 51 g/t de germanium. Il contient 7.8 milliards de livres de zinc et **serait la mine de zinc de plus haute teneur au monde**[81]. Le programme de restauration de la production se concentrera dans sa première phase sur le gisement Big zinc. Ivanhoe Mines est en train de moderniser l'infrastructure souterraine de Kipushi et compte ensuite se focaliser sur la modernisation et la mise à niveau des infrastructures de surface.

L'étude de faisabilité révèle ce qui suit :

- Coûts d'investissements pré-production (y compris les imprévus) estimés à 337 millions de dollars ;
- Période de récupération après impôt : 2,2 ans pour le projet ;
- Taux de rendement interne après impôt de 35.3%

Les infrastructures de surface et souveraines existantes ont permis de réduire considérablement les investissements requis par rapport aux projets de développement entièrement nouveaux.

La production moyenne de concentré de zinc prévue sur la durée de vie de la mine, soit 381 000 tonnes sèches par année avec une teneur de concentrés de 59% zinc, devrait faire de Kipushi l'une des plus grandes mines de zinc au monde.

Le coût déboursé moyen de Kipushi sur la durée de vie de la mine, estimé à 0.48 $/lb de zinc, devrait placer Kipushi dans le quartier inférieur pour les coûts déboursés des producteurs de zinc à l'échelle mondiale.

La durée de vie estimée de cette mine est de 10 ans.

b) MMG Kinsevere

MMG Kinsevere est une société minière basée dans la province du Haut-Katanga. Elle dispose d'une mine à ciel ouvert située à moins de 20 Km de la ville de Lubumbashi et d'une usine de traitement qui utilise comme méthode de traitement : la lixiviation acide, l'extraction par solvant et l'électrolyse.

Elle a débuté ses opérations en 2007 et sa durée estimée est de 20 ans. Ses ressources sont estimées à 1,4 million de tonnes de cuivre contenu et sa main-d'œuvre directe est de 717 employés contre 1035 d'entrepreneurs sous-traitants.

[81] Ibidem

3. Secteur minier artisanal

Eu égard au nombre d'emplois que ce secteur est susceptible de générer, l'exploitation artisanale apparaît comme une solution pour la résorption du chômage. Cependant une exploitation faite dans les conditions observées actuellement peut apporter plus de problèmes que de solutions.

Afin de permettre à l'exploitation artisanale d'atteindre l'objectif pour lequel elle a été autorisée, certaines mesures nécessitent d'être prises. Il faudra :

- conduire avant le début d'exploitation et périodiquement, des études indépendantes en vue d'évaluer les impacts environnementaux et sanitaires des activités et en publier les résultats, le cas échéant, prendre les mesures correctives requises ;
- veiller à ce que des études préalables de la viabilité de gisements soient menées avant de créer une zone d'exploitation artisanale ;
- conditionner le début d'exploitation artisanale par une découverture du site à faire au moyen des engins appropriés et avec le concours de la province ou de l'autorité locale et du SAEMAPE;
- veiller à ce que le Gouvernement puisse doter à SAEMAPE des effectifs suffisants et la capacité technique requise pour réaliser sa mission ;
- veiller à l'application de la loi interdisant l'exploitation artisanale dans les zones couvertes par les permis de recherche ou les permis d'exploitation ;
- éviter de laisser le rôle d'exploration et d'évaluation des richesses minières aux seules sociétés minières et renforcer les capacités géologiques de l'État et de la Province afin d'avoir une cartographie à jour des gisements miniers de la province ;
- rendre effective l'interdiction d'accès aux enfants mineurs et femmes enceintes dans les carrières artisanales ;
- garantir aux creuseurs la sécurité sociale notamment par la mise en place de mutuelle de santé et d'un dispositif consensuel de sécurité sociale basée sur une cotisation à convenir ;
- documenter les cas de pollution de l'environnement et les cas de maladies inhabituelles constatées ;

- créer des centres de négoce et les consacrer comme les seuls où les exploitants miniers artisanaux peuvent vendre leurs produits et instaurer un dispositif de traçabilité ;
- créer dans chaque centre de négoce, un laboratoire indépendant qui doit certifier, à l'avantage de toutes les parties (le vendeur et l'acheteur), la qualité des minerais produits et fournis ;
- instituer des zones d'exploitation artisanale (ZEA) en qualité et quantité suffisante ;
- promouvoir une mutuelle de santé des creuseurs devant prendre en charge leurs soins de santé en mutualisant les coûts ;
- promouvoir un système d'assurance pouvant prendre en charge les obsèques des creuseurs morts sur les sites ;
- promouvoir la création d'une banque d'investissement devant octroyer des financements aux coopératives et négociants congolais dans le but de professionnaliser ce secteur d'exploitation artisanal;
- interdire aux expatriés de traiter directement avec les creuseurs et créer des centres de négoce tenus pas les négociants congolais où toutes les entreprises de transformation peuvent s'approvisionner ;
- appuyer l'entrepreneuriat des jeunes et des femmes en rendant possible la réinsertion socio-économique de cette catégorie de la population grâce au financement des activités génératrices des revenus impulsées par elle.

Que devons-nous conclure sur ce point ?

De ce qui précède, il se révèle que le destin de Province du Haut-Katanga est intimement lié à celui de son sous-sol. Tout indique que cette situation va perdurer pendant longtemps.

Cependant, la situation socio-économique de sa population contraste avec son potentiel en ressources minières. Ainsi, pour tirer profit de cette rente minière, un changement des paradigmes s'impose. Le nouveau paradigme doit intégrer le fait que le potentiel seul ne suffit pas à générer des ressources ; c'est en le transformant en dynamique économique qu'il génère des ressources de manière équitable entre les acteurs (État, compagnies minières) et en redistribuant la richesse vers la population que le développement tend à devenir durable (Marysse & Omasombo 2013 :60).

Il va sans dire que certaines stratégies énumérées ci-dessus relèvent de la compétence du Pouvoir Central, mais le cas échéant le gouvernement provincial qui est le répondant du Gouvernement Central en province devra interagir avec toutes les parties prenantes dans cet effort de changement des paradigmes.

Perspectives du secteur de l'agriculture

1. Stratégie

L'extraction minière industrielle telle qu'opérée en République Démocratique du Congo n'est pas grande consommatrice de la main-d'œuvre. Il serait alors urgent de réorienter le financement issu de la rente minière dans les activités économiques qui demandent une main-d'œuvre importante. Le secteur agricole est naturellement bien indiqué dans une province dont l'essentiel des produits consommés proviennent de l'étranger. La province du Haut-Katanga n'a pas vocation à demeurer dans la dépendance compte tenu de son potentiel : 15 millions d'hectares arables, 5 millions d'hectares de pâturages et d'importants plans d'eaux [82].

Pour améliorer de manière pratique le secteur agricole de la Province du Haut-Katanga, plusieurs stratégies sont envisageables à savoir :

- inventorier tous les tracteurs acquis sur fonds du Gouvernement et mettre en place un mécanisme de récupération ;
- recenser tous les moniteurs agricoles et les déployer dans tous les territoires de la province du Haut-Katanga en prenant soin de :
  - mettre en place un système de recyclage,
  - mettre à leur disposition un équipement nécessaire pour la réalisation de leurs missions (véhicules, moto, kits d'outillage),
  - instaurer sous l'égide du Gouverneur de province une politique des rencontres multi acteurs d'évaluation périodique du secteur agricole afin d'identifier les points faibles et les points forts et de définir les nouvelles stratégies pour atteindre les résultats ;

[82] Primature, centre d'analyse des indicateurs de développement de la RDC, 2016

- instaurer une gestion axée sur les résultats et une motivation sur base de la superficie cultivée ;

- procéder à une identification des fermiers et des coopératives agricoles dans la Province ;
- recenser toutes les fermes agricoles et les terres pouvant accueillir des cultures ;
- mener une étude pédologique sur ces terres et libérer les terres non exploitées au bénéfice des populations voulant s'engager dans l'agriculture ;
- créer ou redynamiser une direction provinciale de réserve stratégique ayant pour mission d'acheter auprès des paysans des produits agricoles pendant la récolte, de les stocker dans des silos construits dans les territoires et de les déverser sur le marché en vue de stabiliser et de garantir la sécurité alimentaire en cas de pénurie de ces produits (maïs, manioc, haricot…);
- financer les campagnes agricoles : la direction de réserve stratégique sous l'égide du gouvernement provincial devra mettre en place un mécanisme de rachat des produits des paysans pour les motiver à cultiver davantage et constituer des greniers agricoles (stock stratégique) ;
- financer les coopératives agricoles et les fermiers au travers d'une chaîne de valeur agricole ;
- promouvoir le système d'irrigation des cultures là où c'est nécessaire et des cultures sous serre pour éviter des ruptures suite aux effets saisonniers;
- mettre en place un cadre de concertation multi acteurs sous forme des conférences agricoles ;
- promouvoir les écoles ayant des sections agricoles et vétérinaires dès le niveau secondaire ;
- encourager la recherche agronomique en donnant des subventions aux institutions de recherche : faculté d'agronomie, faculté vétérinaire, Centre de recherche agro-alimentaire (CRAA), centre de recherche pour le maïs (CRM), service national de vulgarisation (SNV) et institut national de recherche agricole (INERA) en vue de valoriser les résultats de recherche;
- inciter les différentes structures de recherche agronomique ci-dessus à procéder à la sélection des variétés, à la démonstration des technologies agricoles, à la dissémination des innovations ;

- accorder des subventions et déployer des services spécialisés (SENASEM, SENAFIC, DVDA, SNHR, CRM, SENAMA,) dans tous les territoires de la province pour leur permettre d'encadrer les paysans avec la collaboration étroite des chefs coutumiers ;
- prioriser la réhabilitation des routes de desserte agricole par une approche haute intensité de main-d'œuvre et au besoin y orienter le fonds national d'entretien routier (FONER) et les recettes issues de la redevance minière ;
- encourager l'organisation des expositions et des foires agricoles sur toute l'étendue de la province et favoriser l'échange d'expérience;
- promouvoir la création d'une société de production des intrants agricoles (engrais, fertilisants, semences) grâce au partenariat public-privé ;
- procéder à une évaluation des projets villages agricoles avec toutes les parties prenantes (société civile, organisation paysanne, gouvernement, services techniques, FAO et autres acteurs) afin d'ajuster la formulation de cette politique pour plus de résultats ;
- allouer un budget conséquent au secteur agricole et veiller à son exécution sans faille;
- élaborer un programme agricole visant à produire au moins 600 000 tonnes de maïs grain ;
- construire des infrastructures de stockage dans chaque territoire ;
- créer un fonds provincial de promotion de l'agriculture qui sera financé par le gouvernement provincial et les sociétés minières opérant dans la province dans le cadre de la responsabilité sociétale des entreprises ;
- promouvoir l'organisation des voyages d'expérience des acteurs clés du secteur agricole dans les pays voisins (Zambie, Tanzanie, Afrique du Sud) pour copier les technologies et les meilleures pratiques qui y fonctionnent ;
- organiser la gestion des statistiques en renforçant : les capacités de l'inspection provinciale de l'agriculture, de développement rural, de l'institut national de statistique sur la tenue des statistiques, la numérisation des données ainsi que la diffusion ;
- lutter contre la concurrence déloyale des produits provenant de l'étranger en prenant soin de :

- initier des mesures (arrêtés ou lois) interdisant l'importation des articles qui sont susceptibles de faire une concurrence déloyale aux produits des entreprises nationales (boissons gazeuses, bières, pains, poissons, produits agro-industriels …) ;
- initier des mesures (arrêtés ou lois) fixant des tarifs douaniers prohibitifs aux produits importés susceptibles de concurrencer les produits des entreprises nationales ;
- promouvoir l'installation des caméras de surveillance des frontières 24 h/24 h pour détecter les fraudeurs et s'assurer qu'ils sont punis sévèrement ;
- favoriser l'échange d'expérience avec les pays voisins dans le domaine agricole ;
- faire un plaidoyer auprès du Gouvernement central pour la mise en place d'un système de crédit adapté au secteur agricole ;
- vulgariser les différentes mesures (Arrêtés, lois, décisions) accordant des avantages fiscaux ou parafiscaux au secteur agricole ;
- promouvoir la création des coopératives agricoles et la professionnalisation des exploitants agricoles;
- revaloriser le rôle de l'agronome de territoire et celui des moniteurs agricoles notamment en les équipant et en leur allouant une bonne rémunération ;
- simplifier la parafiscalité agricole ;
- créer un service provincial de mécanisation agricole ;
- interdire les feux de brousse dévastateurs ;
- créer un centre provincial de recherche agricole ;
- veiller à l'application effective des dispositions de la loi ou du décret qui accordent des allégements fiscaux et douaniers à l'importation des intrants et des équipements agricoles ;
- vulgariser le code agricole ;
- promouvoir la réduction de prix de certains facteurs de production (gas-oil, chaux agricole…) notamment par une fiscalité incitative ;
- éviter le gaspillage des produits agricoles sur toute la chaîne de valeur par une mauvaise manipulation des produits agricoles après la récolte notamment par la mise en place des technologies visant à améliorer le traitement des produits agricoles après récolte. Une façon d'y parvenir est d'envisager

l'amélioration de l'efficacité de la chaîne de froid grâce à l'utilisation des systèmes de réfrigération solaire (frigos, chambres froides ou wagons frigorifiques solaires) dans les marchés et fermes agricoles ;

- élaborer un programme agricole par une approche participative ;
- optimiser l'utilisation des radios communautaires rurales pour sensibiliser et vulgariser les techniques agricoles ;
- optimiser l'utilisation des nouvelles technologies de l'information et de la communication dans le secteur agricole : services d'information météo, accès aux données agricoles grâce aux sites et plateformes numériques dédiées ;
- investir dans la préservation, l'enrichissement et la santé de sols ;
- concevoir des politiques et interventions agricoles en incluant les dimensions jeunes et genre ;
- promouvoir le système d'assurance adapté au secteur agricole ;
- veiller à la prise en compte des particularités locales par des partenaires techniques et financiers qui assistent la province sachant qu'il n'existe pas de schéma unique de développement et que les interventions ne sont pas toujours applicables dans des contextes sociaux et environnementaux différents ;
- mettre un dispositif d'intervention en cas de calamités naturelles (invasion des champs par des insectes, inondation…) ;
- obtenir la non-application de la taxe de reboisement aux exploitants agricoles. En effet, la confusion qui s'observe lors de l'application du code forestier et la loi agricole N°11/022 du 24/12/2011 sur l'imposition d'une taxe dite taxe de déboisement est un réel défi. Cette taxe qui s'élève à 1200 USD par hectare est parfois elle est exigée abusivement aux agriculteurs. Certains exploitants agricoles de la Province du Haut-Katanga nous ont affirmé que le fonds forestier ne reconnaît par la loi agricole et exige à chaque exploitant agricole une somme de 1200 USD par hectare à titre de taxe de déboisement bien qu'il soit prouvé qu'en agriculture, il s'agit du dessouchement ou défrichement plutôt que du déboisement : on dessouche, en effet, pour remplacer ce couvert végétal par des cultures, soit saisonnières, soit pérennes.

En tout état de cause, cette taxe décourage sérieusement les exploitants agricoles du secteur du maïs dans le Haut-Katanga.

Par ailleurs, le modèle d'agriculture proposé par la cellule de la primature en charge d'analyse des indicateurs de développement (CAID) en Décembre 2016 fait aussi partie de solution susceptible d'inverser la tendance : le modèle agricole actuel devra être transformé, selon la Cellule d'analyse des indicateurs de développement en un autre modèle proche de celui qui fonctionne aujourd'hui dans les pays voisins : Zambie et Tanzanie.

a) Changement de modèle de l'agriculture

Actuellement

Gouvernement de la RDC : faible appui au secteur agriculture, pêche et élevage

PRODUCTION	STOCKAGE	TRANSFORMATION	COMMERCIALISATION
• Faible structuration des ménages agricoles • Peu d'entreprises agricoles	• Quasi-inexistence des magasins de stockage • Stockage dans des greniers familiaux	• Transformation traditionnelle des produits agricoles et de pêche • Unités de transformation en petit nombre	• Routes de desserte agricole à 80% en mauvais état • Grande libéralisation des marchés

Passage du modèle actuel à la proposition ci-dessous :

- Gouvernement de la RDC : Plus grande implication financière (à travers des fonds provinciaux de la promotion de l'agriculture) et technique de l'État dans le secteur de l'agriculture, pêche et élevage

PRODUCTION	STOCKAGE	TRANSFORMATION	COMMERCIALISATION
• Structuration des ménages en organisations paysannes • Création d'entreprises agricoles • Appui et encadrement des pêcheurs et des éleveurs	Construction des magasins relais (silos) dans les territoires	Création d'unités de transformation en grand nombre	Construction et réhabilitation d'au moins 3 routes de dessertes agricoles prioritaires par territoire

Ce modèle proposé est celui qui a réussi en Tanzanie et en Zambie voisines. La province du Haut-Katanga ayant le même peuple et disposant d'un grand avantage par rapport au climat devrait tirer tous les avantages de ce modèle pour inverser la tendance, parvenir à une autosuffisance alimentaire, et même exporter le surplus.

b) Vers la recherche d'une solution durable au besoin de la population de la province du Haut-Katanga en farine de maïs (Analyse de l'année 2017)

La farine de maïs est la principale denrée alimentaire consommée par la population vivant dans la province du Haut-Katanga. Malheureusement, la production locale ne parvient toujours pas à combler le besoin total de la population. Pour inverser la tendance, il nous semble que la solution durable consiste en un accroissement de la production locale de la farine de maïs.

Le ratio moyen de la consommation journalière de la farine de maïs par habitant dans la province du Haut-Katanga est estimé à 283 grammes[83].

La population du Haut-Katanga étant évaluée à 4 722 103 habitants en 2017[84] , le besoin annuel de la population de la province du Haut-Katanga en farine de maïs en 2017 était évalué à 487 769 tonnes. Même si ce chiffre nécessite d'être nuancé du fait qu'il existe une partie de la population qui ne consomme pas la farine de maïs, le besoin demeure important et supérieur à la production locale.

Au cours de l'année 2017, la production locale de la farine de maïs sur l'ensemble de la province du Haut-Katanga était évaluée à 228 225 tonnes (inspection provinciale de l'agriculture, 2017).

Comparée au besoin total, il s'est dégagé un déficit non comblé par la production locale évalué à 259 544 tonnes de farine de maïs. Ce déficit représente une valeur minimale de 124 581 120 USD si on considère qu'une tonne de farine coûte 480 USD à l'importation. Ce montant représente l'évaluation du montant nécessaire en devises que les acteurs économiques (ménages, opérateurs économiques, État...) de la province du Haut-Katanga devraient avoir décaissé pour importer la quantité de farine destinée à combler le déficit.

Au cours de l'année sous analyse, la province du Haut-Katanga avait connu un déficit de 259 544 tonnes de farine de maïs. Pour couvrir ce besoin, la province devrait cultiver un minimum de 64 886 hectares supplémentaires tout en se fixant un rendement minimum de 4 tonnes à l'hectare ce qui convient à dire que si 121 942 personnes soit près de 3 % de la population avaient cultivé chacun 1 hectare de maïs en se fixant un rendement minimum de 4 tonnes à l'hectare, le

[83] Ministère provincial de l'agriculture, 2017
[84] Institut National des statistiques, 2017

besoin total de la province du Haut-Katanga en farine devrait être couvert.

De ce point de vue, l'initiative des grands fermiers ne peut pas être la seule piste à explorer. Par contre, un encadrement agricole de l'ensemble de la population pourrait contribuer efficacement à une production suffisante et de manière durable pour combler ce déficit.

Perspectives du secteur de la pêche

La promotion de la pêche dans les différents lacs de la province du Haut-Katanga peut contribuer sensiblement à la réduction de la malnutrition.

En l'absence d'une politique d'encadrement des pêcheurs qui se présentent comme des laissés pour compte, on est en droit, quand on observe leur modèle de vie, de se poser la question suivante : sont-ils pauvres parce qu'ils sont pêcheurs ? Ou sont-ils pêcheurs parce qu'ils sont pauvres ?

Pour inverser la tendance, plusieurs stratégies peuvent être développées à savoir :

- interdire l'utilisation des filets à maille prohibée (moustiquaires) dans la pêche sur toute l'étendue de la province ;
- faire respecter le calendrier de fermeture de la pêche afin de permettre aux poissons de se multiplier ;
- encadrer les pêcheurs en leur trouvant des activités alternatives susceptibles de générer des revenus pendant les périodes de fermetures de la pêche ;
- créer des écoles de pêches particulièrement dans les territoires de Kasenga et de Pweto;
- inciter l'installation des chambres froides dans les sites où la pêche est pratiquée afin de favoriser la conservation des produits de la pêche;
- tenir compte des besoins d'évacuation des produits de la pêche dans la construction des infrastructures routières ;
- envisager la construction de microcentrales électriques pour favoriser le fonctionnement des chambres froides ;
- envisager la vulgarisation de l'usage des chambres froides utilisant de l'énergie solaire ;
- créer un fonds provincial de promotion de la pêche ;

- promouvoir un système de sécurité sociale (mutuelle de santé) pour assister les pêcheurs en cas de maladie et de décès.
- développer un programme de formation continue des pêcheurs sur les différentes technologies de la pêche ;
- faciliter la réhabilitation et la création des centres d'alevinage ;
- intégrer l'aquaculture à d'autres activités agricoles (élevage intégré) afin de diminuer le coût d'intrants alimentaires ;
- construire une route de Mpulungu à Lubumbashi pour faciliter l'acheminement des poissons du Lac Tanganyika vers Lubumbashi ;
- soutenir l'effort de réhabilitation des infrastructures routières ;
- En tout état de cause, mettre en place un plan directeur du développement de l'aquaculture pour une bonne planification, suivi et évaluation.

Perspectives du secteur de l'énergie

Le développement industriel du Haut -Katanga exige une demande toujours croissante en énergie, et principalement en énergie électrique. S'il s'observe actuellement des fréquents délestages dans les parties électrifiées de la province, il est aussi vrai qu'une bonne partie de la province n'est pas électrifiée à l'exception de celle située sur l'arc cuprifère au Sud (Kambove, Likasi, Lubumbashi, Kipushi et Kasumbalesa). Certains territoires de la Province du Haut-Katanga sont éclairés grâce à l'importation de courant électrique à partir de la Zambie.

Pour booster le secteur de l'énergie, les stratégies ci-après peuvent être développées :

- promouvoir des nouvelles activités de production et distribution de l'énergie par la création des petites unités à turbines hydrauliques dans les territoires de Kasenga, Pweto et Mitwaba;
- identifier des partenaires pouvant développer des projets de construction des centrales hydro-électriques sur des sites à haute potentialité en énergie mais qui sont non encore exploités à savoir : les rapides de la Luvua(Pweto) à Kiambi (chute Paulsen), les chutes de Lofoï, chute de Kyubo sur la Lufira au Sud de Kansenia, etc.

- promouvoir la création des unités de production des énergies renouvelables;
- transformer en projets bancables, les différentes actions à développer pour renforcer et améliorer les dessertes en énergie et signer des partenariats avec les sociétés minières pour développer ces projets en joint-ventures et se partager les dividendes après la vente de cette énergie;
- saisir l'opportunité de libéralisation de secteur de l'énergie pour organiser une conférence sur l'énergie afin d'inciter les investisseurs privés à créer des entreprises dans ce secteur ;
- étendre l'installation des compteurs prépayés pour améliorer la perception des recettes à la SNEL,
- lutter contre les raccordements anarchiques,
- promouvoir la formation continue des électriciens de la SNEL;
- construire des mini barrages dans les territoires non électrifiés.

Perspectives du secteur de la micro-petite et moyenne entreprise

1. Appuyer les initiatives de promotion de l'entrepreneuriat

Le Gouvernement de la République Démocratique du Congo a signé un accord avec la Banque mondiale pour la mise en œuvre d'un projet d'appui au développement des micros, petites et moyennes entreprises (PADMPME).

Ce programme compte améliorer tout l'écosystème de l'entrepreneuriat qui s'articule sur les facteurs clés ci-après :

- ❑ capital humain,
- ❑ culture d'entrepreneuriat,
- ❑ capital financier,
- ❑ collaboration et réseau,
- ❑ environnement règlementaire.

Un comité de pilotage pour la mise en œuvre de ce projet a été mis en place par le décret n°18/021 du 30 Mai 2018 portant création, organisation et fonctionnement du comité de pilotage du projet d'appui au développement des micros, petites et moyennes entreprises.

Les objectifs de ce projet de 100 millions de dollars américains qui a été approuvé par le Conseil d'administration de la Banque mondiale en juin 2018 s'articulent sur les axes ci-après :

- ❑ soutenir la croissance des MPME,
- ❑ créer des emplois,
- ❑ promouvoir l'entrepreneuriat des jeunes,
- ❑ promouvoir l'entrepreneuriat féminin,

Pour ce faire, ce projet dont les bénéficiaires sont les femmes micro-entrepreneurs, les jeunes entrepreneurs pour le volet formation et financement en espèces, les PME déjà établies, les grandes entreprises ; a ciblé 4 zones d'intervention qui sont : Kinshasa, Matadi, Goma et Lubumbashi.

Cette initiative de partenaire au développement doit être appuyée par les initiatives nationales ou locales.

S'agissant des initiatives locales, la loi sur la sous-traitance obligatoire dans le secteur privé en RDC est une partie de solution en ce sens qu'elle vise à réserver l'exclusivité de la sous-traitance aux entreprises congolaises à capitaux congolais en vue d'en assurer la promotion et favoriser ainsi l'émergence d'une classe moyenne congolaise.

La bonne gestion de cette loi aiderait à la promotion des PME à capitaux congolais et à la consolidation du tissu industriel tenu par les nationaux.

Mais pour y parvenir, certaines actions nécessitent d'être menées, notamment :

- faciliter l'accès au financement aux entrepreneurs nationaux ;
- favoriser la création des centres d'incubation des PME ;
- mettre en place d'autres mesures de sûreté pouvant constituer des garanties bancaires en lieu et place de l'hypothèque immobilière ;
- promouvoir la création des banques d'investissement pouvant prêter des fonds pour des longues durées de remboursement ;
- tirer profit des avantages qu'offre la création du Fonds de garantie par le gouvernement ;
- financer les formations en entrepreneuriat des jeunes, des femmes etc. ;

- rendre compatible le système éducatif avec les besoins des sociétés ;
- promouvoir un dispositif fiscal approprié aux PME visant à taxer les produits d'exploitation plutôt que le capital initial destiné à l'acquisition des inputs nécessaires au démarrage des activités;
- mettre en place des mécanismes de lutte contre la concurrence étrangère et la fraude douanière ;
- faire respecter la loi interdisant aux étrangers d'exercer le petit commerce sur toute l'étendue du territoire national ;
- encourager les activités de formations continues menées par l'institut national de préparation professionnelle (INPP) ;
- octroyer des prix d'excellence aux jeunes ou femmes qui innovent dans le domaine de l'entrepreneuriat ;
- encourager l'organisation des salons d'entrepreneuriat et des salons des métiers ;
- favoriser l'installation des institutions financières et des banques dans les territoires qui n'en disposent pas (exemple : Kasenga, Mitwaba) pour promouvoir l'éducation financière, garantir la sécurité des avoirs et éviter la thésaurisation ;
- promouvoir et inciter les acteurs économiques à créer des sociétés par actions (des capitaux) pour tirer profit de la vocation de ces entités à collecter des capitaux auprès d'un grand nombre d'actionnaires. Grâce à cette forme de sociétés, 100 000 personnes possédant chacun 1450 dollars américains par exemple, peuvent s'associer et créer une société d'un capital de 145 millions de dollars et contribuer significativement à la construction d'une usine de production de ciment ayant la capacité de produire 1 million de tonnes de ciment par an et dégager un chiffre d'affaires de près de 200 millions de dollars par an ;
- utiliser le fonds destiné au financement de responsabilité sociétale des entreprises pour financer les PME. Ici, il s'agit par exemple d'accorder en priorité aux PME promues par les Congolais pour la réhabilitation des écoles, des hôpitaux, d'évacuation des immondices, des études de lutte contre la pollution en lieu et place d'un recours aux organismes étrangers ou aux filiales des multinationales basées à l'extérieur du pays.

2. Promouvoir le développement du capital humain

Pour adapter la formation de la jeunesse à la réalité du marché de l'emploi, l'approche la plus adéquate consiste à doter cette jeunesse des capacités et compétences devant lui permettre d'être employé par le secteur privé, et notamment dans le secteur minier moderne, et de se prendre en charge à travers une capacité d'auto-emploi. Cela implique de repenser les stratégies de formation et de concevoir des nouvelles ingénieries pédagogiques.

Pour y parvenir des efforts doivent être entrepris pour encourager la réforme d'enseignement en se focalisant sur la formation technique et les formations continues de courte durée.

L'institut national de préparation professionnelle (INPP) se présente comme un véritable levier pouvant aider le gouvernement à suppléer au type d'enseignement actuel.

La province du Haut-Katanga a la faveur d'abriter une direction de l'INPP relativement mieux équipée.

Ainsi, le gouvernement provincial du Haut-Katanga devra collaborer avec l'INPP pour qu'il devienne réellement :

- un centre d'excellence en matière d'élaboration des ingénieries pédagogiques visant l'amélioration de la qualité des formations dispensées et leur adéquation avec les besoins du marché du travail ;
- une cheville ouvrière de la diversification et de l'accroissement de l'offre de formation professionnelle adaptée à diverses catégories de public cible ainsi qu'aux opportunités locales d'emploi ;
- un outil pour tester les mécanismes visant à préparer et accompagner des diplômés issus des universités et écoles secondaires dans le processus de leur insertion dans la vie professionnelle active ;
- un outil pour renforcer les capacités des promoteurs des MPME.

En outre, les écoles de formation technique devraient bénéficier de plus d'attention car les jeunes issues de ces écoles peuvent constituer une réponse aux besoins de la société. Une identification de besoin de la société est à mener et une concertation permanente entre le secteur public, les écoles, les universités, les comités des parents, le secteur privé, la société civile et les ménages est à encourager pour d'une part déterminer les besoins de la société, définir le type de filières d'éducation à promouvoir, identifier les contraintes et mobiliser les moyens pour une politique d'éducation adéquate et toujours innovante. Les structures du type fonds provincial de la promotion de l'éducation peuvent être créées et accompagner par toutes les parties prenantes.

- L'interface université et société doit être aussi dynamique. Les fonds pour les générations futures auront leurs raisons d'être dans cette démarche d'accompagnement de l'éducation de la jeunesse.
- Les redevances minières qui sont désormais versées directement dans les comptes désignés de la province et des entités territoriales décentralisées peuvent irriguer le secteur éducatif afin d'inverser la tendance.
- En tout état de cause, l'un des objectifs prioritaires doit être la diversification de l'offre de formation, sa meilleure adéquation avec les besoins du marché du travail ainsi que l'amélioration de la qualité de formation dispensée. Pour y parvenir, la présence du patronat congolais dans le conseil d'administration des universités et instituts supérieurs peut aussi favoriser l'interaction entre les besoins des entreprises et les filières académiques ou scolaires à développer.
- Enfin, des allocations significatives des budgets des provinces aux secteurs pouvant impulser le développement significatif du capital humain en mettant l'accent sur l'économie du savoir basée sur l'innovation et la créativité sont nécessaires pour inverser la tendance.

Perspectives du secteur des banques et institutions financières

Le secteur des banques et institutions financières est un des leviers clés pour la relance de l'économie de la Province du Haut-Katanga. En effet, la réalisation des différents projets évoqués ci-dessus est conditionnée par la disponibilité des financements. La vision pour le Haut-Katanga devra se tourner vers un lobbying auprès du Gouvernement Central pour la création d'un marché des capitaux sous forme des bourses des capitaux. Mais en attendant, les différents acteurs économiques devront orienter leur politique financière sur les stratégies ci-après :

- inciter l'installation dans la province du Haut-Katanga, des banques d'investissement afin de financer les initiatives économiques locales à des taux d'intérêts accessibles et sur des durées relativement longues;
- favoriser l'installation des succursales des banques dans les différents territoires qui n'en disposent pas comme ceux de Kasenga et de Mitwaba. Il sied de relever que la mesure de bancarisation de la paie des fonctionnaires est une belle opportunité quant à ce;
- inciter les investisseurs et entrepreneurs nationaux à développer des activités économiques dans les différents territoires afin de justifier la création des banques dans ces territoires ;
- travailler avec les banques ayant pignon sur rue dans le Haut-Katanga pour développer un modèle adapté d'accompagnement des initiatives économiques promues par les Congolais grâce au fonds de garantie visant à couvrir le risque de non remboursement déjà mis en place par le Gouvernement ;
- obliger les entités publiques : Gouvernement central, gouvernement provincial, gouvernement local, entreprise publique, services publics, établissements publics, administration fiscale, écoles, administration publique ; à montrer l'exemple en effectuant toute transaction uniquement par voie bancaire afin d'encourager l'inclusion financière ;
- inciter les banques à organiser des journées porte ouverte afin de présenter leurs institutions, leurs modes opératoires ainsi que les avantages d'effectuer des transactions à travers elles ;
- accélérer la mise en place d'un marché financier structuré en RDC, capable de mobiliser l'épargne intérieure et extérieure en vue d'un meilleur financement de l'économie ;
- mettre en place un guichet spécifique de refinancement des Établissements de crédit à moyen et long termes en monnaie nationale au niveau de la Banque centrale du Congo ;
- assouplir le dispositif prudentiel en ce qui concerne certaines exigences en faveur des crédits accordés aux PME ;
- mettre en place la règlementation et le mécanisme de protection des consommateurs des services financiers.
- financer les actions d'encadrement et d'éducation financière des PME et autres opérateurs économiques.

- poursuivre la vulgarisation de la loi et la règlementation sur le crédit-bail ;
- poursuivre la vulgarisation de la loi portant libéralisation du secteur des assurances ;
- diversifier l'économie congolaise pour accroître les opportunités ;
- accélérer la mise en œuvre des mesures de dédollarisation ;
- faciliter les conditions d'agrément des bureaux de change et favoriser leur implantation à tous les postes d'entrée et de sortie du pays (frontière, port, gare etc.).

Perspectives du secteur des infrastructures routières

Pour abandonner le modèle colonial focalisé principalement sur les infrastructures visant à faciliter l'exportation des ressources naturelles, la province du Haut-Katanga devra se doter des infrastructures routières et ferroviaires focalisées sur l'intégration économique du pays et de la Province.

Ces infrastructures peuvent être construites et /ou réhabilitées sur fonds du gouvernement ou à l'aide des fonds provenant du Fonds national d'entretien routier (FONER), de péage et de partenariat public-privé. S'agissant du partenariat public-privé, le gouvernement provincial devrait tirer profit des avantages de la loi sur le partenariat public-privé et du mode Build Operate and Transfer (BOT).

Concrètement, il sera question de :

- élaborer un schéma directeur des voies routières de la province du Haut-Katanga axé sur l'intégration économique;
- promouvoir la construction des routes qui relieront tous les territoires du Haut-Katanga entre eux et avec la ville de Lubumbashi qui est le chef-lieu de la province, suivant un réseau maillé qui reliera également les villes périphériques et les provinces voisines ;
- réorganiser le transport urbain et interurbain avec des parkings publics communs;
- restaurer la navigation sur la rivière Luapula pour relier Kasenga et Pweto;
- construire une autoroute moderne avec au moins deux bandes entre Kasumbalesa jusqu'à Kolwezi pour renforcer la fluidité de trafic et éviter des accidents;

- construire des parkings communs dans les territoires;
- construire un pont sur la rivière Luapula à Kasenga reliant Kasenga et la Zambie afin d'écourter la distance de Dar-Es-Salam et les villes de Lubumbashi et Likasi.

S'agissant de l'initiative de construction d'un pont sur la rivière Luapula pour relier la Zambie et la RDC, un projet est en développement en partenariat avec la Zambie ;

Ce projet motivé par le fait que le territoire de Kasenga a un poste douanier au chef-lieu de son territoire, devrait faire gagner près de 200 km aux opérateurs économiques de Lubumbashi qui importent les marchandises de l'Asie via l'Afrique de l'Est. En effet, à partir de Tunduma (Frontière Tanzanienne jusqu'à Lubumbashi via le port de Kasenga, on peut parcourir seulement 800 Kms de route contre près de 1000 km lorsqu'on fait Tunduma – Lubumbashi via Kasumbalesa. La réduction de près de 200 Km est un gain significatif pour les transporteurs. Actuellement, l'entrée au pays par ce poste, oblige les usagers à traverser la rivière Luapula en utilisant des moyens non adéquats : pirogues, barquettes etc., ce qui augmente les risques et alourdit le coût de transport, les cargaisons étant déchargées en Zambie pour être chargées dans des bateaux, barquettes et pirogues afin de traverser la Luapula. Ces cargaisons sont ensuite chargées de nouveau dans des camions pour un acheminement à destination. Cette rupture de charge a un impact non seulement sur le temps mais aussi sur le coût des marchandises.

De plus, un projet de construction d'un pont à Chalwe (territoire de Kasenga) devant relier la Zambie à la République Démocratique du Congo est à encourager parce qu'il présente les avantages ci-après :

- désengorger le poste de Kasumbalesa ;
- réduire le temps pour la traversée ;
- réduire le coût de transport de la marchandise avec effet sur les prix des produits sur le marché.
- créer des nombreux emplois;
- relancer l'économie dans la commune rurale de Kasenga et de ses environs et favoriser l'installation de l'administration.

Perspectives du secteur des infrastructures ferroviaires

Les chemins de fer représentent encore un secteur stratégique capable d'impulser la croissance dans la République Démocratique du Congo en général et dans la province du Haut-Katanga en particulier. Malgré son caractère vital, ce secteur n'a pas été épargné par la dégradation de l'ensemble des infrastructures du pays. Ainsi, des actions doivent être entreprises pour sauver ce qui est possible d'être sauvé et poser des jalons pour un nouveau départ.

1. Consolider les acquis du projet de transport multimodal

Pour redresser la SNCC, le Gouvernement de la RDC en partenariat avec la Banque mondiale a mis en place le projet de transport multimodal (PTM). Ce projet visait à restaurer la capacité opérationnelle de transport de la SNCC afin de lui permettre de couvrir ses charges d'exploitation grâce à ses ressources propres. Arrivé à terme en 2018, ce projet a dégagé des résultats mitigés.

Pour capitaliser les efforts déjà réalisés par la cellule d'exécution de projet de transport multimodal, nous pensons que le Gouvernement, à travers ses organes techniques, devrait continuer à accompagner le redressement de la Société nationale des chemins de fer du Congo en menant, notamment, des actions ci-après :

- s'impliquer dans les négociations avec la Banque mondiale et d'autres partenaires pour l'extension du projet de transport multimodal ;
- capitaliser les acquis du projet de transport multimodal et éviter une longue rupture entre la clôture de ce projet et la mise en œuvre de la nouvelle extension ;
- poursuivre le plan social de la SNCC afin d'accompagner l'assainissement du personnel pour rendre les effectifs compatibles avec le niveau d'activités ;
- mettre en place et financer un programme de recrutement des jeunes afin d'injecter du sang nouveau ;
- mettre en place un programme de formation continue du personnel ;
- impliquer les populations riveraines dans les travaux intensifs de la réhabilitation de la voie ferrée ;

- une fois des financements acquis, attribuer les marchés de réhabilitation des voies à plusieurs sociétés afin de réduire le temps nécessaire de réhabilitation.

2. Identifier des autres partenaires

Eu égard à la complexité et aux coûts que requiert la réhabilitation des chemins de fer, le redressement de ce secteur nécessite l'implication des partenaires. Pour faciliter le redressement rapide de ce secteur, l'État propriété devra prendre le lead. Ainsi, à notre avis, les actions ci-après sont nécessaires :

- encourager les sociétés minières et leurs sous-traitants à transporter une partie de leurs produits par voie ferrée. Il semble que le trajet Lubumbashi-Sakania et vice-versa est immédiatement utilisable moyennant quelques réglages ;
- inciter la SNCC à élaborer un schéma directeur actualisé des chemins de fer ayant deux volets : la réhabilitation des chemins de fer existant et la construction des nouveaux chemins de fer ;
- identifier des nouveaux partenaires disposés à travailler pour la réhabilitation de chemins de fer ;
- identifier des nouveaux partenaires disposés à travailler pour la construction de nouveaux chemins de fer ;
- promouvoir l'idée d'un financement des chemins de fer par un basket fund (gouvernement, banques chinoises, sociétés minières, fonds pour les générations futures prévus dans le code minier, redevance logistique terrestre). Le Gouvernement pourra, à ce sujet, mettre en place un comité de pilotage de projet de construction des nouvelles lignes des chemins de fer.

Perspectives du secteur de tourisme

Le tourisme est un important vecteur de croissance économique notamment par sa capacité de créer des emplois et d'irriguer le système économique en devises et en investissement. Dans le Haut-Katanga, ce secteur n'est pas très développé en dépit de son potentiel important. Son industrie hôtelière par exemple, en synergie avec ses nombreux sites touristiques autour de Lubumbashi peut générer des emplois. Aussi, il existe un potentiel facilement exploitable du fait de la présence des multinationales minières disposant d'un personnel expatrié et d'autres experts venant prester par intermittence dans la région. Le secteur touristique a l'avantage d'avoir un fort effet multiplicateur sur l'emploi et les revenus avec des retombées positives sur les transports, l'hôtellerie, l'artisanat, etc.

Pour optimiser le captage de cette manne de devises latente, plusieurs actions peuvent être menées à savoir :

- élaborer un plan provincial intégré de développement du tourisme ;
- définir des circuits touristiques de la province ;
- promouvoir l'organisation des conférences internationales, des jumelages, des commissions mixtes réunissant plusieurs pays ou plusieurs provinces, des salons d'affaires, des dîners d'affaires de portée internationale, des compétions sportives, des foires etc.;
- inciter la création des sites internet qui mettent en valeur les sites touristiques, les circuits touristiques et qui présentent l'image de marque de la province du Haut-Katanga ;
- améliorer les services : hébergement, restauration, sécurité, le protocole animation notamment par la formation du personnel et la facilitation d'accès au financement des nationaux ayant opté pour l'investissement dans ce secteur;
- améliorer la formation du personnel impliqué dans ce secteur en multipliant la création des écoles de formation en hôtellerie et tourisme dès le niveau secondaire ;
- favoriser le jumelage entre les villes de la Province du Haut-Katanga et les autres villes du pays et du monde ;
- construire et réhabiliter des infrastructures routières qui conduisent aux sites touristiques. La chute de Lofoï qui est l'une des plus hautes d'Afrique devrait être convertie en hub autour duquel plusieurs touristes provenant du monde entier pouvaient converger. Il en va de même de parcs de Kundelungu et de l'Upemba ;
- promouvoir la construction des infrastructures d'hébergement sur des sites touristiques (parcs, chutes…) ;
- financer des outils de promotion touristique (pancartes, grandes affiches, revues, plans reprenant la cartographie des villes, petit futé, casquettes, blog, etc.) et les disséminer dans les différentes plateformes à grande consultation et fréquentation par les sympathisants de tourisme ;

- promouvoir un système de sécurité dédié au secteur touristique (police de proximité, gardiens des parcs, points focaux aux services de migration, un numéro vert pour un appel en urgence en cas d'agression etc.) ;
- prendre des dispositions nécessaires pour la sécurité des biens et des personnes sur toute l'étendue de la Province.
  Pour y parvenir, le gouvernement devra par exemple, faire recours au secteur privé et à la diaspora. La construction des infrastructures routières devra s'appuyer sur le mode de partenariat public-privé identifié comme étant la source de financement à explorer. En outre, la province peut constituer un montage financier avec les banques commerciales. Le cas échéant, le fonds de garantie peut servir de collatéral pour couvrir le risque d'investissement dans ce secteur afin de permettre au secteur privé de lever des fonds au meilleur taux et pour des durées relativement longues.

Perspectives du secteur douanier

Comme dit précédemment, la province du Haut-Katanga dispose de l'un des plus importants postes frontaliers de la République Démocratique du Congo. Compte tenu des défis relevés ci-dessus, le poste de Kasumbalesa parce que c'est de ça qu'il s'agit, nécessite un accompagnement du Gouvernement pour rationaliser et moderniser son fonctionnement. Cet accompagnement passe par l'application des différentes lois, réglementations et mesures existantes mais aussi par un accompagnement en investissement et la lutte contre la fraude sous toutes ses formes.

S'agissant des lois, règlementations et mesures déjà prises, plusieurs actions nécessitent d'être épinglées à savoir :

- Faire respecter le décret numéro 036/2002 du 28 mars 2002 portant création de l'ordre opérationnel en République Démocratique du Congo. En effet, ce décret limite les services autorisés à opérer dans des frontières. Pour les frontières terrestres par exemple, seul 4 services sont autorisés à opérer aux frontières. Il s'agit des services ci-après :

    - la Direction des douanes et accises,
    - l'office congolais de contrôle,

- le programme d'hygiène aux frontières,
- la Direction générale des migrations.

La simple observance de ce Décret peut déjà permettre la normalisation du fonctionnement des frontières en éradiquant la tracasserie liée à la multiplicité des services aux frontières.

- veiller à la tenue régulière des réunions de l'ordre opérationnel pour évaluer régulièrement les opérations liées à la circulation des biens et des personnes aux frontières afin d'y apporter des solutions idoines ;
  - s'impliquer pour l'érection du poste frontalier à arrêt unique, « PFAU » à Kasumbalesa et l'utilisation des nouvelles technologies de l'information et communication (NTIC) en vue d'un traitement automatisé des tous les documents douaniers,
  - veiller à l'installation de scanner et des ponts bascules pour contrôler la qualité et la quantité des marchandises aux frontières;
  - s'impliquer dans l'instauration d'une interconnexion des systèmes sydonia word entre les deux douanes (Zambie et la République Démocratique du Congo) ;
  - veiller à la synchronisation des heures d'ouverture et fermeture des frontières avec les pays voisins ;
  - s'impliquer pour la mise en œuvre du projet de « Port sec de Kasumbalesa » ;
  - veiller à l'installation des caméras de surveillance des frontières opérant sans arrêt ;
  - veiller à l'institution du comité mixte de la facilitation du commerce transfrontalier «CMFCT» et au lancement officiel du régime commercial simplifié « RECOS »aux deux postes frontaliers pilotes «Kasumbalesa et Mokambo» ;

S'agissant du régime de commerce simplifié, il convient de noter que ce régime est une réponse adéquate aux problèmes que connaissent les petits commerçants transfrontaliers. Pour optimiser la mise en œuvre de ce régime, nous préconisons de systématiser des réunions de toutes les parties prenantes pour passer régulièrement en revue les différentes contraintes empêchant la libre circulation des personnes et des biens dans la zone COMESA. En outre, le

Gouvernement provincial en collaboration avec les services douaniers devrait :

- favoriser la mise à jour de la base de données de tous les petits commerçants transfrontaliers ;
- favoriser l'impression des cartes pour l'identification de ces petits commerçants ;
- encadrer la désignation des points focaux des petits commerçants transfrontaliers ;
- veiller au respect de tarif arrêté de commun accord pour les petits commerçants transfrontaliers.

Perspectives du secteur des finances publiques

1. Stratégie pour améliorer la collecte des recettes

Pour accroître la mobilisation des recettes de la Province du Haut-Katanga, le Gouvernement Provincial peut préconiser plusieurs actions :

1) recenser tous les contribuables et constituer un répertoire sous forme des bases des données informatisées,
2) élaborer un manuel des procédures de la chaîne des recettes ;
3) informatiser la chaîne des recettes ;
4) donner des assignations aux différents responsables,
5) mettre en place un système de formation continue ;
6) créer et équiper des quartiers fiscaux dans tous les territoires et communes ;
7) revoir les rangs des localités et les taux fiscaux sur base des réalités urbanistiques de la nouvelle configuration des villes et communes ;
8) sécuriser tous les imprimés de valeur afin de limiter la falsification et la fraude ;
9) faire une interface entre la base des données numérisées des affaires foncières et celle de la Direction des recettes du Haut-Katanga (DRHKAT) ;
10) approfondir la réflexion sur la possibilité d'un protocole d'accord à signer avec certaines sociétés paraétatiques comme la Société nationale d'électricité ou la régie de distribution de l'eau

(Regideso) visant à recouvrer directement certains impôts sur leurs factures ,

11) impression des cartes électroniques pour les gros contribuables (multinationales, les ONG internationales, sociétés de télécommunications…) ;
12) négocier avec le gouvernement Central une mainmise sur tous les péages érigés dans la province ou, à défaut, obtenir du pouvoir Central l'accroissement de la quote-part des péages revenant à la province du Haut-Katanga;
13) implémenter progressivement le budget-participatif dans les entités territoriales décentralisées et villes,
14) mettre en place un système de benchmarking pour comparer et encourager la compétition entre les entités territoires décentralisées en matière d'accroissement de la capacité contributive au budget de la province ;
15) mettre en place un dispositif des sanctions positives et négatives visant à encourager ou décourager le personnel et les acteurs impliqués dans la mobilisation des recettes,
16) promouvoir la coopération interprovinciale qui tire son fondement juridique de l'article 199 de la constitution qui stipule que deux ou plusieurs provinces peuvent, d'un commun accord, créer un cadre d'harmonisation et de coordination de leurs politiques respectives et gérer en commun certains services dont les attributions portent sur les matières relevant de leurs compétences.

Cette coopération entre les provinces peut porter sur :

a. un échange des bases des données des contribuables;
b. une concertation préalable avant la prise des arrêtés et mesures régissant les assujettis localisés dans les différentes provinces ;
c. une mise en place d'un guichet unique de collecte pour certains impôts et taxes afin d'optimiser certaines charges de structure ;
d. une concertation pour la détermination des quotes-parts de chaque province pour certains impôts et taxes ;
e. un échange des bonnes pratiques.
f. une concession de gestion de certaines routes aux privés pour favoriser la réhabilitation et garantir en même temps les remboursements des fonds investis par les privés grâce au système de péage ;

g. une création des entreprises mixtes (Gouvernement provincial et les privés) afin de produire des richesses et de créer des emplois pour les jeunes ;
h. mettre en place des équipes pour l'élaboration des cadres macro-économiques au niveau provincial devant permettre d'améliorer les finances publiques provinciales et de donner une meilleure indication de la viabilité financière des provinces et un niveau optimal du potentiel fiscal et de la pression fiscale ;
i. consolider le dispositif de numérisation des données des cadastres fonciers ;
j. renforcer les capacités des agents des régies provinciales de collecte des impôts et taxes ;
k. faire un lobbying pour rendre opérationnelle la Caisse Nationale de Péréquation.
l. endiguer la fuite des devises par la promotion de l'agriculture notamment par :
   - la création d'un fonds provincial de la promotion de l'agriculture qui doit se développer sous forme de basket funds, lequel basket reçoit les fonds des sociétés minières, des fondations privées, des partenaires au développement, des fonds fiduciaires, des opérateurs économiques et du Gouvernement ;
   - la création des écoles secondaires en agronomie et vétérinaire pour la formation des moniteurs agricoles ;
   - la création d'un service provincial de la mécanisation agricole disposant des tracteurs, des semoirs, des moissonneurs et autres matériels utiles ;
   - la création d'un service provincial de réserves agricoles doté des entrepôts et silos de grande envergure dans les territoires ;
   - la facilitation de l'accès des PME agricoles aux financements bien adaptés grâce au fonds de garantie ;
   - la promotion de l'agriculture pérenne ;
   - la promotion de l'échange d'expérience avec les pays limitrophes ayant des expériences positives en agriculture (Zambie, Afrique du Sud, Namibie …) ;
   - la création d'un prix d'excellence pour encourager les PME et les ménages champions en agriculture ;
   - l'instauration des conférences agricoles réunissant les parties prenantes impliquées dans le secteur de l'agriculture pour identifier les contraintes et préparer les stratégies par une

approche participative à chaque campagne agricole. Il ne s'agira plus d'atteindre uniquement les périodes de pénuries pour commencer à organiser les réunions, colloques …

2. Stratégie pour améliorer la dépense publique

En vue d'impulser l'amélioration de la gestion de la dépense publique de la province du Haut-Katanga, des stratégies ci-après sont nécessaires :

1) informatiser le circuit de la dépense publique ;
2) mettre en place une Direction provinciale de contrôle des finances publiques chargée de contrôler les recettes et les dépenses publiques ;
3) rationaliser et sécuriser la gestion des imprimés de valeur ;
4) vulgariser le manuel de procédures de gestion de la dépense ;
5) mettre en place un plan de formation continue ;
6) utiliser systématiquement et respecter rigoureusement les instruments de pilotage (plan d'engagement budgétaire, plan de trésorerie) ;
7) éviter des postes de sorties importantes des devises comme les soins à l'étranger grâce, notamment, à la modernisation des hôpitaux de la province (équipement et recyclage du corps médical, achat des produits pharmaceutiques, frais de fonctionnement aux hôpitaux) ;
8) instaurer et appliquer rigoureusement des sanctions pour toute violation des procédures ou fraude ;
9) mettre en place un système de gestion axée notamment sur les résultats en instaurant des objectifs de gestion sous forme des indicateurs objectivement vérifiables (préconiser un système de rapport mensuel et un système de rapports de mission mettant en exergue les objectifs ciblés et les résultats réalisés);
10) mettre en place un système des primes pour les « aviseurs » de détournement des deniers publics ;
11) installer des boîtes de suggestion pour recueillir des suggestions d'amélioration en usant d'un degré élevé de discernement pour éviter le règlement des comptes et les fausses dénonciations ;
12) faire un plaidoyer pour la création des chambres provinciales de la Cour des comptes afin de renforcer le contrôle des finances publiques et d'endiguer la fraude ;

13) élaborer et respecter un plan de passation des marchés publics ;
14) garantir la transparence en passant les marchés publics par appel d'offres ouvert ;
15) rendre opérationnel le fonctionnement de l'Antenne provinciale de l'Autorité de Régulation des marchés publics.

Bien entendu, ces actions ne peuvent porter de fruits que si l'Exécutif provincial prend soin de mettre l'homme qu'il faut à la place qu'il faut et que l'Assemblée Provinciale exerce son pouvoir de contrôler l'Exécutif sans complaisance.

Perspectives de secteurs : commerce, industrie et service

Le secteur du commerce est dominé par les articles fabriqués à l'extérieur du pays et de la province. Par ailleurs les secteurs de l'industrie et celui de service sont très peu développés. Pour changer de paradigme, des efforts doivent être fournis pour promouvoir l'entrepreneuriat national tourné vers la transformation de ressources naturelles dont dispose la province tout en ne négligeant pas le secteur de service. En outre, plusieurs actions nécessitent d'être menées à savoir :

- créer, au niveau de la province, une commission permanente de conjoncture économique qui sera chargée de la surveillance et de suivi de l'évolution de la situation économique de la province en mettant l'accent sur :
    - le niveau d'approvisionnement de la province en produits de première nécessité (farine, maïs grain, riz, sucre, poissons frais, viandes et carburant)
    - l'évolution des prix de ces produits de première nécessité;
    - la production locale des produits de première nécessité ;
    - l'évolution des indicateurs de doing business.
- impulser l'appropriation de la loi sur la sous-traitance à travers une vaste campagne de vulgarisation de cette loi sur toute l'étendue de la province;
- profiter des avantages qu'offre le fonds de garantie mis en place par le Gouvernement central ; fonds destiné à couvrir les emprunts des opérateurs économiques impliqués dans l'entrepreneuriat ;

- encourager la construction des micro-barrages dans les différents territoires et villes en vue de donner de l'énergie aux entrepreneurs nationaux qui en ont les atouts ;
- organiser des grandes rencontres internationales : forum, exposition, compétition sportive internationale, journées minières, foires internationales, etc.
- redynamiser le cadre de concertation permanente entre le Gouvernement, la société civile et les milieux d'affaires ;
- identifier toutes les ressources naturelles et déchets potentiellement valorisables ; trouver des moyens pour développer le commerce de ces ressources ou déchets après une transformation localement ;
- promouvoir la diversification des activités économiques et étendre les activités productives dans tous les territoires afin d'éviter de se concentrer uniquement sur les activités minières qui comportent des conséquences sur l'économie suite à une faible résilience due aux fluctuations des prix des métaux sur le marché international ;
- faire appliquer le décret interdisant l'exercice du petit commerce aux expatriés.
- développer, dans le cadre de la diversification des activités économiques, des activités telles que :
  - la production des minéraux industriels (castine, moellons, chaux et ciment etc.),
  - la production des autres matériaux de construction,
  - la construction d'une usine de production du sel à Mwanshya,
  - le recyclage des matériaux métalliques, plastiques et quelques verres céramiques,
  - le recyclage de l'huile utilisée dans l'industrie extractive,
  - l'utilisation des fils électriques fabriqués à partir du cuivre en lieu et place de l'aluminium, pour électrifier ses territoires. En effet, il n'est pas rationnel de perdre des devises en important l'aluminium, etc.

Perspectives du secteur de la collaboration avec des partenaires techniques au développement

Les agences du système des Nations-Unies, les organisations non gouvernementales internationales, ainsi que leurs relais en province mènent des différentes interventions sur le terrain en appui à certaines missions révolues au gouvernement. La maîtrise des financements qu'ils apportent ainsi que de leurs axes d'intervention permettra d'optimiser l'utilisation des ressources qui sont par ailleurs, comptabilisées par leurs donneurs d'ordre au compte de la République et de la Province.

Il est donc nécessaire que le gouvernement provincial du Haut-Katanga prenne un arrêté pour mettre en place des groupes thématiques en prenant soin de mieux définir les mécanismes de coordination, de synchronisation et la périodicité des réunions.

Par ailleurs, les partenaires techniques devraient être associés aux conférences budgétaires afin de permettre au gouvernement d'obtenir l'exhaustivité des données financières par domaine d'intervention et de rendre possible la synchronisation des interventions.

Concrètement, il s'agira de redynamiser la plateforme de gestion d'aide au développement en province (PGAI).

Les nouveaux projets d'envergure ayant un impact significatif sur le développement du haut-KATANGA

Eu égard à son importance et à sa position géostratégique, la province du Haut-Katanga connaît le développement de plusieurs projets. Certains ont une envergure qui dépasse les frontières de la seule province du Haut-Katanga. Ci-après les perspectives de quelques projets ayant un impact significatif dans le développement de cette province :

1. La construction du port sec a Kasumbalesa par l'office de gestion de fret maritime (OGEFREM en sigle).

Le port sec est une construction d'un ensemble d'infrastructures érigées sur la terre ferme, à l'intérieur d'un pays et remplissant la fonction d'un port c'est donc un lieu où l'on manutentionne pour décharger ou charger, un fret en provenance ou à destination d'un point à un autre. Il déplace du littoral à l'intérieur du pays certaines infrastructures et les opérations, en vue de rapprocher la marchandise du propriétaire. Ce projet est déjà en développement sous l'égide de l'office de gestion de fret maritime (OGEFREM) en partenariat avec une société Sud-africaine African road and rail Ltd. Le port sec de Kasumbalesa s'inscrit dans le cadre de politique des États de la

SADEC pour améliorer la fluidité de trafic dans les différents corridors (Walvis bay-Ndola-Lubumbashi, Dar-Es-Salam, Durban) dont Kasumbalesa est le point d'ancrage. Son but ultime est de désenclaver la douane de Kasumbalesa qui, comme on le sait, est le point d'entrée et de sortie des grandes cargaisons pour la partie sud et centre de la République Démocratique du Congo.

À l'occasion de la pose de la première pierre pour la construction du port sec de Kasumbalesa, le Ministre des transports et communication de la RDC[85] a déclaré que ce projet dont le coût est évalué à 300 millions de dollars prévoit de créer 2000 emplois directs et un aménagement sur un site de 62 hectares d'une plateforme logistique complexe contenant :

- des aires de stationnement,
- un parc à conteneurs,
- des entrepôts,
- des zones de stockage,
- des équipements de manutention,
- un parc à véhicules,
- des logements pour le personnel,
- un dispositif anti-incendie,
- des connexions aux réseaux ferroviaires,
- des terminaux de dédouanements et des bureaux.

Ce projet semble marquer le pas, faute de financement, croit-on.

2. La construction d'une usine de production de chaux et ciment par la société « grande cimenterie du Katanga » (GCK en sigle)

L'usine qui est déjà en construction aura une capacité de production de 1 200 000 tonnes de ciments par an. GCK est un partenariat entre les sociétés Gécamines, express gain et Heavy metal industry and exploration Ltd. La construction de ces deux unités de production (Chaux et Ciment) qui se fait à Likasi dans la province du Haut-Katanga, a été confiée à la société chinoise Sinoma international engineering Co. Ltd. Le four de chaux d'une capacité de 300 000 Tonnes a été mis en service le 26 Octobre 2020. La mise en

[85] Communication personnelle du Ministre en charge des transports, 2017

production de la ligne de ciment est prévue au cours du premier semestre 2021.

Le coût total de ce projet est évalué à près de 145 Millions dollars américains[86].

3. Le projet UNILU 2

UNILU 2 est un projet de construction du deuxième campus de l'université de Lubumbashi. Le comité de gestion de l'Université de Lubumbashi (UNILU en sigle), a déjà acquis sur fonds propres 8 000 hectares de terres et désigné une commission ad hoc pour les études de sol. Les résultats de ces études aideront à la confection d'un cahier des charges qui déclenchera le processus de la mobilisation des ressources[87]. Le but ultime de ce projet est de décongestionner l'ancien campus dont la capacité d'accueil est devenue de plus en plus réduite. À notre avis, compte tenu de l'importance indéniable de ce projet pour la formation dans les meilleures conditions des cadres destinés à assurer la relève, l'État congolais qui est propriétaire de cette université devrait soutenir financièrement ce projet.

4. La construction d'une usine de production des explosifs a usage civil

En effet, en exécution du contrat de Coopération signé par la République Démocratique du Congo et la Chine, Afridex et Auxin Hong Kong Limited ont créé la société Sino–Congolaise d'exploitation (SICODEX S.A. en sigle) à laquelle, Afridex a confié la concession de produire et de commercialiser les explosifs à usage civil et leurs accessoires sur l'ensemble du territoire national de la RDC. Conformément à l'ordonnance n°16/051 du 03 Mai 2016 du Président de la République Démocratique du Congo, Afridex s'occupe désormais d'exercer son pouvoir régalien de régulation et de contrôle par l'octroi de diverses autorisations ainsi que de la réalisation d'autres prestations aux usagers et partenaires dans ce secteur. La nouvelle usine de fabrication d'explosifs à usage civil a été inaugurée en Décembre 2018. La capacité installée de cette usine ainsi construite

---

[86] Direction Générale de la Grande cimenterie du Katanga

[87] Communication personnelle du Professeur Gilbert Kishiba, recteur de l'UNILU lors de la cérémonie d'appropriation du projet UNILU 2,2019

est de 100 000 tonnes d'explosifs à usage civil par an. Il sied de noter que Auxin est la plus grande société chinoise d'import-export en matière d'explosifs civils, le principal fabricant et fournisseur d'explosifs civils offrant ses services de minage dans le monde entier[88].

5. La modernisation de L'aéroport de Luano

L'aéroport international de la Luano situé dans la ville de Lubumbashi sert de porte d'entrée et de sortie en international pour toutes les 4 provinces issues de l'ex. Katanga. Sa capacité actuelle étant limitée, l'initiative d'agrandissement des installations aéroportuaires prise par le Gouvernement central est à encourager mais sa matérialisation complète n'est pas encore effective.

6. La construction d'une usine de production de Zinc a Kipushi

Le projet Kipushi situé dans la Province congolaise du Haut-Katanga dans la ville de Kipushi, à environ 30 km au Sud-Ouest de Lubumbashi, la capitale provinciale, est réalisé par Kipushi Corporation (KICO en sigle), une coentreprise entre Ivanhoe Mines (68%) qui est une société minière canadienne et la Gécamines (32%), la société minière d'État de la RDC.

La production moyenne de concentré de zinc prévue sur la durée de vie de la mine, soit 381 000 tonnes sèches par année avec une teneur de concentré de 59% zinc, devrait faire de Kipushi l'une des plus grandes mines de zinc au monde[89] ;

Les quatre projets en développement ci-dessous, bien que localisés dans la Province de Lualaba auront des effets induits significatifs dans la province du Haut-Katanga. L'économie de ces deux provinces étant indissociablement liée.

Il s'agit des projets ci-après :

7. Le projet de kamoa-kakula

Le projet de cuivre Kamoa-Kakula est une coentreprise entre les sociétés Ivanhoe Mines (39.6%), Zinjin Mining Group (39.6%)

---

[88] Communication personnelle de DG de l'Afridex lors de l'inauguration de l'usine, Decembre, 2018

[89] www.ivanhoemines.com

Crystal river global limited (0.8%) et le gouvernement de la République Démocratique du Congo (20%). Il a été classifié par Wood Mackenzie, une firme internationale indépendante de consultation dans le domaine minier, comme constituant le plus grand gisement de cuivre à haute teneur non développé au monde. Il s'agit d'un très grand gisement de cuivre stratiforme situé à faible profondeur dans la ceinture cuprifère d'Afrique centrale, avec des zones adjacentes potentielles d'exploration, à environ 25 kilomètres à l'ouest de Kolwezi, chef-lieu de la Province du Lualaba et environ 270 km à l'ouest de la ville de Lubumbashi[90]. Ce projet situé dans la Province de Lualaba, sa mise en production produira des effets en amont et en aval sur tout l'hinterland minier du Katanga dès lors que cette région est interconnectée.

8. La réhabilitation des chemins de fer

Comme dit précédemment, le chemin de fer est très utile pour favoriser la circulation des personnes et des grandes cargaisons des marchandises à l'intérieur du pays, l'approvisionnement en intrants pour le secteur industriel ainsi que l'évacuation des produits vers l'extérieur. La réhabilitation des chemins de fer conduisant au port de Lobito en passant par Dilolo dans la Province de Lualaba qui est en perspective, favorisera le désengorgement de la frontière de Kasumbalesa.

9. La construction du barrage de Busanga

Ce barrage aura une influence certaine dans la résorption de déficit en énergie de l'hinterland minier du Katanga.

10. La construction d'une usine de production de Cuivre et Cobalt à Deziwa

La société minière de Deziwa (SOMIDEZ en sigle) qui est un partenariat entre la Gécamines (49%) et la société chinoise CNMC (51%) aura une incidence significative sur la croissance de la société Gécamines avec tout ce que cela comporte comme effet induit en amont et en aval dans la Province du Haut-Katanga.

---

[90] ibidem

Conclusion

Avec cet ouvrage, nous espérons avoir contribué de manière originale à l'analyse compréhensive et contemporaine de ce qu'il convient d'appeler l'Economie du Haut-Katanga. Notre étude s'est proposée de faire un état des lieux de l'économie de la Province du Haut-Katanga et de cogiter sur ses perspectives. Compte tenu de la complexité du domaine économique, nous nous sommes focalisés sur les principaux compartiments ayant un impact plus significatif par rapport aux revenus qu'ils génèrent ou qu'ils sont susceptibles de générer. Il s'agit notamment de secteurs suivants : mines, agriculture, pêche, infrastructures, transports, énergie, tourisme, industrie, commerce, douanes, sous-traitance, petites et moyennes entreprises, banque, finances publiques. Pour tous ces secteurs, nous avons analysé la situation actuelle, relevé les défis, cogité sur les perspectives avant de chuter par quelques recommandations majeures.

Nous avons délibérément fait le choix de proposer des recommandations pratiques en puisant notre inspiration aussi bien dans notre observation de la réalité de terrain, dans l'analyse documentaire que dans des résultats des interviews réalisées. Même si la thérapeutique suggérée n'est pas la réponse définitive à tous les problèmes constatés. Il s'agit d'un premier pas vers la définition d'un jalon qui couvre les différents secteurs que renferme l'économie de cette jeune province issue du démembrement de l'ex. Katanga qui ne dispose pas encore d'une publication abondante dans ce monde où la culture des écrits et de statistique est encore à forger.

Nous avons constaté que pendant la période étudiée, le niveau de budget de la province du Haut-Katanga est faible et par conséquent ne peut pas promouvoir de façon optimale la diversification de l'économie. En tout état de cause, il nous revient que sans l'engagement des autres acteurs publics et privés et la volonté politique de l'État Central (Gouvernement de la République Démocratique du Congo), la province du Haut-Katanga ne parviendra pas à atteindre ses objectifs en matière de collecte des recettes ainsi que de leur allocation optimale dans l'ensemble de l'activité économique intégrée.

À cela, se joint aussi le choix de la qualité des ressources humaines à placer à la commande des différents secteurs. À notre avis, parmi les 4 provinces issues de démembrement de l'ex. Province du Katanga, la province qui fera aujourd'hui, le meilleur choix des ressources humaines à placer aux commandes des différents secteurs et qui va affecter un important budget dans le développement du capital humain pour le rendre adéquat avec les besoins de l'environnement immédiat et à venir est celle qui occupera la tête de peloton demain. Ce qui convient de dire que le couple valorisation du capital humain et gestion axée sur les résultats sont essentiels dans cette compétition où la création de valeur est impulsée plus par l'innovation que par le simple fait de posséder des ressources naturelles.

En tout état de cause, les acteurs de la province du Haut-Katanga, dans les limites de leurs prérogatives, devraient prendre conscience que c'est le bon choix de politiques publiques qui garantit le progrès sur le long terme et par conséquent ils devraient changer des paradigmes et prendre des bons choix notamment dans les secteurs ci-après :

- Politique éducative,
- Politique agricole,
- Politique énergétique,
- Politique d'industrialisation,
- Politique minière,
- Politique de construction des infrastructures (routières, ferroviaires, aéroportuaires…)

Il nous semble que le premier choix devrait être celui de produire localement les biens dont la majorité de la population vivant dans la province consomme que de laisser les acteurs économiques de la province, dépenser des sommes importantes dans des importations des biens de consommation ;

Pour cela, la gestion devrait être orientée vers la diversification de l'économie en se basant sur la recherche et l'innovation grâce notamment aux nouvelles technologies de l'information et de la télécommunication, la promotion de l'agriculture, la promotion du tourisme et la transformation des matières premières en produits finis en partenariat avec les consommateurs finaux des matières premières.

Bien entendu, le gouvernement provincial devrait jouer le rôle de premier plan pour la promotion des entrepreneurs congolais notamment en accordant des marchés publics aux entrepreneurs congolais et en soutenant l'application sans faille de la loi consacrant l'exclusivité de la sous-traitance aux entrepreneurs congolais.

Pour un véritable changement de paradigmes, les acteurs de décision devraient faire preuve d'imagination poussée pour régler la récurrente question de carences des ressources financières. Plusieurs actions sont susceptibles d'être envisagées à savoir :

- attirer l'argent de la diaspora pour irriguer l'activité économique en garantissant la sécurité de leurs affaires et en mettant les conditions visant la rentabilité des investissements engagés par la diaspora;
- développer le partenariat public privé dans les différents secteurs notamment dans le secteur de réhabilitation des infrastructures (BOT) ;
- créer des entreprises provinciales dans lesquelles le gouvernement provincial en partenariat avec des privés nationaux ou étrangers peuvent jouer un rôle significatif dans la création des richesses. Pour mettre en œuvre ce genre d'initiatives, les provinces peuvent se baser notamment sur l'article 3 de la Constitution de la RDC qui leur accorde l'autonomie de gestion de leurs ressources économiques, humaines, financières et techniques ;
- prendre le lead pour la création de bourse des valeurs et celles des matières premières en République Démocratique du Congo : mettre en place un task force pour approfondir la question ;
- inciter l'implantation d'une banque d'investissement dans la province ;
- mettre les conditions pour la transformation de Lubumbashi « capitale du cuivre » en capitale numérique en se basant sur une formation technique de qualité et une incitation à la création des usines de transformation de ses ressources (cobalt, lithium) en batterie, téléphone et cela en partenariat avec les utilisateurs finaux de ces minerais ;

Par ailleurs, l'analyse de l'exécution de budgets de 4 provinces issues de l'ex. Katanga pendant la période de notre étude, fait ressortir que la province du Haut-Katanga demeure celle dont le taux d'exécution de budget est plus élevé. Toutefois, les recettes issues de l'exploitation du secteur minier représentent plus de la moitié de l'ensemble de budget des recettes. La taxe dite « voirie » par exemple qui représente près de 30 % du total de budget en 2017, est appelée à baisser sensiblement lorsque les produits miniers extraits dans la province de Lualaba commenceront à être exportés vers le port de Lobito (en ANGOLA). L'évacuation des produits miniers de Lualaba amputera le budget des recettes du Haut-Katanga de près de tiers des recettes sans compter l'incidence de cette baisse sur les frais de transit ainsi que sur la part des recettes à caractère national issue de la Province du Haut-Katanga.

La taxe d'incitation à la transformation des concentrés qui a représenté plus de 25 % des recettes totales en 2017 est aussi appelée à disparaître complètement lorsque les industries extractives installées dans la province seront en mesure de transformer la totalité de leurs concentrés sur place.

Si entre-temps, la province du Haut-Katanga ne prend pas d'autres dispositions pour identifier des nouvelles sources des recettes et n'optimise pas son système de collecte des recettes, toutes autres choses restant égales par ailleurs, la province du Haut-Katanga pourra perdre son leadership sur le plan de taux d'exécution de son budget en proportion et en absolu.

ANNEXES

ANNEXE I :

Répertoire des sites touristiques de la province du Haut-Katanga

Tableau n°72 : Sites touristiques de la ville de Lubumbashi

N°	Dénomination	Distance (estimée) par rapport au centre-ville	Localisation	Voie/ Moyen d'accès	Activités/Attraits	Gestion	État du site	Obs.
1	Les mines de l'Etoile à ciel ouvert de Kalukuluku	12 km	Commune de la Ruashi, Quartier Kalukuluku	Véhicule – Pieds – Motos – Vélos	Exploitation des minerais	Société Chemaf	Bon	Site artificiel
2	Usines Gécamines/ Lubumbashi	4 km	Commune Lubumbashi	Véhicule – Pieds – Motos	Traitement des minerais cuivre, cobalt et ses dérivées avec la cheminée de 450 m de hauteur qui, pour le moment ne fonctionne plus	Gécamines	Bon	Site artificiel
3	Société STL	4 km	Commune Lubumbashi	Véhicule – Pieds – Motos	Traitement des scories. Usine moderne en Afrique vu sa forme et sa capacité	Gécamines	Très Bon	Site artificiel
4	Société SOMIKA	6 km	Route Kipushi	Véhicule – Pieds – Motos	Société de traitement de cuivre et cobalt	Somika	Bon	Site artificiel
5	Colline des Scories + Cheminé	5 km	Commune Lubumbashi, Quartier Mampala	Véhicule – Pieds – Motos	Belle vue, trajets des minerais forment une montagne artificielle au milieu de la ville	Gécamines et STL	Bon	Site artificiel
6	Cathédrale	1	Commu	Véhicu	Lieu de culte	Église	Bon	Site

	St Pierre et Paul	km	ne Lubumbashi, Quartier Makutano	le – Pieds – Motos	et prière	catholique		artificiel
7	1er Bureau du Gouverneur, petit Bureau devant l'Hôtel de ville	300 m	Commune Lubumbashi, Quartier Makutano	Véhicule – Pieds – Motos	Ancien Gouvernorat de la Province du Katanga	État	Bon	Site artificiel
8	La fontaine et le monument Tshombe	Place Moïse Tshombe	Commune Lubumbashi, Quartier Makutano	Véhicule, Pieds, Motos	Belle vue et loisirs	État	Bon	Site artificiel
9	Hôtel Pullman Grand Karavia	5 km	Commune Lubumbashi, Quartier Golf	Véhicule, Pieds, Motos, vélos	Construit au bord du lac de retenue (Tshombe), avec ses 5 étoiles, cadre par excellence très attrayant et reposant si bien qu'il mérite beaucoup d'attention	Partenariat public-privé Groupe Accor	Très bon	Site artificiel
10	Bâtiment du 30 juin	1 km	Commune de Lubumbashi	Véhicule, Pieds, Motos, vélos	Siège administratif de l'Assemblée Provinciale	État	Très bon	Site artificiel
11	Gare SNCC	300 m	Commune de Lubumbashi	Véhicule, Pieds, Motos, vélos	Point de départ de la société ferroviaire. Exposition de la première locomotive à vapeur appelée Kamaramba en 1927 qui transporta le Roi Albert 1er, Roi des Belges lors de la visite au Congo	Société d'État	Bon	Site artificiel

12	Société Chemaf	5 km	Commune Kampemba	Véhicule, Pieds, Motos, vélos	Traitement des minerais de cuivre	Exploitation Chemaf	Très bon	Site artificiel
13	Lac Tshombe	5 km	Commune de Lubumbashi – Golf	Véhicule, Pieds, Motos, vélos	Natation, pêche sportive, lieu récréatif par excellence	État	Bon	Site artificiel
14	Terrain Golf	5 km	Commune de Lubumbashi – Golf	Véhicule, Pieds, Motos, vélos	Cadre par excellence de loisir de divertissement, divers jeux sportifs	Privé	Bon	Site artificiel
15	Cercle Hippique	10 km	Commune de Lubumbashi – Quartier Kabulameshi	Véhicule, Pieds, Motos, vélos	Divers jeux sportifs, lieu de concours internationaux des chevaux et lancement des feux d'artifice en fin d'année	Société Forrest	Bon	Site artificiel
16	Musée National de Lubumbashi	3 km	Commune de Lubumbashi	Véhicule, Pieds, Motos, vélos	Exposition d'œuvre d'Arts	État	Bon	Site artificiel
17	Marché d'Objets d'Arts	7 km	Commune Ruashi, Q. 1er	Véhicule, Pieds, Motos, vélos	Exposition et marché d'œuvre d'arts	État	Bon	Site artificiel
18	Jardin Zoologique	1 km	Commune de Lubumbashi	Véhicule, Pieds, Motos, vélos	Exposition des essences animales lieu de loisir, divertissement et étude scientifique	ICCN	Bon	Site artificiel
19	Jardin Botanique	1 km	Commune de Lubumbashi – Quartier Lido	Véhicule, Pieds, Motos, vélos	Exploitation des essences botaniques	État	Bon	Site artificiel
20	Stade Omnisport Frederick Kibasa Maliba	5 km	Commune Kenya – Quartier Lualaba	Véhicule, Pieds, Motos, vélos	Stade omnisport capacité d'accueil 20.000	État	Bon	Site artificiel

					personnes 3e du pays après le stade des martyrs et le stade Tata Raphael basés à Kinshasa			
21	Prison de Kasombo	1 km	Commune Lubumbashi – Quartier Makutano	Véhicule, Pieds, Motos, vélos	Première prison de Lubumbashi, centre Kimbanguiste, en mémoire de l'emprisonnement du Prophète Simon Kimbangu jusqu'à sa mort pendant ………ans	Église Kimbanguiste	Bon	Site artificiel
22	Monastère de Kiswishi	13 km	Commune Annexe – Village Kawama	Véhicule, Pieds, Motos, vélos	Exposition des objets historiques d'arts, lieu de retraite	Église Catholique	Bon	Site artificiel
23	Marché d'objets d'art	1 km	Commune Ruashi – Quartier 1er	Véhicule, Pieds, Motos, vélos	Exposition et marché d'œuvres d'art	État	Bon	Site artificiel
24	Marché Central Mzee Kabila	600 m	Commune de Lubumbashi	Véhicule, Pieds, Motos, vélos	Marché moderne construit sous la houlette du feu Président Laurent Désiré Kabila, vente des produits divers	État	Bon	Site artificiel
25	Les Cités Universitaires	6 km	Commune de Lubumbashi, Quartier Kasapa	Véhicule, Pieds, Motos, vélos	Université de Lubumbashi/ Formation des cadres concepteurs	État	Bon	Site artificiel
26	Quartier commercial Njanja	2,5 km	Commune Kampemba, Quartier Kafubu	Véhicule, Pieds, Motos, vélos	Lieu de vente et d'approvisionnement en poissons fumés et salés	État	Bon	Site artificiel

					(Bitoyo) provenant des différents lacs et autres sources aquatiques (lac Moero, lac Tanganyika…)			
27	Quartier Bakoa	1 km	Commune Kampemba, Quartier Bakoa	Véhicule, Pieds, Motos, vélos	Ancien centre-ville de Lubumbashi	État	Bon	Site artificiel
28	Grand Place Moïse Tshombe	0 m	Commune Lubumbashi, Quartier Makutano	Véhicule, Pieds, Motos, vélos	Monument de Moïse Tshombé, Président de l'ex. État indépendant du Katanga, curiosité touristique	État	Bon	Site artificiel
29	Statue de Don-Bosco au Collège Imara	1 km	Commune Lubumbashi, Quartier Makutano	Véhicule, Pieds, Motos, vélos	Monument dédié aux enseignants	Église Catholique	Bon	Site artificiel
30	Chapelle Marie Auxiliatrice	6 km	Commune Ruashi, Quartier Shindaika	Véhicule, Pieds, Motos, vélos	C'est la 1ère Église catholique de la Commune Ruashi	Église Catholique	Bon	Site artificiel
31	Rivière Kabulameshi	2 km	Commune de Lubumbashi	Véhicule, Pieds, Motos, vélos	Curiosité touristique	État	Assez bon	Site artificiel
32	Lieu de massacre des Travailleurs de la GÉCAMINES ex-UMHK	4 km	Commune de Lubumbashi	Véhicule, Pieds, Motos, vélos	Lieu où furent assassinés les travailleurs de la Gécamines par les colons belges qui revendiquaient leurs droits d'augmentation des salaires en 1941	Gécamines	Monument à construire	Site artificiel

33	Stade TP Mazembe	4 km	Commune Kamalondo – Quartier Luapula	Véhicule, Pieds, Motos, vélos	Propriété privée de l'équipe de football Tout-Puissant Mazembe – stade moderne construit par l'Honorable Moïse Katumbi Chapwe	Privée	Très bon	Site artificiel
34	Église Branham	7 km	Commune Katuba – Avenue Kabulo Roger	Véhicule, Pieds, Motos, vélos	Culte et prière	Lieu de culte/ Branham	Bon	Site artificiel
35	Eglise Saint Martin	7 km	Commune Katuba – Avenue Tanganyika	Véhicule, Pieds, Motos, vélos	Culte et prière	Église Catholique	Bon	Site artificiel
36	Église Méthodiste	7,5 km	Commune Katuba – Av. Upemba	Véhicule, Pieds, Motos, vélos	Culte et prière	Église Méthodiste	Bon	Site artificiel
37	Marché Central de la Katuba	7,5 km	Commune Katuba, croisement des Avenues Tanganyika et centrale	Véhicule, Pieds, Motos, vélos	Vente produits vivriers et divers	État	Bon	Site artificiel
38	Eglise 30e CPCO	7,5 km	Commune Katuba – Avenue Salongo	Véhicule, Pieds, Motos, vélos	Culte et prière	Lieu de culte de pentecôtistes	Bon	Site artificiel
39	Rivière Kafubu	8 m	Commune Annexe	Véhicule, Pieds, Motos, vélos	Belle vue, culture, pêche	État	Assez bon	Site artificiel
40	Église Mormon des Saints des Derniers	7 km	Commune Annexe – Route Kipushi	Véhicule, Pieds, Motos, vélos	Culte et prière	Église Mormon	Bon	Site artificiel

	jours							
41	Marché Mimbulu	5 km	Commune Katuba – Route Kipushi	Véhicule, Pieds, Motos, vélos	Vente des produits vivriers et divers	État	Bon	Site artificiel
42	Ecole Mini-Parc	2 km	Commune Lubumbashi/quartier Lido	Véhicule, Pieds, Motos, vélos	Loisirs et pêche	Privé	Bon	Site artificiel
43	Lycée Kiwele	1,5 km	Commune Lubumbashi	Véhicule, Pieds, Motos, vélos	La première école officielle Katangaise construite en 1955 et fréquentée par les enfants des Européens	État	Bon	Site artificiel
44	Lycée Tuendelee	4 km	Commune Lubumbashi	Véhicule, Pieds, Motos, vélos	École construite en 1922, enseignement pour filles	État	Bon	Site artificiel
45	Bassin de la Ville	2 km	Commune Lubumbashi – Quartier Kimbwambwa	Véhicule, Pieds, Motos, vélos	Loisirs - Natation	État	Assez bon	Site artificiel
46	Tunnel	1 km	Commune Kampemba	Véhicule, Pieds, Motos, vélos	Belle vue, passage des véhicules et de train	État	Bon	Site artificiel
47	Tunnel	10 km	Route Aéroport Commune Kampemba	Véhicule, Pieds, Motos, vélos	Belle vue, passage de véhicules et de train	État	Bon	Site artificiel
48	Cimetières Sapin I et II	1,5 km	Commune Lubumbashi - Kampemba	Véhicule, Pieds, Motos, vélos	Lieu d'enterrement	Assez bon	Bon	Site artificiel
49	Église des Saints des derniers jours	1 km	Commune Kampemba/Av	Véhicule, Pieds, Motos,	Culte et prière	Église Mormon	Bon	Site artificiel

			enue industrielle	vélos				
50	Complexe la plage	6 km	Route Golf – Commune Lubumbashi	Véhicule, Pieds, Motos, vélos	Lieu de randonnée sur l'eau, pêche, restaurant, salle de gymnastique, piscine, supermarché et divers loisirs	Privé	Très bon	Site artificiel
51	Rivière Kimilolo	10 km	Commune Annexe	Véhicule, Pieds, Motos, vélos	Station des pompages de la Régideso	État	Bon	Site artificiel
52	Prison de la Kasapa	12 km	Commune Annexe	Véhicule, Pieds, Motos, vélos	Centre Pénitentiaire et de rééducation	État	Bon	Site artificiel
53	Parc Muyambo	15 km	Commune Annexe – Route Likasi	Véhicule, Pieds, Motos, vélos	Mini parc animalier et lieu de loisirs divers	Privé	Bon	Site artificiel
54	Rivière Karavia	4 km	Commune Lubumbashi	Véhicule, Pieds, Motos, vélos	Curiosité touristique	État	Bon	Site artificiel
55	Mosquée de Kamalondo	2,5 km	Commune Kamalondo	Véhicule, Pieds, Motos, vélos	Culte et prière pour les musulmans	Église musulmane	Bon	Site artificiel
56	Hospice des vieillards	3 km	Commune Kamalondo	Véhicule, Pieds, Motos, vélos	Lieu d'hébergement des hommes de 3e âge	État	Bon	Site artificiel
57	Maison communale	2,8 km	Commune Kamalondo	Véhicule, Pieds, Motos, vélos	Bureau de l'Administration	État	Bon	Site artificiel
58	Institut d'Enseignement Médical	2 km	Commune Kamalondo	Véhicule, Pieds, Motos, vélos	Enseignement médical	État	Bon	Site artificiel

59	Institut Kitumaini	2 km	Commune Kamalondo	Véhicule, Pieds, Motos, vélos	École secondaire /meilleure formation	Église catholique	Bon	Site artificiel
60	Marché Kamalondo	2,5 km	Commune Kamalondo	Véhicule, Pieds, Motos, vélos	Vente des produits vivriers et autres produits divers	État	Bon	Site artificiel
61	Basilique Sainte Marie	5 km	Commune Kenya	Véhicule, Pieds, Motos, vélos	Lieu de culte /église catholique (la plus grande église de la province en superficie)	Église catholique	Bon	Site artificiel
62	Maison Communale	4 km	Commune Kenya	Véhicule, Pieds, Motos, vélos	Siège de l'Administration communale	État	Bon	Site artificiel
63	Hôpital Général de Référence de Dépistage	5,5 km	Commune Kenya	Véhicule, Pieds, Motos, vélos	Soins médicaux et hospitalisation	État	Bon	Site artificiel
64	Rivière Kampemba	3 km	Commune Kampemba	Véhicule, Pieds, Motos, vélos	Curiosité touristique	État	Assez bon	Site artificiel
65	Marché Central/Kenya	5,5 km	Commune Kenya, Av. Basilique	Véhicule, Pieds, Motos, vélos	Vente produits vivriers et autres divers (le plus grand marché de la Province en superficie)	État	Bon	Site artificiel
66	Rivière Kanaviundu	3 km	Commune Kampemba	Véhicule, Pieds, Motos, vélos	Curiosité touristique	État	Bon	Site artificiel
67	Maison Communale de la Kampemba	4 km	Commune Kampemba, Avenue Lilas	Véhicule, Pieds, Motos, vélos	Siège de l'Administration communale	État	Bon	Site artificiel
68	Église Adventiste	4,5 km	Commune	Véhicule,	Culte et prière	Église adventi	Bon	Site artifi

			Kenya – Avenue du Marché	Pieds, Motos, vélos		ste		ciel
69	Temple Juif/ appelée Synagogue-construit en 1929	1 km	Commune Lubumbashi, coin des Avenues Lumumba et Tabora	Véhicule, Pieds, Motos, vélos	Culte et prière/judaïsme	privé	Bon	Site artificiel
70	Église Orthodoxe Grecque	2 km	Commune Lubumbashi, coin des Avenues Lumumba et Kambove	Véhicule, Pieds, Motos, vélos	Culte et prière/orthodoxe	Privé	Bon	Site artificiel
71	Eglise Néo-Apostolique	7 km	Commune Ruashi	Véhicule, Pieds, Motos, vélos	Culte et prière/Néo apostolique	Privé	Bon	Site artificiel
72	Rivière Luano	10 km	Commune Annexe	Véhicule, Pieds, Motos, vélos	Curiosité touristique	État	Assez bon	Site artificiel
73	Stade du Foyer Katuba	7,5 km	Commune Katuba au niveau du Foyer	Véhicule, Pieds, Motos, vélos	Stade de football de la Commune Katuba	État	Bon	Site artificiel
74	Maison Communale de Katuba	7 km	Commune Katuba	Véhicule, Pieds, Motos, vélos	Siège de l'Administration communale	État	Bon	Site artificiel
75	Athénée de la Katuba	8 km	Commune Katuba, Quartier Nsele	Véhicule, Pieds, Motos, vélos	Enseignement	État	Bon	Site artificiel
76	Rivière Katuba	7 km	Commune Katuba	Véhicule, Pieds, Motos,	Curiosité touristique	État	Assez bon	Site artificiel

				vélos				
77	Rivière Kasapa	-	Commune Annexe	Véhicule, Pieds, Motos, vélos	Curiosité touristique	État	Assez bon	Site artificiel
78	ISP (ancienne appellation Collège Moyen Pédagogique St. Jérôme)	4 km	Commune Lubumbashi	Véhicule, Pieds, Motos, vélos	Première école supérieure du Congo	État	Bon	Site artificiel
79	Collège Imara	1 km	Commune Lubumbashi	Véhicule, Pieds, Motos, vélos	Enseignement	Église catholique	Bon	Site artificiel
80	Collège Saint Grégoire Le Grand	15 km	Commune Annexe	Véhicule, Pieds, Motos, vélos	Enseignement	Église catholique	Bon	Site artificiel
81	Rivière Kalubwe	10 km	Commune Annexe	Véhicule, Pieds, Motos, vélos	Curiosité touristique	État	Assez bon	Site artificiel
82	Complexe hypnose	2 km	Commune Lubumbashi	Véhicule, Pieds, Motos, vélos	Salle de spectacle, restaurant, loisirs divers	Privé	Assez bon	Site artificiel

Source : Tableau élaboré par nous-même sur base des données de la division provinciale du tourisme de la Province du Haut-Katanga (Février 2016)

Tableau n°73 : Sites touristiques de la ville de Likasi (Likasi est située à 120 Km de Lubumbashi)

N°	Dénomination	Distance estimée par rapport au centre-ville de Likasi	Localisation	Voie/Moyen d'accès	Activités/Attraits	Gestion	État de site	Observation
01	Musée Minéralogique	3 km	Commune Shituru	Véhicule – Motos – Vélos - Pieds	Exploitations des échantillons des minerais et laboratoire en Afrique	Gécamines	Bon	Site artificiel
02	Monument de la Croisette du Cuivre	4 km	Commune Panda vers l'Hôpital	Véhicule – Motos – Vélos - Pieds	Monument en mémoire de l'ingéniosité des ancêtres précurseurs de transformation de cuivre	Gécamines	Bon	Site artificiel
03	Colline de Mangeurs de Cuivre	2 km	Commune Panda vers l'Hôpital	Véhicule – Motos – Vélos - Pieds	Lieu de célébration en mémoire de premiers exploitants de cuivre, loisirs divers	Gécamines	Bon	Site artificiel
04	Afridex	6 km	Commune Panda Kakontwe	Véhicule – Motos – Vélos - Pieds	Fabrication des explosifs à usage civile	Société Afridex	Bon	Site artificiel
05	Usine GCK (Grande Cimenterie du Katanga)	6 km	Commune Panda	Véhicule – Motos – Vélos - Pieds	Exploitation de calcaire pour la production de la chaux et du ciment	JV Gécamines	Bon	Site artificiel
06	Usine Chimique Métallurgique	4 km	Commune Shituru	Véhicule – Motos – Vélos - Pieds	Laboratoire minéralogique et métallurgique	Gécamines	Bon	Site artificiel

07	Parc d'Attraction	1 km	Commune Likasi	Véhicule – Motos – Vélos - Pieds	Lieu de loisirs	État	Aban donné	Site artificiel
08	Bassin de la Ville	3 km	Commune Likasi	Véhicule – Motos – Vélos - Pieds	Lieu de natation, loisirs divers	État	Très mauvais	Site artificiel
09	Grotte Kolomoni	5 km	Commune Kikula	Véhicule – Motos – Vélos - Pieds	Refuge et paysage attrayant	État	Non exploité	Site artificiel
10	Grotte Pempere	15 km	Commune Panda	Véhicule – Motos – Vélos - Pieds	Refuge et paysage attrayant	État	Bon	Site artificiel
11	La Minoterie de Kakontwe	-	Commune de Panda, Quartier Kakontwe	Véhicule – Motos – Vélos - Pieds	Mouture de maïs et semoule	Gécamines	Assez Bon	Site artificiel
12	Gare SNCC	-	Commune Likasi Avenue de la Gare	Véhicule – Motos – Vélos - Pieds	Point de départ et d'arrivée des voyageurs par train	État	Bon	Site artificiel
13	Monument de la Femme Nue	-	Commune de Likasi	Véhicule – Motos – Vélos - Pieds	Curiosité touristique	État	Bon	Site artificiel
14	Station de Pompage de la Régideso	-	Commune de Kikula	Véhicule – Motos – Vélos - Pieds	Traitement d'eau potable	Regideso	Bon	Site artificiel
15	Stade de Kikula	2 km	Commune de Kikula	Véhicule – Motos – Vélos - Pieds	Activités sportives	État	Assez bon	Site artificiel
16	Eglise Sacre Cœur	4 km	Commune de Kikula	Véhicule – Motos – Vélos - Pieds	Culte et prière	Église Catholique	Bon	Site artificiel

17	Parking Central	-	Commune de Likasi	Véhicule – Motos – Vélos - Pieds	Abrite les voyageurs du réseau routier	État	Bon	Site artificiel
18	Domaine Marial	-	Commune de Likasi	Véhicule – Motos – Vélos - Pieds	Culte et prière	Église Catholique	Bon	Site artificiel
19	Place Okapi	500 m	Commune de Kikula	Véhicule – Motos – Vélos - Pieds	Rond-point, loisirs divers	État	Bon	Site artificiel
20	Parking Kikula	-	Commune de Kikula	Véhicule – Motos – Vélos - Pieds	Lieu de transit de véhicules pour étrangers et locaux	État	Bon	Site artificiel
21	Rivière Kikula	-	Commune de Kikula	Véhicule – Motos – Vélos - Pieds	La rivière qui traverse la Commune qui porte le même nom. Curiosité touristique	État	Assez bon	Site artificiel
22	Athénée de Likasi	4 km	Commune de Likasi	Véhicule – Motos – Vélos - Pieds	Enseignement (ancienne école des enfants des européens)	État	Bon	Site artificiel
23	Ferme Bazano	4 km	Commune de Shituru	Véhicule – Motos – Vélos - Pieds	Ferme agro-pastorale, exposition des espèces animales et botaniques	Privé	Bon	Site artificiel
24	Place Moïse Tshombe	2 km	Commune de Likasi	Véhicule – Motos – Vélos - Pieds	Place dédiée à Moïse Tshombe	État	Bon	Site artificiel
25	Place de la libération	3 km	Commune de Likasi	Véhicule – Motos – Vélos - Pieds	Curiosité touristique	État	Bon	Site artificiel
26	Carrière Nkolomoni	2 km	Commune de Kikula	Véhicule – Motos – Vélos - Pieds	Exploitation artisanale de minerais	État	Bon	Site artificiel
	Carrière	3 km	Commu	Véhicul	Exploitation	Privé	Bon	Site

27	Kamatanda		ne de Likasi	e – Motos – Vélos - Pieds	artisanale de minerais			artificiel
28	Société Métal Mine	3 km	Route Lubumbashi	Véhicule – Motos – Vélos - Pieds	Exploitation minière	Privé	Bon	Site artificiel
29	Société Minière JMK	3 km	Commune Shituru Route Kampumpi	Véhicule – Motos – Vélos - Pieds	Exploitation minière	Privé	Bon	Site artificiel
30	Société Minière Huachin	3 km	Route Kampumpi à Likasi	Véhicule – Motos – Vélos - Pieds	Exploitation minière	Privé	Bon	Site artificiel
31	Société Minière Baraka	3 km	Commune Panda à Likasi	Véhicule Motos – Vélos - Pieds	Exploitation minière	Privé	Bon	Site artificiel
32	Société Minière Bolfast	4 km	Commune Panda à Likasi	Véhicule – Motos – Vélos - Pieds	Exploitation minière	Privé	Bon	Site artificiel
33	Société Rubamin	5 km	Commune Panda à Likasi	Véhicule – Motos – Vélos - Pieds	Exploitation minière	Privé	Bon	Site artificiel

Source : Tableau élaboré par nous-même sur base des données de la division provinciale du tourisme de la Province du Haut-Katanga (Février 2016)

Tableau N° 74 : Sites touristiques du territoire de Kipushi

N°	Dénomination	Distance estimée	Localisation	Voie/ Moyen d'accès	Activités/Attraits	Gestion	État de site	Obs.
01	Puits V et Concentrateur	30 km de Lubumbashi	Kipushi	Véhicule – Motos – Vélos - Pieds	Un des plus grands gisements de zinc du pays, extraction des minerais de cuivre et dérivés, Puits atteignant 1700 à 1500 mètres de profondeur	La société KICO	Bon	Site artificiel
02	Bassin de la Ville	-	Kipushi/ Centre	Véhicule – Motos – Vélos - Pieds	Divertissement	Gécamines	Pas très bon	Site artificiel
03	Lac de retenue de Kipushi	30 km de Lubumbashi	Kipushi à 30 km de Lubumbashi	Véhicule – Motos – Vélos - Pieds	Club nautique, loisirs divers	-	Assez bon	Site artificiel
04	Tombe de Lumumba	57 km de Lubumbashi	Shilasimba, Route Likasi	Véhicule – Motos – Vélos - Pieds	Lieu où était assassiné Patrice Emery Lumumba en 1961	État	Assez-bon	Site artificiel
05	Grotte de Baya	30 km de Lubumbashi	À Baya	Véhicule – Motos – Vélos - Pieds	Curiosité touristique	État	Assez bon	Site artificiel
06	Cercle de Joliety	30 km de Lubumbashi	À Kipushi	Véhicule – Motos – Vélos - Pieds	Curiosité touristique	Privé	Bon	Site artificiel
07	Changalay	30 km de Lubumbashi	À Kipushi	Véhicule – Motos – Vélos - Pieds	Déposition des déchets toxiques des Usines Gécamines	Gécamines	Inexistence de végétation	Nature dégradée
0	Village	48	A	Véhicu	Village de	Privé	Prote	Site

8	Makwacha	km de Lubumbashi	Makwacha/ route Kasumbalesa	le – Motos – Vélos - Pieds	Femmes Peintres, curiosité touristique		ction de cases à l'aide de la peinture murale	artificiel
09	Ferme Benjin	48 km de Lubumbashi	Route Kasenga	Véhicule — Motos – Vélos - Pieds	Ferme Agro-pastorale Belle vue, curiosité touristique, lieu de divertissement	Privé	Très bon	Site artificiel
10	Kafubu River Lodge	60 km de Lubumbashi	Route Kasenga	Véhicule — Motos – Vélos - Pieds	Curiosité touristique et loisirs divers	Privé	Très bon	Site artificiel
11	Douane de Kipushi	35 km de Lubumbashi	À Kipushi	Véhicule — Motos – Vélos - Pieds	Frontière avec la Zambie : entrée et sortie des touristes, commerce transfrontalier, échange culturel	État	Bon	Site artificiel
12	Carrière de Luswishi	À 12 km de Lubumbashi	À Kaponda	Véhicule — Motos – Vélos - Pieds	Exploitation des minerais	Forrest	Bon	Site artificiel
13	Ferme Futuka	40 km de Lubumbashi	Route Kasenga	Véhicule — Motos – Vélos - Pieds	Ferme Agro-pastorale et écologique, curiosité touristique et divertissement	Privé	Très bon	Site artificiel
14	Ferme Agro-Pastorale + Mini parc Murembo	-	Route Kasenga	Véhicule — Motos – Vélos - Pieds	Ferme Agro-pastorale + Mini-parc, tourisme et divertissement	Privé	Bon	Site artificiel
15	Cimetière Kasangiri	+ou- 20 km de	Route Kasenga	Véhicule — Motos – Vélos	Lieu pour les funérailles	Privé	Très bon	Site artificiel

		Lubu mbas hi		- Pieds				

Source : Tableau élaboré par nous-même sur base des données de la division provinciale du tourisme de la Province du Haut-Katanga (Février 2016)

Tableau N° 75 : Sites touristiques du territoire de Kambove

N°	Dénomination	Distance estimée	Localisation	Voie/ Moyen d'accès	Activités/Attraits	Gestion	État de site	Obs.
01	Mine à ciel ouvert	135 km de Lubumbashi	Kambove	Véhicule – Motos – Vélos - Pieds	Extraction de minerais	Gécamines	Bon	Site artificiel
02	Grotte Kando	12 km de Kambove	Kambove	Véhicule – Motos – Vélos - Pieds	Site touristique mystérieux	État	Non exploité	Site artificiel
03	Lac Tshangalele	95 km de Lubumbashi	Kapolowe Mission	Véhicule – Motos – Vélos - Pieds	Pêche, chasse sportive d'oiseaux aquatiques	État	Reserve naturelle protégée	Site naturel
04	Place Shinangwa	80 km de Lubumbashi	Shinangwa	Véhicule – Motos – Vélos - Pieds	Club nautique	Privé	Abandonnée	Site naturel
05	Barrage hydroélectrique de Lupweshi	75 km de Likasi	Mwadingusha	Véhicule – Motos – Vélos - Pieds	Production du courant électrique	SNEL	Bon	Site artificiel
06	Source du Fleuve Congo	120 km de Likasi	Munene	Véhicule – Motos – Vélos - Pieds	Curiosité touristique	État	Assez bon	Site naturel

Source : Tableau élaboré par nous-même sur base des données de la division provinciale du tourisme de la Province du Haut-Katanga (Février 2016)

Tableau n° 76 : Sites touristiques du territoire de Pweto

N°	Dénomination	Distance estimée	Localisation	Voie/ Moyen d'accès	Activités/Attraits	Gestion	État de site	Observation
01	Port de Pweto	450 km de Lubumbashi	À Pweto	Véhicule — Motos – Vélos - Pieds	Transport lacustre, pêche, natation	État	Bon - Exploitable	Site naturel
02	Palmier de Prince Albert	450 km de Lubumbashi	Vers Kilwa – Pweto	Véhicule — Motos – Vélos - Pieds	1er nuitée du Prince Albert du Royaume de Belgique	État	Non exploité	Site naturel
03	Lac Moero	480 km de Lubumbashi	À Pweto	Véhicule — Motos – Vélos - Pieds	Pêche, Club nautique, transport lacustre	État	Bon	Site naturel
04	Grotte de Monongo	470 km de Lubumbashi	À Pweto	Véhicule — Motos – Vélos - Pieds	Non exploité	État	Non exploité	Site naturel
05	Grotte de Kibawa	460 km de Lubumbashi	Pweto (Mwenge)	Véhicule — Motos – Vélos - Pieds	Cérémonie coutumière et ancestrale (mystérieuse)	Reserve naturelle de l'État	Non exploité	Site naturel
06	Grotte Minyange	-	À Pweto	Véhicule — Motos – Vélos - Pieds	Cérémonie coutumière et ancestrale (mystérieuse)	Reserve naturelle de l'État	Non exploité	Site naturel
07	Société Anvil Mining	300 km de Lubumbashi	A Kilwa	Véhicule — Motos – Vélos - Pieds	Extraction minière	Privé	Accessible	Site artificiel

Source : Tableau élaboré par nous-même sur base des données de la division provinciale du tourisme de la Province du Haut-Katanga (Février 2016)

Tableau n° 77 : Sites touristiques du territoire de Kasenga

N°	Dénomination	Distance estimée	Localisation	Voie/Moyen d'accès	Activités/Attraits	Gestion	État de site	Obs.
01	Parc National de Kundelungu	180 km de Lubumbashi	Katwe	Véhicule — Motos – Vélos - Pieds	Protection de la biodiversité/tourisme de vision	ICCN	Accessible	Site naturel
02	Chute de Lofoï	233 km de Lubumbashi	Parc National de Kundelungu	Véhicule — Motos – Vélos - Pieds	La plus haute chute d'Afrique 384 m de hauteur	ICCN	Bon	Site naturel
03	Chute Jason	25 km en amont de Kasenga	Kasenga (rivière Luapula)	Véhicule — Motos – Vélos - Pieds	Tourisme	État	Bon	Site naturel
04	Club Nautique de Kinyama	180 km de Lubumbashi	Kinyama	Véhicule — Motos – Vélos - Pieds	Chasse et pêche sportive sur la rivière Luapula	État	Exploitation publique – Accessible	Site naturel
05	Port de Kasenga	220 km de Lubumbashi	À Kasenga	Véhicule — Motos – Vélos - Pieds	Transport, pêche	État	Exploitation publique – Accessible	Site artificiel
06	Port Kashobwe	350 km de Lubumbashi	À Kashobwe	Véhicule — Motos – Vélos - Pieds	Transport, pêche, hôtel, curiosité touristique	État	Accessibilité	Site artificiel
07	Grotte de Mingoso	-	À Nsonga	Véhicule — Motos – Vélos - Pieds	Piscine naturel spectaculaire	État	Accessibilité	Site naturel

08	Chute Masansa	233 km de Lubumbashi	Parc national de Kundelungu	Véhicule — Motos – Vélos - Pieds	Curiosité touristique	ICCN	Accessibilité	Site naturel
09	Chute Luchipula	233 km de Lubumbashi	Parc de Kundelungu	Véhicule — Motos – Vélos - Pieds	Curiosité touristique	ICCN	Accessibilité	Site naturel

Source : Tableau élaboré par nous-même sur base des données de la division provinciale du tourisme de la Province du Haut-Katanga (Février 2016)

Tableau n° 78 : Sites touristiques de territoire de Mitwaba

N°	Dénomination	Distance	Localisation	Voie/ Moyen d'accès	Activités/Attraits	Gestion	État de site	Obs.
01	Parc National de l'Upemba	400 km de Lubumbashi	Mitwaba – Lubudi – Bukama – Malemba – Nkulu	Véhicule – Motos – Vélos - Pieds	Protection des biodiversités/tourisme	ICCN	Accessibilité	Site naturel
02	Chute de Kyubo	320 km de Lubumbashi	Kyubo	Véhicule – Motos – Vélos - Pieds	Tourisme, chute rivière souterraine	ICCN	Accessibilité	Site naturel
03	Grotte de Kipakishi	7 km de Mitwaba	Muvile	Véhicule — Motos – Vélos - Pieds	Belle grotte	État	Bon	Site naturel
04	Grotte Mazombwe	1 km de Mitwaba	Mitwaba	Véhicule – Motos – Vélos - Pieds	Tourisme	État	Accessibilité	Site naturel
05	Mont Mulumbi	400 km de Lubumbashi	Mitwaba	Véhicule – Motos – Vélos - Pieds	Haut de 2500 m	État	Bon	Site naturel
06	Mont Marungu	75 km de centre Mitwaba	Mitwaba	Véhicule – Motos – Vélos - Pieds	Mystérieuse	État	Exploité	Site naturel
07	Gorge Pelenge	50 km de Lusinga	Parc de Upemba	Véhicule – Motos – Vélos - Pieds	Tourisme	État	Grande curiosité	Site naturel

Source : Tableau élaboré par nous-même sur base des données de la division provinciale du tourisme de la Province du Haut-Katanga (Février 2016)

Tableau n° 79 : Sites touristiques du territoire de Sakania

N°	Dénomination	Distance	Localisation	Voie/ Moyen d'accès	Activités/Attraits	Gestion	État de site	Obs.
01	Mine à ciel ouvert de la société COMISA	220 km de Lubumbashi	Sakania	Véhicule — Motos – Vélos - Pieds	Extraction des minerais	Privé	Bon	Site artificiel
02	Chute de Chiwala	-	En Amont de la rivière Lunda à Sakania	Véhicule — Motos – Vélos - Pieds	Un endroit où fut tué le Commandant Passeur pendant la lutte contre l'esclavagisme	État	Bon	Site artificiel
03	Carrière de la société KGHM	220 km de Lubumbashi	Sakania (Kimono)	Véhicule — Motos – Vélos - Pieds	Extraction des minerais	Privé	Bon	Site artificiel
04	Kasumbalesa /Douane	100 km de Lubumbashi	Kasumbalesa	Motos – Vélos - Pieds	Commerce transfrontalier, douane	État	Assez bon	Site artificiel

Source : Tableau élaboré par nous-même sur base des données de la division provinciale du tourisme de la Province du Haut-Katanga (Février 2016)

Tableau n° 80 : Sites touristiques de la ville de Kasumbalesa

N°	Dénomination	Distance	Localisation	Voie/Moyen d'accès	Activités/Attraits	Gestion	État de site	Observation
01	Mine souterraine SODIMICO	100 km de Lubumbashi	Kasumbalesa	Véhicule — Motos – Vélos - Pieds	Extraction des minerais	Privé	Bon	Site artificiel
02	Cité Whisky	100 km de Lubumbashi	Kasumbalesa	Véhicule — Motos – Vélos - Pieds	Cité abritant les installations de l'OCC et de la DGDA	État	Bon	Site artificiel
03	Station de Pompage	100 km de Lubumbashi	Kasumbalesa	Véhicule — Motos – Vélos - Pieds	Traitement d'eau potable	Regideso	Bon	Site artificiel

Source : Tableau élaboré par nous-même sur base des données de la division provinciale du tourisme de la Province du Haut-Katanga (Février 2016)

ANNEXE II

Tableau n° 81 : Statistique des populations de 4 provinces issues du Katanga (2016-2018)

VILLES OU TERRITOIRES	2016			2017			2018		
	Masculin	**Féminin**	**Ensemble**	**Masculin**	**Féminin**	**Ensemble**	**Masculin**	**Féminin**	**Ensemble**
KOLWEZI	377582	361248	738829	391552	374614	766166	406039	388475	794514
MUTSHATSHA	159617	161105	320722	165523	167066	332588	171647	173247	344894
LUBUDI	167710	165729	333439	173915	171861	345776	180350	178220	358570
DILOLO	263227	276298	539525	272967	286521	559487	283066	297122	580188
SANDOA	187018	194865	381883	193938	202075	396012	201113	209552	410665
KAPANGA	134030	143286	277315	138989	148587	287576	144131	154085	298216
Province du Lualaba	**1289183**	**1302530**	**2591713**	**1336883**	**1350723**	**2687606**	**1386348**	**1400700**	**2787048**
KAMINA	288726	283730	572455	299408	294228	593636	310487	305114	615601
KANIAMA	133996	136648	270645	138954	141704	280658	144096	146947	291043
KABONGO	298903	301909	600812	309963	313079	623042	321431	324663	646094
MALEMBA NKULU	397807	414388	812195	412526	429720	842246	427790	445620	873409
BUKAMA	358821	367765	726586	372098	381372	753470	385865	395483	781348
Province du Haut Lomami	**1478254**	**1504439**	**2982693**	**1532949**	**1560104**	**3093053**	**1589668**	**1617827**	**3207496**
KALEMIE	298819	304280	603099	309875	315539	625414	321341	327214	648554
MOBA	345332	368445	713777	358109	382078	740187	371359	396214	767574
MANONO	283306	290631	573938	293789	301385	595173	304659	312536	617195
KABALO	162089	168602	330691	168086	174841	342927	174305	181310	355615
KONGOLO	299104	318946	618050	310170	330747	640917	321647	342985	664631
NYUNZU	120715	127757	248472	125181	132484	257665	129813	137386	267199
Total province du Tanganika	**1509364**	**1578662**	**3088026**	**1565211**	**1637072**	**3202283**	**1623124**	**1697644**	**3320768**
LUBUMBA	96245	92835	189080	99806	96270	1 960	10349	99832	20333

SHI	2	2	4	3	1	764	91	1	12
LIKASI	364450	351467	715917	377934	364472	742 406	391918	377957	769875
KIPUSHI	150247	145985	296232	155806	151386	307 192	161571	156988	318559
SAKANIA	142425	139983	282408	147695	145162	292 857	153160	150533	303693
KASENGA	175752	178705	354457	182255	185317	367 572	188999	192174	381173
MITWABA	130255	134371	264626	135074	139343	274 417	140072	144498	284570
PWETO	216607	224473	441080	224621	232779	457 400	232932	241392	474324
KAMBOVE	152980	155114	308095	158641	160854	319 494	164510	166805	331316
Total province du Haut-Katanga	**2295168**	**2258451**	4 553 619	**2380089**	**2342014**	**4 722 103**	**2468152**	**2428668**	**4896821**

Source : Institut national de statistique, Lubumbashi

Bibliographie

1. Stefaan Marysse ; jean Omasombo (2013), Conjonctures congolaises 2012 : politiques, secteur minier et gestion des ressources naturelles en RD Congo, Ed. l'harmattan.
2. Petit futé, Ed. Neocityn, 2010.
3. Daniel Shu (2013), le leadership efficace, un défi en Afrique, Ed. lead publishers, Yaoundé Novembre.
4. Gregory Lewis ; David Bastin ; Jean Frenay (2007), Introduction de la technique de lixiviation en tas au traitement des minerais cuprifères oxydés du Copperbelt congolais, Applications aux minerais de Luiswishi et de Lukuni, Université de Liège, mars.
5. Roger Rumbu (2013), métallurgie extractive du cobalt, édition R.R.&A, Lubumbashi.
6. Jules Marchal (1999), Travail forcé pour le cuivre et pour l'or, l'histoire du Congo 1910-1945-tome 1, Ed. Paula Bellings, Borgloon (Belgique).
7. M'bayo Musewa (2004), l'Art de confectionner un travail scientifique, PUL, Lubumbashi.
8. Jean –Yves Capul ; olivier Garnier (2015), Dictionnaire d'économie et de sciences sociales, Ed. Hâtier.
9. INS, Profil des provinces du Haut-Katanga, Haut Lomami, Lualaba et Tanganyika (2016), mars.
10. Pierre Kalenga et al. (2018) Haut-Katanga lorsque les richesses économiques et pouvoirs politiques forcent une identité régionale, tome 1, Ed. Musée royale de l'Afrique centrale, Tervuren.
11. Pierre Kalenga et al. (2018) Haut-Katanga lorsque les richesses économiques et pouvoirs politiques forcent une identité régionale, tome 2, Ed. Musée royale de l'Afrique Centrale, Tervuren.
12. Dona Kampata (2018), réflexion sur l'exploitation du cobalt en République Démocratique du Congo, CTCPM ministère des mines de la RDC, mai.
13. Dibwe Donatien, KAIMBI Delphin, KILONDO Didier (2014) ; Le Katanga : Entre la Croissance économique portée par le

secteur minier et un développement en demi-teinte, Observatoire des Grands Lacs en Afrique Note n° 10-203.
14. Mota Emile (2000), La dynamique de la petite et moyenne entreprise : moteur du développement économique du Katanga (dissertation doctorale), université de Lubumbashi.

Textes légaux :

15. Constitution de la République Démocratique du Congo (2006), Journal officiel de la République Démocratique du Congo, Kinshasa.
16. La loi n° 14/011 relative à la libéralisation du secteur de l'électricité en RDC.
17. La loi agricole de la RDC n°11/022 du 24/12/2011.
18. Loi n°17 /001 du 08 Février 2017 fixant les règles applicables à la sous-traitance dans le secteur privé en RDC.
19. La loi n°18/001 modifiant et complétant la loi n°007/2002 du 11 Juillet 2002 portant code minier de la RDC.
20. Décret n°11 /37 du 11 Octobre 2011 portant mesures conservatoires en matière de petit commerce de détails en RDC.
21. Décret n° 18/018 du 24 Mai 2017 portant mesures d'application de la loi n° 17/001 du 08 Février 2017 fixant les règles applicables à la sous-traitance dans le secteur privé en RDC.
22. Décret n°18/019 du 24 Mai 2018 portant création, organisation et fonctionnement de l'Autorité de Régulation des marchés de la sous-traitance dans le secteur privé en RDC.
23. Décret n° 20 /025 du 12 Octobre 2020 modifiant et complétant le décret N°18/019 du 24 mai 2018 portant création, organisation et fonctionnement de l'Autorité de régulation de la sous-traitance dans le secteur privé en RDC.
24. Décret n°20-032 du 31 Octobre 2020 portant création, organisation et fonctionnement d'un établissement public dénommé Fonds de Garantie de l'entrepreneuriat en RDC.

Revue et magazine

25. Revue M&B Novembre-décembre N°15.
26. Roger Rumbu, le cobalt, trésor de la RDC, revue profil, magazine évènementiel et publicitaire, numéro 24.
27. Mining news magazine, n°147 du mois de juin 2019.

28. Mining and business magazine, n°24 mai et juin 2019.
29. African energy data book, 2018 editionE.
30. Magazine Horizons Mines, mensuel N° 010 –Avril 2018.

Rapports et documents officiels

31. Ministère des mines de la RDC (2018), État des lieux du secteur minier, cellule technique de coordination et de planification minière « CTCM ».
32. Banque mondiale (2011), Accélérer la croissance et l'emploi en RDC, rapport de la Banque mondiale N°59631-ZR.
33. SADEC (2010), rapport de la réunion du comité des ministres de transport des pays de la SADEC, 28 Mai 2010.
34. Ministère des transports de la RDC (2017), rapport de la cellule d'appui et de suivi des programmes régionaux et des activités des corridors des transports.
35. Ministère des mines (2017), Bulletin statistiques minières, exercice 2017, cellule technique de coordination et de planification minière.
36. Primature de la RDC (2016), Plan de réponses à l'insécurité alimentaire pour la province du Haut-Katanga, RDC document synthèse de décembre 2016, cellule d'analyse des indicateurs de développement, primature de la RDC.
37. Ministère des mines de la RDC (2018), Réflexion sur l'exploitation du Cobalt en République Démocratique du Congo, ministère des mines, cellule technique de coordination et de planification minière.
38. Banque mondiale (2009), Note sur le découpage, Etude conjointe avec la Commission Européenne, la coopération technique belge et le programme des Nations unies pour le développement.
39. Ministère des Affaires étrangères Belge (2011), Bonne gouvernance et transparence dans le secteur minier : traçabilité des flux de matières et des flux financiers dans le commerce des minerais de Cuivre et de Cobalt en RDC ; task force Mineral resources in central Africa.
40. Ministère de l'Intérieur, sécurité, décentralisation et affaires coutumières (2013), La décentralisation en bref, cellule technique d'appui à la décentralisation "CTAD", mai 2013
41. Cellule d'exécution de projet de transport multimodal (2018), Rapport d'achèvement du projet, Novembre.

42. Cellule d'analyse des indicateurs de développement (2016), Primature de la RDC, recollection 2015-2016.
43. BIT (2011) : Documents de travail de l'emploi N° 82, secteur de l'Emploi
44. Province du Haut-Katanga (2016), Rapport de la Division provinciale de tourisme, Lubumbashi.
45. COPIREP (2011) : Note technique sur la restructuration de la Gécamines
46. Natural Resources Governance Institut (2019) : Innovations de la nouvelle législation minière de la RDC : opportunités, défis et perspectives de la mise en œuvre

Sites internets

47. www.gbreports.com / The official mining in Africa, country investment guide, 2018
48. www.wikipédia.org /wiki/ économie_de_singapour consulté le 7/02/2019.
49. www.sportune.fr/
50. www.somidez.com consulté le 18 Juin 2020
51. www.gecamines.cd
52. www.ccifc-rdcongo.org
53. www.wikipedia.org/compagnie de chemins de fer du Katanga
54. www.snel.cd
55. www.brasimba.com
56. www.ivanhoemines.com
57. www.wikipedia.org
58. www.katanga-tourisme.org
59. www.novethic.fr

Carte

Graphiques

Tableaux

Table des matières

Structures éditoriales du groupe L'Harmattan

L'Harmattan Italie
Via degli Artisti, 15
10124 Torino
harmattan.italia@gmail.com

L'Harmattan Hongrie
Kossuth l. u. 14-16.
1053 Budapest
harmattan@harmattan.hu

L'Harmattan Sénégal
10 VDN en face Mermoz
BP 45034 Dakar-Fann
senharmattan@gmail.com

L'Harmattan Cameroun
TSINGA/FECAFOOT
BP 11486 Yaoundé
inkoukam@gmail.com

L'Harmattan Burkina Faso
Achille Somé – tengnule@hotmail.fr

L'Harmattan Guinée
Almamya, rue KA 028 OKB Agency
BP 3470 Conakry
harmattanguinee@yahoo.fr

L'Harmattan RDC
185, avenue Nyangwe
Commune de Lingwala – Kinshasa
matangilamusadila@yahoo.fr

L'Harmattan Congo
67, boulevard Denis-Sassou-N'Guesso
BP 2874 Brazzaville
harmattan.congo@yahoo.fr

L'Harmattan Mali
ACI 2000 - Immeuble Mgr Jean Marie Cisse
Bureau 10
BP 145 Bamako-Mali
mali@harmattan.fr

L'Harmattan Togo
Djidjole – Lomé
Maison Amela
face EPP BATOME
ddamela@aol.com

L'Harmattan Côte d'Ivoire
Résidence Karl – Cité des Arts
Abidjan-Cocody
03 BP 1588 Abidjan
espace_harmattan.ci@hotmail.fr

Nos librairies en France

Librairie internationale
16, rue des Écoles
75005 Paris
librairie.internationale@harmattan.fr
01 40 46 79 11
www.librairieharmattan.com

Librairie des savoirs
21, rue des Écoles
75005 Paris
librairie.sh@harmattan.fr
01 46 34 13 71
www.librairieharmattansh.com

Librairie Le Lucernaire
53, rue Notre-Dame-des-Champs
75006 Paris
librairie@lucernaire.fr
01 42 22 67 13

www.ingramcontent.com/pod-product-compliance
Lightning Source LLC
LaVergne TN
LVHW011156061026
849535LV00003B/754
* 9 7 8 2 3 4 3 2 4 0 6 5 7 *